Aventures

Les treize brèves « Aventures », drôles et amères, rassemblées par Calvino sous le titre « Les amours difficiles », parlent d'une difficulté de communication, le plus souvent entre deux êtres qui s'aiment ou pourraient s'aimer, de cette « zone de silence » située au fond de tout rapport humain : le vertige érotique du soldat assis dans un train à côté d'une matrone impassible, le retour d'un employé à la grisaille de sa vie après une nuit d'amour imprévue, ou encore les rencontres de deux époux qui travaillent en usine, lui de nuit, elle de jour...

Quant aux deux longs récits — « La fourmi argentine » et « Le nuage de smog » —, histoires de luttes contre d'envahissantes fourmis ou contre la fumée des grandes villes, ils évoquent merveilleusement le dur métier de vivre.

Dans l'Introduction qui ouvre ce recueil, le lecteur trouvera un profil autobiographique de l'auteur, mi-sérieux, mi-burlesque.

Prodigieusement intelligent, toujours ironique, inventeur lyrique et ne cessant de trouver des figures pour ce à quoi il revenait toujours : l'écriture, Italo Calvino (La Havane, 1923; Sienne, 1985) a publié, sous le titre collectif de Nos ancêtres, *trois romans* (Le Vicomte pourfendu, Le Baron perché, Le Chevalier inexistant) ; *des récits sur l'Italie moderne* (Aventures, La Spéculation immobilière, La Journée d'un scrutateur) ; *des fictions entées sur la science* (Cosmicomics, Temps zéro), *sur les tarots* (Le Château des destins croisés), *sur la ville* (Les Villes invisibles) ; *un grand roman sur le lecteur de romans* (Si par une nuit d'hiver un voyageur), *un autoportrait ironique* (Palomar) *et des nouvelles sur les sens* (Sous le soleil jaguar). *C'était également un essayiste aigu dont les interventions ont été recueillies dans* La Machine littérature *et dans* Collection de sable.

Italo Calvino

Aventures

nouvelles

TRADUIT DE L'ITALIEN
PAR MAURICE JAVION
ET JEAN-PAUL MANGANARO

Éditions du Seuil

« L'aventure d'un bandit »
a été traduite par Roland Stragliati ;
« L'aventure d'un automobiliste », par Jean Thibaudeau ;
l'Introduction, « L'aventure d'un photographe »
et « L'aventure d'un skieur », par Jean-Paul Manganaro.
La traduction des autres nouvelles est de Maurice Javion.

TEXTE AUGMENTÉ

EN COUVERTURE : Antonio Donghi,
La conzonettista (1925).
Collection privée. Droits réservés.

Titre original : *Gli amori difficili*
Éditeur original : Giulio Einaudi Editore s.p.a., Torino, 1958 et 1970

ISBN original : 88-06-29447-4

ISBN 2-02-012763-6

Introduction *

1. L'auteur

Le père d'Italo Calvino était un agronome de San Remo qui avait vécu pendant plusieurs années au Mexique et dans d'autres pays des tropiques ; il avait épousé une assistante en botanique de l'université de Pavie, d'origine sarde, qui l'avait suivi dans ses voyages : le fils aîné naquit le 15 octobre 1923 dans un faubourg de La Havane, à la veille du rapatriement définitif de ses parents.

Le futur écrivain passa les vingt premières années de sa vie de façon presque ininterrompue à San Remo, à la Villa Meridiana — qui abritait, à l'époque, la direction de la Section expérimentale de floriculture —, et à la campagne dans la propriété familiale de San Giovanni Battista, où son père cultivait le *grape-fruit* et l'*avocado*. Ses parents, libres penseurs, ne donnèrent à leurs enfants aucune éducation religieuse. Italo Calvino suivit ses études régulièrement à San Remo : l'école maternelle au St. George College, les classes élémentaires aux Scuole Valdesi, les classes secondaires au R. Ginnasio-Liceo G. D. Cassini. Après un baccalauréat en lettres classiques, il s'inscrivit à la faculté d'agriculture de l'université de Turin (où son père était professeur, chargé du cours d'agriculture tropicale), mais il n'alla pas au-delà des premiers examens.

Durant les vingt mois de l'occupation allemande, il

* Ce texte, écrit de la main d'Italo Calvino, avait été publié sans sa signature, suivant la volonté expresse de l'auteur, dans l'édition italienne de *Gli amori difficili* (Einaudi, 1970).

partagea les vicissitudes communes aux jeunes de son âge qui refusaient de répondre à l'appel de la République sociale italienne, mena des actions conspiratrices et partisanes et combattit quelques mois dans les brigades de partisans « Garibaldi », avec son frère âgé de seize ans, dans la zone, très dure, des Alpes-Maritimes. Son père et sa mère furent retenus en otages par les Allemands pendant quelques mois.

Dans la période qui suivit immédiatement la Libération, Calvino exerça une activité politique au sein du Parti communiste (auquel il avait adhéré pendant la Résistance) dans la province d'Imperia et parmi les étudiants de Turin. Durant cette période, il commence à écrire des récits inspirés de la vie de la guérilla et établit ses premiers contacts avec les milieux culturels de Milan (l'hebdomadaire d'Elio Vittorini, *Il politecnico*) et de Turin (la maison d'édition Einaudi).

Le premier récit qu'il écrit est lu par Cesare Pavese ; celui-ci le transmet à la revue que Carlo Muscetta dirige à Rome (*Aretusa,* décembre 1945), tandis que Vittorini en publie un autre dans *Il politecnico* (auquel Calvino collabore aussi en écrivant des articles sur les problèmes sociaux de la Ligurie). Giansiro Ferrata lui demande d'autres récits pour l'*Unità* de Milan. Les quotidiens, à cette époque, sont composés d'une seule feuille, mais environ deux fois par semaine ils commencent à sortir sur quatre pages : Calvino collabore aussi aux troisièmes pages de l'*Unità* de Gênes (et y gagne un prix, *ex aequo* avec Marcello Venturi) et de Turin (qui compte, un moment, Alfonso Gatto parmi ses rédacteurs).

Entre-temps, l'étudiant a changé de faculté : il est passé en lettres, à l'université de Turin, s'inscrivant directement en troisième année grâce aux facilités accordées aux soldats de retour du front. A Turin, il vit dans une chambre de bonne sans chauffage : il écrit des récits et, dès qu'il en achève un, il le donne à lire à Natalia Ginzburg et à Cesare Pavese qui sont en train de remettre sur pied les bureaux des éditions Einaudi. Afin d'éviter sa présence continuelle, Pavese l'encourage à écrire un roman ; et, à

Milan, il reçoit le même conseil de Giansiro Ferrat… membre du jury d'un concours pour un roman inédi… organisé par la maison d'édition Mondadori qui veut effectuer un premier sondage sur les nouveaux écrivains de l'après-guerre. Le roman que Calvino achève juste à temps pour l'échéance du 31 décembre 1946 *(Le Sentier des nids d'araignées)* ne plaira ni à Ferrata ni à Vittorini et ne fera pas partie du groupe des gagnants (Milena Milani, Oreste del Buono, Luigi Santucci). L'auteur le fait lire à Pavese, qui le propose, malgré quelques réserves, à Giulio Einaudi. L'éditeur turinois en est enthousiasmé et il le lance, allant jusqu'à faire coller des affiches. On en vend six mille exemplaires : un succès honorable pour l'époque.

En ce mois de novembre 1947 au cours duquel paraît son premier livre, Calvino décroche une licence ès lettres avec un mémoire de littérature anglaise (sur Joseph Conrad). On peut dire cependant que sa formation se fait surtout à l'extérieur des salles de l'université, au cours de ces années entre la Libération et 1950, à travers la discussion et la découverte de nouveaux amis et de nouveaux maîtres, grâce à l'acceptation de travaux précaires et occasionnels, dans le climat de pauvreté et d'initiatives fébriles de l'époque. Il avait commencé à collaborer avec la maison d'édition Einaudi en effectuant des travaux publicitaires et des services de presse, une tâche dont il va continuer de s'occuper dans les années suivantes, sous la forme d'un emploi stable.

Le milieu de la maison d'édition turinoise, caractérisé par la prépondérance des historiens et des philosophes sur les hommes de lettres et sur les écrivains, et par la discussion continue entre des gens qui soutenaient des tendances politiques et idéologiques différentes, fut fondamental pour la formation du jeune Calvino : il finit par assimiler petit à petit l'expérience d'une génération un peu plus âgée que la sienne, d'hommes qui évoluaient déjà depuis dix ou quinze ans dans le monde de la culture et du débat politique, qui avaient milité dans la conspiration antifasciste parmi les rangs du Parti d'action, de la Gauche chrétienne ou du Parti communiste. Parce qu'ils contrastaient avec sa perspective a-religieuse, il apprécia beaucoup l'amitié, l'ascendant moral et la vitalité communicative du philosophe catholique Felice Balbo, qui militait à cette époque dans le Parti communiste.

Après une expérience d'un an environ comme rédacteur de la troisième page de l'*Unità* de Turin (1948-1949), Calvino comprit qu'il n'avait pas les qualités nécessaires pour faire un bon journaliste ou un homme politique professionnel. Il continua à collaborer de temps en temps à l'*Unità* pendant quelques années, avec des textes littéraires et, surtout, des enquêtes syndicales, des articles sur les grèves industrielles et agricoles et sur les occupations d'usines. Le lien avec la pratique de l'organisation politique et syndicale (de même que les rapports d'amitié avec les camarades de sa génération) l'engageait bien plus que le débat idéologique et culturel, lui permettant de dépasser les crises de la condamnation et de l'éloignement du Parti vécues par ses amis et par les groupes intellectuels dont il avait été très proche (Vittorini et *Il politecnico* en 1947 ; Felice Balbo et *Cultura e realtà* en 1950).

Ce qui demeurait encore plus incertain pour lui, c'était sa vocation littéraire : après avoir publié son premier roman, il tenta pendant des années d'en écrire d'autres dans la même ligne réalisto-socialo-picaresque, qui furent démolis et jetés au panier sans miséricorde par ses maîtres et ses conseillers. Las de ces faillites laborieuses, il s'abandonna à sa veine la plus spontanée d'affabulateur et écrivit d'un seul jet *Le Vicomte pourfendu.* Il pensait le publier dans quelque revue et non en livre, pour ne pas conférer trop d'importance à un simple « divertissement », mais Vittorini insista pour en faire un petit volume dans sa collection des « Gettoni ». Il y eut, parmi les critiques, une approbation unanime et inattendue ; Emilio Cecchi écrivit même un bel article, ce qui alors voulait dire la consécration (ou la cooptation) de l'écrivain dans la littérature italienne « officielle ». Du côté des communistes éclata une petite polémique sur le « réalisme », mais, pour contrebalancer le débat, les approbations de personnes faisant autorité ne manquèrent pas non plus.

C'est à partir de ce succès que la production de Calvino « conteur fantastique » prit son élan (cette définition était pourtant déjà courante dans la critique depuis l'époque de son premier roman), tandis que, parallèlement, il représentait les expériences contemporaines sur le ton d'une ironie stendhalienne. Pour définir ces alternances, Vittorini forgea les heureuses formules de « réalisme à charge fantastique » et de « fable à charge réaliste ». Calvino essayait même de rassembler sur le plan théorique les diverses composantes intellectuelles et poétiques qui étaient les siennes : au cours d'une conférence, à Florence, en 1955, il présenta l'exposition d'ensemble la plus complète de son programme (« Il midollo del leone » [La moelle du lion], *Paragone,* VI, n° 66).

Il avait ainsi conquis sa place au sein de la littérature italienne des années cinquante, dans une atmosphère désormais très différente de celle de la fin des années quarante auxquelles, malgré tout, il se sentait toujours idéalement lié. La capitale littéraire des années cinquante était Rome, et Calvino, tout en restant ouvertement « turinois », passait désormais la plupart de son temps à Rome.

A cette époque, Giulio Einaudi lui commanda le volume des *Contes populaires italiens* que Calvino choisit et traduisit à partir des recueils folkloriques du dix-neuvième siècle, déjà publiés ou inédits. C'était aussi un travail d'érudition (pour ce qui concernait la recherche, l'introduction et les notes), qui éveilla en lui la passion pour les études de littérature comparée sur la narration, un territoire situé à mi-chemin entre les mythologies primitives, l'épique populaire du Moyen Age et la philologie du dix-neuvième siècle.

Il avait un autre pôle d'intérêt constant : le dix-huitième siècle. La culture des Lumières et celle jacobine étaient le cheval de bataille des historiens parmi lesquels il évoluait au cours de son travail d'édition quotidien : de Franco Venturi aux plus jeunes et à leur maître Cantimori ; de plus, il retrouvait dans son héritage, en tant que descendant de francs-maçons, un air de famille avec le monde idéologique du dix-huitième siècle. Il est donc naturel que le plus vaste roman (ou parodie de roman) que Calvino ait écrit soit une transfiguration de mythes personnels et contemporains sous forme d'allégories du dix-huitième siècle (*Le Baron perché,* 1957), où l'auteur semble aussi proposer (sous une forme caricaturale, mais, de toute évidence, en y croyant) un modèle de comportement intellectuel lié à un engagement politique.

En attendant, le temps était venu des grandes discussions politiques qui allaient secouer le monolithisme apparent du monde communiste. En 1954-1955, dans le climat d'apaisement que connaissaient les luttes de tendance des intellectuels communistes italiens, Calvino avait collaboré assidûment à l'hebdomadaire romain *Il contemporaneo* de Salinari et Trombadori. Pendant cette même période, des discussions très importantes pour lui eurent lieu avec les marxistes hégéliens milanais Cesare Cases et, surtout, Renato Solmi — et, après eux, Franco Fortini, qui se montra et allait demeurer pour Calvino un implacable interlocuteur d'opposition antithétique. Après s'être engagé dans les batailles intérieures du Parti communiste de 1956, Calvino (qui collaborait entre autres à la revue romaine *Città aperta*) donna sa démission en 1957. Pendant quelque temps (1958-1959), il participa au débat pour une nouvelle gauche socialiste et collabora à la revue d'Antonio Giolitti, *Passato e presente,* et à l'hebdomadaire *Italia domani.*

En 1959, Vittorini commença la publication d'une série de cahiers de textes et de critique *(Il menabò)* dans le but de renouveler le climat littéraire italien, et il voulut que le nom de Calvino parût auprès du sien comme codirecteur. Dans *Il menabò,* ce dernier publia un certain nombre d'essais qui tentaient de faire le point sur la situation littéraire internationale : « Il mare dell'oggettività » (La mer de l'objectivité — *Il menabò 2,* 1959), « La sfida al labirinto » (Le défi au labyrinthe — *Il menabò 5,* 1962), et voulut aussi tracer un inventaire idéologique général : « L'antitesi operaia » (L'antithèse ouvrière — *Il menabò* 7, 1964). Mais il semble que le souci de tenir compte de toutes les composantes historiques et idéologiques de chaque phénomène ait régulièrement conduit Calvino à une impasse ; et c'est peut-être la raison pour laquelle ses interventions d'essayiste, ses prises de position critiques et, plus généralement, ses collaborations à des journaux et à des revues sont devenues de plus en plus rares.

Au cours des dernières années, il fait de longs séjours à l'étranger (il avait déjà passé six mois à New York et aux États-Unis en 1959-1960). En 1964, il se marie ; sa femme est argentine, d'origine russe, traductrice de l'anglais, et habite à Paris. En 1965, il a une fille.

Ses livres les plus récents témoignent d'un retour à l'une de ses passions juvéniles : les théories astronomiques et cosmologiques qu'il utilise pour construire un répertoire de « mythes d'origine » modernes sur le modèle de ceux des tribus primitives. En ce sens, l'hommage qu'il rend à un écrivain paradoxalement encyclopédique comme Raymond Queneau en traduisant son roman *Les Fleurs bleues* est significatif. Dans le même esprit, et en s'appuyant sur les travaux russes et français récents de « sémiologie du récit », il projette d'établir, à travers un jeu de tarots, un système combinatoire des histoires et des destins humains. Au centre de cet ensemble suscitant son intérêt (et comme prolongement idéal du dix-huitième siècle du *Baron perché*) se trouve l'œuvre de l'utopiste Fourier, dont Calvino est en train de préparer un vaste choix.

Œuvres principales : *Le Sentier des nids d'araignées* (1947), *Le corbeau vient le dernier* (1949), *Le Vicomte pourfendu* (1951), *Contes populaires italiens* (1956), *Le Baron perché* (1957), *La Spéculation immobilière* (1957), *Aventures* (1958), *Le Chevalier inexistant* (1959), *La Journée d'un scrutateur* (1963), *Marcovaldo* (1963), *Cosmicomics* (1965), *Temps zéro* (1967).

2. L'œuvre

« Gli amori difficili » (« Les amours difficiles ») est le titre sous lequel l'auteur a regroupé (pour la première fois en 1958, dans le volume *I racconti*) cette série de nouvelles. C'est une définition ironique, certes, parce que, dès qu'il s'agit d'amour — ou d'amours —, ces difficultés demeurent très relatives. Ce qui fonde un grand nombre de ces histoires, c'est, pour le moins, une difficulté de communication, une zone de silence au fond des rapports humains : dans les manœuvres muettes qu'un soldat entreprend dans un train auprès d'une matrone impassible, les étapes successives et inespérées de la séduction apparaissent tantôt des victoires gigantesques et irréversibles, tantôt des illusions précaires que rien ne confirme ; le matin qui suit une aventure amoureuse imprévue, un homme revient avec son secret à la grisaille de sa vie d'employé et, tandis qu'il essaie d'investir de son bonheur les paroles et les gestes quotidiens, il sent déjà que toute expérience indicible est aussitôt perdue.

En 1964, ces récits furent publiés en français dans un volume intitulé *Aventures*. Cette appellation d'« aventure » qui revient dans les titres de chacun des textes est elle aussi ironique : si elle tombe bien à propos pour les premiers récits de la série (y compris pour la mésaventure de la dame qui perd son slip de maillot de bain en nageant au large d'une plage bondée, dans un texte dont la composition est très élaborée et qui fut défini comme une « étude de nu petit-bourgeois »), dans la plupart des cas elle n'indique qu'un mouvement intérieur, l'histoire d'un état d'âme, un itinéraire vers le silence.

Il faut dire que, pour Calvino, ce noyau de silence n'est pas seulement un passif impossible à faire disparaître dans chaque rapport humain : il renferme aussi une valeur précieuse et absolue. « Au cœur de ce soleil, le silence », est-il dit dans « L'aventure d'un poète » — un récit où l'écriture, tant qu'elle évoque des images de beauté et de bonheur, est raréfiée, laconique, pleine de pauses, mais qui devient, lorsqu'elle doit dire la dureté de la vie, minutieuse, abondante, très serrée.

Si l'on y trouve, dans la plupart des cas, des histoires qui racontent comment un couple ne se rencontre pas c'est que, pour l'auteur, résident dans cette absence de rencontre non seulement une raison de désespérer, mais surtout un élément fondamental — sinon l'essence même — du rapport amoureux : au terme d'un voyage pour rejoindre sa maîtresse, un homme comprend que la véritable nuit d'amour est celle qu'il a passée dans un compartiment inconfortable de seconde classe, roulant vers elle. Et ce n'est pas un hasard si l'un des rares récits matrimoniaux parle de deux époux qui travaillent à l'usine, le mari faisant partie de l'équipe de nuit, la femme de celle de jour. Le titre qui pourrait peut-être le mieux définir ce que ces récits ont en commun serait « Amour et Absence ».

Il s'agit, dans la quasi-totalité, de récits « des années cinquante », non seulement à cause de la date à laquelle ils ont été écrits, mais parce qu'ils correspondent au climat dominant dans la littérature italienne entre 1950 et 1960 — des années où beaucoup de romanciers et de poètes essaient de récupérer des formes d'expression du dix-neuvième siècle [1]. Calvino appartient encore aux générations qui ont eu le temps de mettre tout Maupassant et tout Tchekhov dans leurs lectures de jeunesse : c'est dans cet idéal de perfection de la composition narrative « mineure », uni à un second idéal d'« humour » en tant qu'ironie envers le premier (où Svevo a sans doute quelque chose à voir), que se situe la poétique des « Amours difficiles ».

Pourtant, même quand il semble réexaminer la nouvelle du dix-neuvième siècle, ce qui compte pour Calvino, ce sont un dessin géométrique, un jeu combinatoire, une structure de symétries et d'oppositions, un échiquier où les cases noires et blanches échangent leurs places selon un

1. Ce n'est pas le cas de Calvino, à vrai dire, qui écrivait ces années-là *Le Vicomte pourfendu, Le Baron perché, Le Chevalier inexistant,* et qui, dans ses déclarations théoriques, se réclamait tout au plus du dix-huitième siècle ou des romans chevaleresques ou des contes populaires pour projeter vers l'avenir l'énergie guerrière qui continuait à lui tenir à cœur. Mais son travail avance toujours sur des rails divergents, répondant à des sollicitations diverses qui se juxtaposent au lieu de s'annuler.

mécanisme très simple : comme le fait de mettre ou d'ôter ses lunettes dans « L'aventure d'un myope »[1].

Devons-nous en conclure que si la nouvelle était pour l'écrivain du dix-neuvième siècle une « tranche de vie », pour l'écrivain d'aujourd'hui elle est tout d'abord une page écrite, un monde où agissent les forces d'un ordre autonome (un monde que le héros de « L'aventure d'un lecteur » peut considérer comme étant plus *vrai* que celui qui s'offre à lui dans l'expérience empirique d'une rencontre amoureuse au bord de la mer) ? Disons plutôt que, en construisant une nouvelle (c'est-à-dire en établissant un modèle de relations entre des fonctions narratives), l'écrivain met en évidence le procédé logique qui sert aux hommes pour établir des relations *aussi* parmi les faits de l'expérience[2].

Deux textes plus longs achevaient le volume ; dans le livre *I racconti,* ils étaient inclus dans la dernière partie,

1. C'est ainsi que fonctionnaient déjà les va-et-vient dans la chambre d'une prostituée au cours du récit « Un lit de passage », qui appartient encore, stylistiquement, à la première période de Calvino, l' « hemingwayenne » (mais qui en hommage à cette unité thématique est intégré aux « Amours difficiles » sous le titre « L'aventure d'un bandit ») ; et c'est ainsi que vont fonctionner les poursuites sur l'autoroute dans un des récits les plus récents, « Le conducteur nocturne », placé à la fin de la série sous le titre « L'aventure d'un automobiliste ». Outre ces deux « transpositions », « Les amours difficiles » s'enrichissent, dans cette édition, de deux morceaux, inédits en volume : « L'aventure d'un skieur » (1959) et « L'aventure d'un photographe », qui est la « mise en récit » (comme on dirait « mise en scène ») d'un article d'essai (« Le follie del mirino » [Les folies de l'objectif], *Il contemporaneo,* Rome, 30 avril 1955).

2. « L'aventure d'un soldat » inspira un sketch cinématographique dirigé et interprété par Nino Manfredi ; « L'aventure d'un bandit », un sketch de théâtre (« Un lit de passage ») réalisé par Franco Zeffirelli ; « L'aventure d'une épouse », une chanson de Sergio Liberovici *(Canzone triste) ;* toujours « L'aventure d'une épouse », un épisode cinématographique de Mario Monicelli ; « La fourmi argentine » fut illustrée par Franco Gentilini.

intitulée « La vita difficile » (« La vie difficile »). Ce sont deux récits très différents qui appartiennent à des moments différents de la production de l'auteur : le premier, « La fourmi argentine » (publié pour la première fois en 1952 dans une revue internationale de haut niveau, *Botteghe oscure,* n° X), se déroule sur la Riviera du Ponent — un paysage qui constitue le fond d'un grand nombre des premiers textes narratifs de l'auteur (mais non seulement des premiers) et que l'on peut relier à cet « efficace réalisme figuratif de goût purement gothique » dans la représentation de l'« horreur zoologique et botanique » dont avait parlé Emilio Cecchi à propos du jeune Calvino ; le second, « Le nuage de smog » (paru pour la première fois en 1958 dans la revue de Moravia, *Nuovi argomenti*), dans une ville industrielle indéterminée — mais qui semble être, par certains détails, Turin — et se situe dans le cadre d'une sorte de repérage sociologique que de nombreux écrivains italiens réalisaient en ces années de passage vers une nouvelle phase de développement économique du pays.

L'affinité qui relie deux récits si différents est le fait que l'un et l'autre sont des méditations sur le « mal de vivre » et sur l'attitude à assumer pour y faire face, qu'il s'agisse d'une calamité naturelle comme dans le premier récit : les minuscules fourmis qui infestent la Riviera, ou d'une conséquence de la civilisation comme dans le second : le smog, le brouillard enfumé et chargé de déchets de produits chimiques des villes industrielles.

Dans les deux récits, un protagoniste qui parle à la première personne, mais qui n'a ni nom ni visage, évolue au milieu d'un groupe de personnages mineurs dont chacun possède sa façon de s'opposer aux fourmis et au smog. La condition des deux protagonistes est différente — le premier étant un prolétaire immigré père de famille, le second un intellectuel déraciné et célibataire —, mais le seul point d'honneur de l'un comme de l'autre semble être le refus de toute évasion illusoire et de toute transposition idéale. Dans les modèles de comportement qui sont proposés par les autres, ils sentent continuellement la fausse note, le fait de ne pas vouloir regarder l'ennemi en face.

Le héros du « Nuage de smog », du fond — dirait-on — d'une crise dépressive dont nous ne connaissons pas les origines, s'obstine à *regarder*, sans jamais détourner les yeux, et s'il s'attend encore à quelque chose, ce n'est qu'à partir de ce qu'il voit : une image à opposer à une autre image, mais rien ne dit qu'il puisse la trouver. La leçon de modeste stoïcisme du héros de « La fourmi argentine » n'est pas différente, mais plus dure et sans complaisances intellectuelles ; et semblable est aussi la catharsis provisoire obtenue à travers les images et sur laquelle s'achève le récit.

3. *La critique*

Parmi les interventions de la critique qui suivirent la publication du volume de Calvino *I racconti* (1958), nous en choisirons quatre (deux positives et deux négatives) qui concernent plus directement les textes compris dans cette édition[1] et qui proposent chacune une seule définition globale de l'écrivain. Les quatre critiques sont Pietro Citati, Elémire Zolla, Renato Barilli, François Wahl[2]. En

1. Sur « Le nuage de smog » (en même temps que sur « La spéculation immobilière », l'autre « court roman » qui achevait le volume *I racconti*) s'arrêta l'attention de la critique socialiste et communiste (Alberto Asor Rosa, *Mondo operaio*, n° 3-4, 1958 ; Michele Rago, *L'unità*, Rome, 17 janvier 1959, et Milan, 23 janvier 1959 ; Mario Socrate, *Italia domani*, 28 décembre 1958 ; Carlo Salinari, *Vie nuove*, 27 décembre 1958), qui relevait dans le pessimisme de Calvino et dans le caractère opportun de son observation « un sens nouveau qui n'est pas celui d'une désillusion post-Résistance ou d'une illusion social-démocrate » (Mario Socrate).

2. Pietro Citati (*Il punto*, 7 février 1959 ; *L'illustrazione italiana*, janvier 1959) ; Elémire Zolla (*Tempo presente*, décembre 1958) ; Renato Barilli (*Il mulino*, n° 90 ; maintenant in *La barriera del naturalismo* [La barrière du naturalisme], Mursia, 1964) ; François Wahl (*La Revue de Paris*, novembre 1960).

situant de façons différentes leurs questions, ils parviennent à des conclusions différentes, et leur confrontation peut servir de débat sur le livre [1].

Pietro Citati (qui a suivi le travail de Calvino depuis ses débuts en tant que critique et a tracé le portrait le plus incisif, vivant et riche en nuances de l'auteur) apprécie surtout les premiers récits (« Un après-midi, Adam », « Un navire chargé de crabes », « Le corbeau vient le dernier ») pour « la netteté, la cruauté, la rapidité d'invention du signe » et explique comment Calvino est, nécessairement, à la fois « rationaliste » et « fabuliste ».

« Dès lors, on ne peut plus être étonné que Calvino se consacre à l'univers des fables : *Le Vicomte pourfendu, Le Baron perché,* les transcriptions de l'important volume des *Contes populaires italiens.* Le milieu le plus propice à l'esprit fabuliste, en effet, est justement celui de la raison claire et précise. Ce que le rationaliste hait par-dessus tout, c'est la mesquinerie et le ressassement de l'absurdité quotidienne : le désordre continu des faits et des mouvements du cœur. Mais l'absurdité pure, déployée, des fables ne peut-elle pas être maîtrisée par une rationalité absolue, même si elle est renversée ? La fantaisie des fables trouve son origine beaucoup plus dans l'*esprit de géométrie* que dans l'*esprit de finesse.* Et seul un rationaliste, sans doute, peut rêver (comme rêvent tous les Perrault) de construire un récit qui ne soit fait que de *rythme :* signes, indications, correspondances sans défaut [...].

« La réalité n'offre pas de résistances à un rationaliste : il peut la styliser, la déformer en quelques traits, comme Calvino sait très bien le faire. En revanche, la psychologie lui offrirait plus de résistances : même dans les grandes opérations intellectuelles des moralistes français il reste en

1. Parmi les premières expériences italiennes d'application à la critique littéraire de méthodes d'analyse linguistique, grammaticale, sémantique, rappelons l'essai de Mario Boselli consacré au « Nuage de smog » (*Nuova corrente,* n° 28-29, 1963), essai qui offrit à Calvino l'occasion d'une auto-analyse stylistique, publiée dans la même revue (n° 32-33, 1964).

effet un résidu, une pureté de cœur, qui ne peuvent être éliminés. En obéissant à la loi des contraires, voici donc que Calvino s'abandonne à de véritables orgies de psychologie. Il est curieux de voir avec quelle cohérence inconsciente, dans les " Aventures ", mais surtout dans " La fourmi argentine ", dans " La spéculation immobilière " et dans " Le nuage de smog " (les trois récits les plus importants du livre), Calvino évolue sur un terrain comme celui du cœur humain, qui doit profondément lui répugner. Certes, c'est là aussi de la psychologie. Mais c'est une psychologie abstraite, un instrument purement analytique, qui ne coïncide jamais vraiment avec les événements individuels et qui peut donc prendre des allures d'aventure intellectuelle pure et schématique. En ce sens, Calvino tend — quelquefois — à en faire trop. Son abondance le trahit. Et il n'y a aucune raison de s'en étonner. La précision de l'écrivain intellectuel est toujours, en effet, légèrement *a priori :* elle naît du mouvement de l'imagination, plus que des nécessités intérieures de la matière. Son monde ne semble pas avoir de limites : il attend simplement la provocation d'une autre occasion, d'une nouvelle trouvaille. Il peut devenir approximatif, imprécis. C'est la vengeance ironique que prend la réalité, parfois, sur celui qui a désormais choisi le rôle de l'intelligence et de la précision. »

Après avoir parlé des différentes attitudes derrière lesquelles Calvino s'est lui-même caché, Citati remarque comment, dans « Le nuage de smog », l'auteur « se place et se contemple, avec une évidente passion automutilatrice, dans la figure d'un médiocre employé autour duquel la vie prend inévitablement les aspects les plus gris et décourageants. Avec la même complaisance qui l'avait poussé à se peindre comme élégant, intelligent et infaillible, il accumule maintenant sur lui les débris les plus informes [...]. Cette incarnation humble et médiocre sera-t-elle la dernière ? J'en doute. Les différents visages de Calvino ont toujours eu la même variété que les figures du kaléidoscope. En effet, l'image la plus complète qu'il ait jamais donnée de lui est encore celle du *Baron perché,* où

Côme Laverse du Rondeau qui, en révolte contre son père, s'enfuit sur un chêne vert et ne redescend plus sur terre, passant toute sa vie dans les arbres, juge certainement le monde et les hommes, aime et projette des réformes, mais toujours au milieu des voltiges les plus extraordinaires, de façon burlesque, sans s'abandonner ni jamais se révéler tout à fait, toujours au milieu des arbres ».

C'est un portrait semblable, mais en version négative, que trace un polémiste acharné contre la civilisation moderne, Elémire Zolla, pour lequel « l'ébahissement rusé de Calvino est la version snob du paysan qui joue à faire l'idiot ». Les nombreuses fictions, même de nature stylistique, dont Zolla accuse Calvino n'empêchent pourtant pas l'écrivain d'atteindre quelques moments de vérité :

« Étant donné la poétique de la voie moyenne, l'ironie de Calvino ne parvient jamais au sarcasme ni, encore moins, à la férocité, et elle n'est même pas un piment pour le dialogue, parce qu'elle est, foncièrement, une arme de défense qui sert à sauvegarder le caractère d'évasion de la fable. Tout ce mécanisme parfait d'adaptation, jamais vraiment compromettant, exige son prix, qui est l'emprisonnement dans le voyeurisme, la maladie de l'aventurier sournois, lequel doit garder sa disponibilité avec toute la politesse et l'ironie possibles et risque de devenir intérieurement vide comme la société dont il se défend en s'y adaptant. Mais les récits de la fin, parmi les plus beaux de cet après-guerre italien, ne sont pas chargés de cette psychologie. Dans " La fourmi argentine " l'Arcadie douceâtre devient champ de vérité, jeu intellectuel légèrement cruel [...]. Dans " Le nuage de smog " enfin, le désespoir n'a plus de voiles, le " bozzettismo[1] " italien disparaît et le rendu minutieux de l'amertume de la vie est une réussite parfaite. La conclusion n'est pas arcadienne : l'employé qui ne cherche plus qu'à imprimer des images dans son esprit étiolé par la conscience de la vanité de la vie d'entreprise [...], ne connaissant plus de véritable dialo-

1. De *bozzetto* : esquisse ; genre littéraire de la nouvelle *(NdT)*.

gue, même pas au moment où pourrait surgir l'image de l'amour, regarde la campagne de Bertolla d'un air ni simplement ni faussement modeste mais sereinement triste, et fait penser à certains vers de Richard Blackmur : *La terreur n'est pas dans la nuit qui tombe douce/et recouvre de neige de lune toute frontière nue/et réunit des mains d'ombre et recèle des larmes. / La vie est là, qui se guérit elle-même. / La terreur vraie rampe du dedans, là où/ bien que la vase se referme/la voix nue appelle encore.* »

Renato Barilli, un jeune critique qui allait devenir quelques années plus tard un des théoriciens de la néo-avant-garde du Gruppo '63 et qui consacre à Calvino un réquisitoire long et impitoyable, est encore plus négatif que le traditionaliste Zolla (et avec des arguments assez semblables sur l'absence de caractère dramatique) :

« Que sa position, malgré quelques apparences, ne soit pas radicale ni extrémiste, le fait est confirmé par un examen du niveau psychologique et épistémologique auquel il se place pour établir ses rapports avec le monde. On a dit plus haut que par rapport aux choses il est un " regard ", une étreinte lenticulaire. Une association d'idées immédiate fait alors venir à l'esprit la nouvelle prose française, l'*école du regard,* Robbe-Grillet et Butor ; mais l'évocation demeure tout extérieure. Les deux narrateurs transalpins, en effet, tentent un jeu très difficile, audacieux, et qui a souvent du génie ; au-delà des limites du " sens commun " et d'un univers anthropocentrique réglé par de tranquillisantes lois gravitationnelles, ils vont à la découverte de rapports inédits avec les choses, en leur redonnant le pouvoir de choc que l'habitude a usé et recouvert de sédiments ; évidemment, ils ne parviennent pas à cette œuvre audacieuse uniquement à travers une prestation individuelle exceptionnelle, et ils y sont aidés et soutenus non seulement par une puissante tradition spécifiquement narrative, mais aussi par la culture française, qui est une culture bien accoutumée aux spéculations les plus ardues dans les divers champs de la recherche épistémologique, psychologique, pédagogique, etc. Calvino, au contraire, a derrière lui la culture italienne, plus tranquille et ordonnée, qui ne lui permet pas de grandes marges de mouvement : s'il va donc pêcher courageusement dans un domaine déjà très en marge, où les objets s'agrandissent et font pression de tous côtés sur l'écran visuel en prétendant assumer l'initiative, il n'a pas pour autant la force d'abandonner le seuil du “ sens commun ”, et va jusqu'à faire valoir définitivement sur le monde des choses la législation et la hiérarchie qui ont cours dans ce dernier. L'écrivain, en quelque sorte, ne s'écarte pas d'un univers aux proportions habituelles, et il est plein de confiance envers une nature familière, à portée de la main, entièrement contrôlable. Et il sera très probablement amené à croire que cet équilibre, cette façon de laisser les choses demeurer à leur place sanctionnent la victoire d'une attitude rationaliste sur l'irrationalisme du décadentisme européen ; nous, plus pessimistes, nous pensons qu'il s'agit de la victoire d'un “ bon sens ” italien, avec toutes les connotations limitatives, d'étroitesse, de conformisme, qui sont liées à ce terme, sur des inquiétudes et des ferveurs plus vitales. L'ennui est que le retranchement dans le “ sens commun ” ne peut pas manquer de faire tomber dans la futilité et la vacuité les très fines considérations analytiques que Calvino a su énoncer avec efficacité. Que l'on considère la série des “ Amours difficiles ” et, par exemple, cette “ Aventure d'un voyageur ”, qui, comme on l'a déjà dit, appelle vaguement la comparaison avec *La Modification* de Butor : le réseau des moindres gestes du protagoniste, patiemment enregistrés et fixés, demeure cependant en marge, garde les proportions réduites qui lui reviennent dans l'univers du “ sens commun ”, sans passer au premier rang, sans s'élever aux proportions du drame (comme cela arrive au contraire chez Butor). La dissection de Calvino ne va donc pas au-delà des ambitions et des possibilités d'un jeu marginal, plein de grâce et exquis, finement travaillé, mais incapable de se charger de plus hautes valeurs. Pour toutes ces raisons, il convient peut-être davantage de parler de “ regard ” dans son cas que dans celui des jeunes romanciers français, précisément parce que chez lui la relation avec les choses est linéaire, “ photographique ”, privée d’implications ontologiques, et ne se propose même pas d’introduire à un nouvel ordre phénoménologique : “ regard ”, précisément, c’est-à-dire acte d’engagement intermittent, obéissant à un certain “ nonchaloir ” qui l’amène à passer d’un objet à l’autre avec une curiosité instable et inquiète. »

La poétique *visuelle* de ces récits (celle-là même que Zolla a appelée « emprisonnement dans le voyeurisme » Barilli « acte d’engagement intermittent » et nonchalant) est considérée en revanche comme l’essence stylistique (et même morale) de l’œuvre de Calvino par François Wahl, un des rares observateurs étrangers qui aient établi avec l’écrivain italien un vrai rapport de collaboration critique tout en partant de positions théoriques différentes (celles de la nouvelle critique française).

Wahl dit :

« Le choc du *réel* provoque l’apparition d’une *image :* c’est le réel encore et déjà autre chose ; l’image traduit une expérience, mais elle signifie plus et sur un autre plan. Or voici que ce symbole se met à vivre ; il développe sa *logique* propre ; il est gros d’un réseau d’événements, de personnages ; il impose son ton, son langage. Mais cette logique, à son tour, a certaines de ses articulations et son terme fixés d’avance ; au fur et à mesure que formules et événements se pressent, ils s’épuisent pour s’achever enfin dans la paix d’une *contemplation.* Tel est le processus qui gouverne chaque œuvre d’Italo Calvino. Il rassemble les termes que nous sommes le moins accoutumés à voir accordés [...].

« Logique, disions-nous : logique folle, logique qui développe imperturbablement une donnée *possible* jusqu’à la plus *impossible* des impossibilités. Alors, le héros de Calvino, exténué, ne trouve plus de ressource que dans la paix du regard : le soldat se lève et regarde par la fenêtre, le nouveau campagnard marche vers la mer et reste assis sur un rocher, la jeune femme ne rencontre enfin son mari que dans la tiédeur qu’en une place a conservée le lit. On aurait bien tort de voir là une espèce de quiétisme : ce n'est pas l'action qui est condamnée, mais une situation absurde à l'intérieur de laquelle on ne peut plus agir que comme on se débat : en vain [...].

« Nous laisserons au lecteur le plaisir de découvrir dans " L'aventure d'un poète " le mécanisme créateur que nous venons d'analyser. Qu'on nous permette seulement de souligner qu'on trouvera dans ces pages un thème sur lequel l'humour de Calvino ne cesse de broder : la *mésaventure* de l'homme en proie aux caprices d'une femme [...]. Qu'on note aussi qu'ici (et d'une façon presque brechtienne), à l'agitation inutile est très clairement opposée l'action réelle : c'est le travail des pêcheurs. Mais le poète, lui, ne peut encore que se réfugier dans le regard : c'est ce qui nous vaut cette admirable page finale, étonnant " travelling " littéraire où le village du Sud écrasé par le soleil offre son spectacle — et son cri. On le voit, " L'aventure d'un poète ", si elle a le même départ que les autres nouvelles, dit encore plus : car la *leçon* ici perce derrière la *dénonciation.* »

PREMIÈRE PARTIE

Les amours difficiles

L'aventure d'un soldat

Dans le compartiment, auprès du fantassin Tomagra, vint s'asseoir une belle, grande dame. Une veuve de province, à en juger par sa robe et son voile : la robe de soie noire, comme il convient pour un long deuil, avec pourtant des garnitures, des volants inutiles ; le voile tournant autour du visage et pleuvant d'un chapeau lourd, suranné. Dans le compartiment, d'autres places étaient libres, nota le fantassin Tomagra ; il croyait que la veuve choisirait l'une de celles-là ; et au contraire, nonobstant la rudesse du voisinage d'un militaire, c'est justement près de lui qu'elle vint s'asseoir — en raison, supposa-t-il, d'une commodité de voyage : sens de la marche ou courant d'air.

A voir ce corps florissant, ferme, et même un peu massif, dont les courbes étaient adoucies par un moelleux de matrone, on lui aurait donné à peine plus de trente ans ; mais le visage, lui — un incarnat marmoréen qui se relâche, un regard hors d'atteinte sous les paupières lourdes et les sourcils d'un noir intense, des lèvres strictement scellées, teintes à la hâte d'un rouge criard —, avouait la quarantaine dépassée.

Tomagra, jeune fantassin à sa première permission (c'était Pâques), se fit petit sur la banquette, redoutant que la dame, si grande, si volumineuse, n'y trouvât pas assez de place ; et sur-le-champ il fut enveloppé d'un effluve léger, un parfum connu, voire banal, mais qui, à force d'usage, avait fini par se charger des odeurs de la chair même.

La dame s'était assise avec soin à côté du soldat, qui lui trouvait à présent des proportions moins imposantes que lorsqu'il la voyait debout. Elle croisait ses doigts potelés, que comprimaient des bagues, par-dessus son sac luisant et la veste qu'elle venait de quitter, découvrant des bras ronds et blancs. Tomagra, à ce geste, s'était tiré sur le côté, comme pour lui laisser écarter les bras librement, mais elle n'avait pas bougé pour ainsi dire : quelques mouvements brefs des épaules et du buste, et les manches de la jaquette avaient glissé.

La banquette était en fin de compte assez spacieuse pour deux et Tomagra pouvait sentir toute proche de lui la voyageuse sans craindre de l'incommoder par son contact. Du reste, nota-t-il, cette personne, une vraie dame, n'avait laissé paraître aucune répugnance envers lui, envers sa vareuse de laine rêche ; sinon elle se serait assise ailleurs. Dès lors, ses muscles, demeurés jusque-là crispés et comme recroquevillés, paisiblement se détendirent ; et, sans que lui-même remue, ils voulurent prendre toutes leurs aises ; la jambe aux tendons longtemps durcis, qui n'effleurait plus la laine du pantalon, reprit de son volume, jusqu'à soulever un peu le tissu qui la drapait, et l'étoffe à son tour vint frôler la robe de soie noire. Bientôt, à travers ces épaisseurs de laine et de soie, le mollet du soldat côtoyait le mollet de la veuve, avec un frôlement fugitif, comme deux squales qui se croisent et, tout au long des veines, deux courants qui se rencontrent.

C'était là, à dire vrai, un contact à peine sensible, que le moindre cahot du train renouvelait ou faisait perdre. La dame avait des genoux robustes, charnus : à chaque secousse, le soldat devinait, contre ses os, le glissement nonchalant de leur rotule ; et le mollet tendait une joue soyeuse, haut perchée, de sorte qu'il fallait à celui de Tomagra une imperceptible poussée pour venir à sa rencontre. Pareil côtoiement de mollets avait son prix ; mais, à déplacer ainsi le poids du corps, le soutien mutuel que se prêtaient leurs hanches perdait sa nonchalance, son naturel. Pour retrouver une posture commode, Tomagra dut bouger un peu sur la banquette : il profita d'une courbe de la voie ferré et du besoin compréhensible de se remuer de temps en temps.

La dame, sous son chapeau de matrone, demeurait impassible, le regard figé entre les paupières, les mains inertes sur le sac installé dans son giron — cependant qu'une longue frange de son corps pesait là, contre une frange d'homme : ne s'était-elle donc aperçue de rien ? Ou préparait-elle une esquive, un geste de révolte ?

Tomagra résolut de lui transmettre un message : il contracta le muscle du mollet, jusqu'à le rendre ferme et carré comme un poing ; et, de cette robuste poigne comme serrée sur une main prête à s'ouvrir, il courut frapper au mollet de la veuve. Certes, le mouvement fut d'une promptitude extrême — l'espace d'un battement des tendons —, en tout cas elle ne se déroba nullement, pour autant que Tomagra put se rendre compte : car il s'était empressé, afin de justifier son geste, de déplacer la jambe, comme pour se désengourdir.

Tout était à recommencer : c'était pour rien qu'il avait fait un prudent, un méticuleux travail d'approche. Tomagra se promit d'avoir plus de courage : l'air de chercher quelque chose, il fourra sa main dans sa poche, la poche du côté de la dame ; puis, feignant l'oubli, il l'y laissa. Ç'avait été un geste éclair, Tomagra n'aurait même pas su dire s'il l'avait ou non touchée, un geste des plus anodins ; seulement, après coup, lui apparurent l'importance du progrès réalisé et les périls du jeu auquel désormais il se livrait. Contre le revers de sa main, pesait la hanche de la dame en noir ; il en éprouvait la pression sur chaque doigt, sur chaque phalange ; le moindre remuement allait tout à coup devenir, à l'égard de la veuve, une inadmissible privauté. Retenant son souffle, il retourna sa main dans sa poche, c'est-à-dire qu'il disposa la paume ouverte contre le flanc de la dame, sous l'épaisseur du pantalon. Rester ainsi, le poignet tordu, c'était une position intenable ; coûte que coûte, il fallait oser un geste décisif : du bout de cette main retournée, il risqua un remuement. Le doute n'était plus permis ; la veuve ne pouvait plus ignorer son manège ; à ne point s'y dérober, à toujours feindre l'impassibilité, l'absence, elle laissait entendre que la tentative n'était pas pour lui déplaire. Encore qu'à la réflexion, son indifférence à la main agitée de Tomagra pût signifier qu'elle croyait, de bonne foi, à quelque vaine recherche au fond de la poche : un billet de chemin de fer, une allumette enfouie… C'était cela : tandis que les doigts du soldat, comme doués d'une soudaine clairvoyance, exploraient les épaisseurs d'étoffe, devinaient l'ourlet d'une parure ensevelie et jusqu'à d'infimes aspérités de la peau : un pore, un grain de beauté, cette chair marmoréenne, indolente, était peut-être bien incapable de ressentir la différence entre le plat des doigts et, mettons, leurs jointures ou la corne d'un ongle.

En un déplacement furtif, la main glissa hors de la poche ; à ce point, hésitante, elle s'arrêta ; puis, comme soucieuse tout à coup de remettre en place la couture du pantalon, elle avança, par étapes, jusqu'au genou. Mieux vaudrait dire qu'elle se fraya un chemin, vu que, pour progresser, il lui fallut se faufiler entre Tomagra et la dame : un trajet qui, pour rapide qu'il fût, se révéla riche de transes et de tendres émois.

Il faut dire que lui, pendant ce temps, gardait la tête à demi renversée contre l'appui : on pouvait, à la rigueur, admettre qu'il somnolait. C'était, bien plus qu'un alibi qu'il s'offrait à lui-même, une chance qu'il donnait à la dame, pour peu qu'elle tolérât ses avances, de n'en être pas gênée : c'étaient mouvements où la conscience n'avait point de part et qui émergeaient par mégarde d'une nappe de sommeil. Sous le couvert vigilant de ce sommeil, la main de Tomagra serrée sur son genou détacha un doigt, l'auriculaire, et l'envoya en éclaireur aux alentours. Le petit doigt glissa sur ce genou de femme qui demeurait muet, consentant ; Tomagra avait loisir de se livrer à de diligentes évolutions sur le bas de soie dont ses yeux mi-clos entrevoyaient la courbure transparente. Très vite, néanmoins, il s'aperçut combien ce jeu risqué était maigre de récompenses : l'auriculaire, trop grêle, sans grande liberté de mouvements, ne procurait que des sensations minuscules, chétives, et ne savait point révéler le contour et la consistance de ce qu'il touchait.

Tomagra rattacha ce petit doigt aux autres ; seulement,

au lieu de le ramener en arrière, il y appuya tour à tour annulaire, médius, index : à présent, sa main reposait, inerte, sur ce genou de femme bercée par le mouvement du train, un lent dodelinement de vague.

C'est sur ces entrefaites qu'il pensa aux autres voyageurs. Car si la veuve, complaisante ou mystérieusement intangible, ne réagissait pas à ses audaces, restaient les autres assis là, en face, qui pouvaient à tout moment crier au scandale devant le comportement peu convenable du soldat et devant l'apparente complicité de la dame. Soucieux avant tout de la sauver de leurs soupçons, Tomagra retira sa main, mieux, la dissimula, comme si elle eût été seule responsable. Pourtant, se dit-il aussitôt, pareille façon de la dissimuler n'était qu'un biais hypocrite : en somme, en l'appuyant sur la banquette, il n'avait pas d'autre pensée que de l'approcher plus indiscrètement de la dame qui y occupait tant de place.

Le fait est que la main erra alentour : voici que les doigts apercevaient la présence de la femme, comme un papillon qui se fût posé là ; voici qu'il suffisait de pousser délicatement la paume entière, tandis qu'à l'ombre du voile impénétrable demeurait le regard de la veuve et que la respiration soulevait à peine sa poitrine... Hélas, la main, dans un trottinement de souris, avait pris la fuite.

Tomagra se disait : « Elle n'a pas bougé, peut-être qu'elle veut bien... », pour penser ensuite : « Une seconde de plus, et il sera trop tard. Sans doute elle est là à me guetter, pour faire une scène. »

Alors, rien que pour y voir clair, Tomagra fit glisser le dos de sa main sur le siège et attendit que les cahots du train conduisissent, par d'imperceptibles déplacements, la dame sur ces doigts inertes. Inertes, pourtant, n'est pas le mot : entre la banquette et son occupante, s'enfonçait la pointe des doigts, à la façon d'un coin, en des poussées tellement légères qu'elles pouvaient n'être qu'un effet de la trépidation du train. Vint un moment où Tomagra fit halte ; non que la voisine eût donné signe de réprobation, seulement le soldat songeait que, si réellement elle était consentante, il lui serait facile, par une brève rotation, de venir à sa rencontre, de se poser pour ainsi dire sur cette paume tendue. Tomagra, à seule fin de bien marquer que son intention était amicale, risqua, là-dessous, un furtif trémoussement de doigts ; la dame regardait par la fenêtre ; sa main jouait avec nonchalance à ouvrir et fermer la poignée du sac. Était-ce pour lui signifier qu'il devait renoncer, qu'il ne devait pas compter sur un autre sursis, que sa patience ne pourrait pas être mise plus longtemps à l'épreuve ? Était-ce vraiment cela ? Tomagra se le demandait. Vraiment cela ?

Il s'aperçut que sa main, comme une pieuvre, s'agrippait à la chair de la femme. A présent, c'en était fait, plus moyen de revenir en arrière. Et elle, là, qui était un sphinx !

La main, à présent, rampait en une avancée boitillante de crabe le long de la cuisse ; allait-elle se trouver à découvert, sous les regards des voyageurs ? Non : voici que la veuve arrangeait la jaquette qu'elle gardait jusque-là pliée sur ses genoux et qu'elle en laissait retomber un pan de côté. Pour lui offrir une cachette ? Ou bien pour barrer le passage ? La main, invisible, évoluait en liberté, s'agrippait pour s'étendre ensuite en des caresses rasantes, tel un souffle de vent. Le visage de la veuve, cependant, demeurait lointain, tourné vers la campagne ; le regard de Tomagra se posait sur un mince espace de peau nue, entre l'oreille et la courbe de l'opulent chignon ; là, dans le repli derrière l'oreille, palpitait une veinule. La voici enfin, la réponse qu'il attendait : claire, déchirante, insaisissable. Le visage de statue, tout à coup, se tourna, le voile qui flottait autour du chapeau frémit comme une tenture et le regard, perdu entre les paupières alourdies, palpita. Or, ce regard, passant par-dessus la tête du soldat, sans peut-être l'effleurer même, fuyait plus loin, là-bas, attiré par quelque chose, ou par le vide, simplement, par l'effort de fixer une pensée — bref, par Dieu sait quoi d'autrement important que Tomagra. Cela, le soldat ne se le dit que plus tard ; sur le moment, à peine eût-il deviné le changement de position que, vite, il se rejeta en arrière, paupières closes, faisant mine de dormir, tâchant de contenir la rougeur qui envahissait son visage, perdant peut-être, ainsi, l'occasion de saisir, au premier croisement de leurs regards, une réponse à ses derniers doutes.

La main, nichée sous les plis du tailleur noir, restait comme détachée de lui, recroquevillée, les doigts rentrant dans la paume, il ne sentait plus que leur ossature arboréenne : ce n'était plus une vraie main. Par bonheur, la veuve retrouvant, après la diversion de ce vague coup d'œil alentour, son indifférence, dans la main de Tomagra affluèrent de nouveau sang et courage. C'est à l'instant où il reprenait contact avec ce moelleux versant de jambe que le soldat découvrit qu'il était arrivé à la limite : ses doigts passaient sur l'ourlet de la jupe, puis c'était la retombée du genou, le vide.

C'en était fini, songea Tomagra, de cette ribote secrète ; à y repenser, elle prenait l'aspect d'une piètre aventure ; et de l'avoir, sur le moment, avidement grossie n'y changeait rien : une caresse approximative sur une robe de soie — de ces menus plaisirs qu'on ne pouvait guère lui refuser, étant son attendrissante condition de militaire — et que, discrètement, sans avoir l'air de rien, la dame avait daigné lui octroyer.

Sur le point, tout marri, de retirer sa main, quelque chose — une certaine façon qu'avait eue la voisine de disposer la jaquette sur ses genoux — le retint : tout à l'heure, le vêtement était plié (de cela, Tomagra était quasi certain) ; maintenant, il semblait jeté avec négligence, de sorte qu'un des pans flottât amplement sur le devant. Du coup, la main se trouvait dans un abri sûr : peut-être une ultime marque de confiance accordée par la dame, dans la pensée que le soldat — d'elle à lui, quelle n'était pas la distance ! — n'oserait jamais en abuser. Tomagra faisait de gros efforts pour se souvenir de ce qui, jusqu'à présent, avait eu lieu ; sa mémoire allait recherchant, dans l'attitude de la dame, quelque marque d'un consentement plus poussé ; quant à ses propres gestes, rétrospectivement, il les jugeait tantôt futiles, superficiels — rien que des frôlements ou des frottements furtifs —, tantôt d'une intimité évidente, et tels que tout repli était désormais impossible.

Sa main, sans nul doute, suivit ce second versant du souvenir : avant même que Tomagra eût réfléchi à loisir, mesuré ce que pareil acte avait d'irréparable, voici qu'elle, déjà, allait de l'avant. Et la dame ? Elle sommeillait. Sa tête, sous le majestueux chapeau, avait glissé dans l'encoignure et les yeux demeuraient clos. Fallait-il vraiment que Tomagra respectât ce sommeil, sommeil véritable ou simulé, et se retirât ?... Ou bien était-ce un expédient de femme avisée, un manège que lui était censé connaître et dont il devait se montrer, de quelque façon, reconnaissant ? Tergiverser, au point où en étaient les choses, il ne le pouvait plus ; il ne lui restait qu'à pousser plus loin.

La main du fantassin Tomagra était petite, trapue ; ce qu'elle pouvait avoir de dur ou de calleux s'amalgamait à la musculature, si bien qu'elle paraissait unie, sans aspérités ; les os ne faisaient point saillie et chaque mouvement semblait le fait des nerfs plus que des phalanges. Et cette main petite, maintenant, était en proie à une agitation continue, envahissante et précise, afin de garder un contact aussi vif, aussi chaleureux que possible. Pourtant, lorsque enfin un premier long frissonnement courut sur la chair moelleuse de la veuve — comparable à la propagation de lointains courants par de mystérieux chemins de mer — le soldat, persuadé sans doute que la veuve, jusqu'alors, ne se rendait compte de rien et dormait pour de bon, fut pris de panique et, vite, retira sa main.

Tomagra se tenait tapi sur la banquette, ses paumes appuyées sur ses genoux, comme quand la dame était entrée. Son comportement était absurde, il le sentait bien ; alors, il se mit à tapoter du talon, à se trémousser comme si les reins lui faisaient mal, anxieux, selon toute apparence, de rétablir le contact ; mais ces précautions aussi étaient absurdes, comme s'il se fût agi de reprendre au début l'opiniâtre manœuvre. N'était-il pas assuré d'avoir atteint désormais des objectifs très dérobés ? Mais les avait-il atteints vraiment ? Tout n'avait-il pas été un songe ?

Un tunnel, soudain, fondit sur eux. L'obscurité devenait de plus en plus dense ; Tomagra, avec d'abord des mouvements craintifs, de temps en temps se jetant en arrière, à croire qu'il n'en était encore qu'aux premières tentatives et s'effarouchait de son audace, puis en cherchant à se convaincre qu'il était déjà parvenu, auprès de la dame, aux plus extrêmes libertés, tendit vers le sein (un sein ample, un peu accablé de sa propre opulence) des doigts tremblants comme l'aile d'un râle d'eau. Par ce tâtonnement apeuré, Tomagra cherchait à dire la misère et l'intenable félicité de son état, et puis ce besoin, après tout modeste, de la voir sortir enfin de sa réserve.

La veuve, effectivement, réagit, mais par un geste de défense, le repoussant tout à coup ; il n'en fallut pas davantage pour que Tomagra se tassât dans son coin, les mains crispées. Il ne s'agissait, vraisemblablement, que d'une vaine alarme : une soudaine lueur, dans le couloir, avait inspiré à la veuve la crainte que le tunnel ne finît à l'improviste. Ou alors... Ou alors, il avait passé les bornes, commis, à l'endroit de cette dame si compatissante, une épouvantable inconvenance ? Non ; de lui à elle, désormais, il n'existait plus d'interdits, et le geste, au contraire, signifiait que toute l'aventure avait été vraie, que la veuve l'acceptait, y participait. Tomagra s'approcha une fois de plus. Seulement, que de temps perdu à tergiverser ! On n'allait pas tarder à sortir du tunnel ; risquer d'être surpris par le retour subit de la lumière, quelle imprudence ! Et déjà Tomagra guettait, sur la paroi, la première frange de grisaille ; et, plus il attendait, plus la tentative devenait téméraire ; il est vrai que ce tunnel était long, très long ; de ses précédents voyages, Tomagra avait conservé le souvenir d'un tunnel interminable ; si seulement il avait su en profiter sans tarder, le temps, certes, ne lui eût point manqué ; mais, à présent, mieux valait patienter : le tunnel allait finir ; non, il ne finissait pas : Tomagra, peut-être, venait de laisser passer la toute dernière occasion... Déjà il faisait moins sombre, et puis c'était la sortie.

On était aux derniers arrêts d'un trajet de province ; le train, petit à petit, se vidait ; les occupants du compartiment étaient, pour la plupart, descendus ; ceux qui restaient empoignèrent leurs valises et se hâtèrent vers le couloir. Elle et lui restaient seuls sur la banquette, côte à côte et néanmoins distants, silencieux, bras croisés, regards vagues. Tomagra ne put se retenir de penser : « A présent, toutes les places sont libres ; si elle voulait être tranquille, si réellement elle en avait assez de moi, elle changerait... »

Quelque chose le retenait et l'effrayait encore : sans doute la présence, dans le couloir, d'un groupe de fumeurs, ou la veilleuse qui venait de s'allumer car maintenant la nuit tombait. Il eut alors l'idée de tirer les rideaux du côté du couloir, comme font les voyageurs qui se disposent à dormir ; il se mit debout, se déplaça d'une marche de pachyderme et sans hâte, avec des gestes méticuleux, entreprit de dénouer les rideaux, de les faire coulisser. Quand il se retourna, elle était allongée sur la banquette, l'air de vouloir faire un somme. Ses yeux, toutefois, demeuraient grands ouverts, immobiles ; elle gardait, ainsi couchée de tout son long, le même maintien convenable de matrone, et sur sa tête appuyée contre l'accoudoir trônait toujours le majestueux chapeau.

Tomagra, debout au-dessus d'elle, voulut encore, afin de protéger ce simulacre de sommeil, masquer la fenêtre sur la voie ; il se pencha pour détacher la toile : une façon comme une autre de se mouvoir, avec des gestes tâtonnants, au-dessus de la veuve impavide. Mais à quoi bon s'acharner sur cet œillet de rideau ? Le soldat comprit qu'il devait, sans plus attendre, montrer à cette femme à quel point le présent état était pour lui insoutenable, ne fût-ce que pour expliquer le malentendu dont, à n'en pas douter, elle était victime et lui dire : « Oui, vous vous êtes montrée bonne, indulgente avec moi : c'est que vous nous prêtez, à nous, pauvres soldats esseulés, un obscur besoin de tendresse ; hélas, voilà comme je suis, moi, voilà comme je sais reconnaître vos faveurs et par quelle incroyable présomption je me suis, vous le voyez à présent, laissé conduire ! »

Et, puisqu'il était clair désormais que rien n'était

capable d'étonner la veuve et que, bien au contraire, tout ce qui arrivait semblait répondre à son attente, alors il restait au fantassin Tomagra à faire en sorte qu'il n'y eût plus aucun doute possible et que l'excès de son délire finît par gagner ce qui en était l'objet silencieux : elle.

Lorsque Tomagra se leva, la veuve au-dessous de lui gardait le même regard clair, sévère (elle avait des yeux bleus), et le chapeau garni de tulle sur sa tête, le train n'en finissait pas de jeter à travers champs sa longue note aiguë, dehors défilaient d'interminables rangées de plants de vigne, la pluie qui, tout le temps du voyage, avait obstinément strié la vitre reprenait avec une nouvelle violence ; il eut un dernier sursaut de peur, à l'idée de ce qu'il venait, lui, le fantassin Tomagra, d'oser faire.

L'aventure d'un bandit

L'important, c'était de ne pas se faire arrêter tout de suite. Gim s'aplatit dans l'embrasure d'une porte ; on aurait dit que les flics couraient droit devant eux, mais, brusquement, il entendit leurs pas revenir en arrière, tourner dans la ruelle. Il bondit, et partit en courant le plus silencieusement possible.

— Arrête-toi, Gim, ou on tire !

« Mais oui, bravo, tirez donc ! », se disait-il. Et déjà il n'était plus dans leur ligne de tir, descendant à grandes enjambées les marches caillouteuses des rues tortueuses de la vieille ville. Quand il eut dépassé la fontaine, il sauta par-dessus la rampe de fer et se retrouva sous des arcades qui amplifiaient le bruit des pas.

Toutes les adresses qui lui venaient à l'esprit étaient à écarter : ni Lola, ni Nilde, ni Renée. Avant peu les flics seraient partout, frappant aux portes. C'était une nuit tendre, avec des nuages tellement clairs qu'ils auraient fait l'affaire même de jour, au-dessus des arcades qui dominaient les ruelles.

En débouchant dans les larges rues de la ville neuve, Mario Albanesi, dit Gim Bolero, ralentit un peu, repoussa derrière ses oreilles les mèches de cheveux qui lui tombaient sur les tempes. Aucun bruit de pas. Il traversa la chaussée, décidé et prudent, atteignit la porte de l'immeuble d'Armanda, monta. A cette heure-ci elle n'avait sûrement plus personne et devait dormir. Gim frappa énergiquement.

— Qui est là ? demanda après un bout de temps une voix d'homme irritée. A cette heure-ci, on dort...

C'était Lilino.

— Ouvre une minute, Armanda, c'est moi, Gim, dit-il à mi-voix mais fermement.

Armanda se retourne dans son lit :

— Aaah ! mon beau Gim ! Je t'ouvre tout de suite. C'est Gim...

Elle empoigne à la tête du lit le cordon qui commande l'ouverture de la porte et tire.

La porte s'ouvre docilement ; Gim suit le couloir, mains dans les poches, et entre dans la chambre. Le grand lit, à en juger par les courbes et le volume qu'accuse le drap, on croirait qu'Armanda l'occupe tout entier. Sur l'oreiller, le visage démaquillé, sous une petite frange de cheveux noirs, s'abandonne aux poches sous les yeux et aux rides. Un peu plus loin, dans un coin du lit, son mari, Lilino, est couché comme dans un pli de la couverture ; on dirait qu'il veut s'enfoncer dans son oreiller avec son petit visage bleuâtre, pour reprendre son sommeil interrompu.

Lilino doit attendre que le dernier client soit parti avant de pouvoir se mettre au lit et digérer tout le sommeil qu'il accumule durant ses paresseuses journées. Il n'est rien au monde que Lilino sache faire ou ait envie de faire ; il lui suffit d'avoir de quoi fumer : il n'en demande pas plus. Armanda ne peut pas dire que Lilino lui coûte cher, à l'exception des paquets de tabac qu'il fume en une journée. Il sort le matin avec son paquet, s'assied chez le cordonnier, le brocanteur, le fumiste, roule une cigarette après l'autre, assis sur un petit tabouret de boutique, ses longues mains lisses de voleur posées sur les genoux, l'œil atone, écoutant tout le monde comme un mouchard, ne participant jamais aux conversations sauf par des bribes de phrases et de petits rires inattendus jaunes et grimaçants. Le soir, quand la dernière boutique est fermée, il va au débit de vin, y vide un litre, fume les dernières cigarettes qui lui restent, jusqu'à ce qu'on baisse le rideau de fer. Il sort, et sa femme est encore à faire le tapin sur le boulevard, dans sa robe collante, les pieds gonflés dans des souliers trop étroits. Lilino passe la tête à un coin de rue, la siffle discrètement, risque un bout de phrase pour lui dire qu'il est tard et qu'elle vienne se coucher. Mais, sans même le regarder, debout sur le bord du trottoir comme sur une scène, la poitrine coincée dans une armature d'élastique et de fil de fer, son corps de vieille femme boudiné dans une petite robe de gamine, balançant nerveusement son sac à main, dessinant des ronds sur le pavé avec ses talons, et se mettant brusquement à chantonner, Armanda refuse de l'écouter ; il y a encore des passants ; qu'il s'en aille et qu'il attende. C'est là la cour qu'ils se font l'un l'autre chaque nuit.

— Et alors, Gim ? demanda Armanda en écarquillant les yeux.

Il a déjà trouvé des cigarettes sur la commode et en allume une.

— J'ai besoin de passer la nuit chez toi.

Là-dessus, il enlève son veston, défait sa cravate.

— Oui, Gim, viens te coucher. Allez, Lilino, lève-toi, va sur le sofa, laisse la place à Gim, mon beau Lilino. Y faut qu'y se couche.

Pendant un moment, Lilino ne bouge pas plus qu'une pierre ; puis il se redresse en geignant, mais sans rien dire de compréhensible, descend du lit, prend son oreiller, une couverture, son tabac sur la table de nuit, le papier à cigarettes, les allumettes, le cendrier.

— Va, mon beau Lilino, va.

Et, petit et courbé sous le poids de cette charge, il se dirige vers le sofa du couloir.

Gim se déshabille en fumant, pose soigneusement son veston et son pantalon bien plié sur une chaise près de la tête du lit, met les cigarettes, les allumettes et un cendrier dans le tiroir de la table de nuit, puis se glisse sous les draps. Armanda éteint la lampe de chevet et soupire. Gim fume. Lilino dort dans le couloir. Armanda se retourne. Gim écrase sa cigarette dans le cendrier. On frappe à la porte.

D'une main, Gim tâte son revolver dans la poche de son veston. De l'autre, il a pris Armanda par un coude : qu'elle se méfie. Le bras d'Armanda est gras et doux ; ils restent un moment comme ça, sans bouger.

— Demande qui c'est, Lilino, dit Armanda à mi-voix.

Lilino soupire du fond du couloir.

— Qui c'est ? demande-t-il, de mauvais poil.

— Hé ! Armanda, c'est moi, Angelo !

— Qui, Angelo ? demande-t-elle.

— Angelo, l'inspecteur, Armanda. Je passais par ici et j'ai eu envie de monter... Tu peux m'ouvrir une minute ?

Gim a déjà sauté du lit et leur fait signe de se taire. Il ouvre une porte, jette un coup d'œil dans le cabinet de toilette, prend la chaise avec ses vêtements et l'y porte.

— Personne ne m'a vu. Expédie-le en vitesse, dit-il à mi-voix.

Et il s'enferme dans le cabinet de toilette.

— Viens, mon beau Lilino, remets-toi au lit. Allez, Lilino...

Toujours couchée, Armanda dirige les opérations.

— Alors, Armanda, dit l'autre de derrière la porte, tu me fais mariner.

Calmement, Lilino ramasse la couverture, l'oreiller, le tabac, les allumettes, le papier à cigarettes, le cendrier, et va se recoucher dans le lit, en remontant le drap sur ses yeux. Armanda tire le cordon et ouvre la porte.

Soddu entre, avec son air fripé de vieux flic en civil et sa petite moustache grise sur sa grosse figure.

— Tu travailles tard, inspecteur, dit Armanda.

— Oh ! je faisais un tour comme ça, dit Soddu, et il m'est venu l'idée de te faire une petite visite.

— Qu'est-ce que tu voulais ?

Soddu se tenait à la tête du lit, essuyant sa figure transpirante avec un mouchoir.

— Rien, une petite visite comme ça. Du nouveau ?

— Quoi, du nouveau ?

— T'aurais pas vu Albanesi, par hasard ?

— Gim ? Qu'est-ce qu'il a encore fait ?

— Rien. Des gosses... On voulait lui demander quelque chose. Tu l'as vu ?

— Oui, y a trois jours.

— Non. Maintenant.

— Ça fait deux heures que je dors, inspecteur. Mais

pourquoi que tu viens chez moi ? Va plutôt chez ses copines : Rosy, Nilde, Lola...

— Pas la peine : quand y fait une connerie, y se tire.

— En tout cas, il est pas venu ici. Ce sera pour une autre fois, inspecteur.

— Eh ben, Armanda... je te demandais ça... Bref, je suis content de t'avoir vue.

— Bonne nuit, inspecteur.

— Bonne nuit, hé !

Soddu fit demi-tour, mais ne s'en alla pas.

— Je me disais, maintenant c'est le matin, et j'ai plus de rondes à faire. Rentrer me coucher dans ce lit pliant, ça me dit rien. Vu que je suis là, j'aurais presque envie de passer un moment avec toi, hein, Armanda ?

— Inspecteur, t'es toujours tellement gentil, mais à cette heure-ci je reçois plus. C'est comme ça, inspecteur, chacun son horaire de travail.

— Armanda, un ami comme moi...

Déjà Soddu ôtait son veston et son maillot de corps.

— Sois gentil, inspecteur. Et si on se voyait demain soir, hein ?

Soddu continuait à se déshabiller.

— C'est pour attendre le matin, tu comprends, Armanda. Fais-moi un peu de place.

— Bon. Alors faut que Lilino aille sur le sofa. Lève-toi, Lilino. Allez, va dans le couloir, mon beau Lilino.

Lilino agita ses longues mains, chercha son tabac sur la table de nuit, se redressa en gémissant, sortit du lit sans presque ouvrir les yeux, prit l'oreiller, la couverture, le papier à cigarettes, les allumettes. — « Va, mon beau Lilino » —, et s'en alla en traînant la couverture le long du couloir. Soddu se retournait déjà sous les draps.

De l'autre côté, dans le cabinet de toilette, Gim regardait le ciel verdir au travers des vitres de la fenêtre. Il avait oublié les cigarettes sur la table de nuit, c'était embêtant. Et maintenant, voilà que cet autre là-bas s'était mis au lit : et il allait lui falloir rester enfermé là jusqu'à ce qu'il fasse jour, entre le bidet et des boîtes de talc, sans pouvoir fumer. Il s'était rhabillé en silence et soigneusement peigné, en se regardant dans la glace du lavabo, par-delà une ribambelle de parfums, de collyres, de poires en caoutchouc, de médicaments et d'insecticides qui encombraient la tablette. Il lut quelques étiquettes à la lumière de la fenêtre, empocha une boîte de pastilles, puis fit le tour du cabinet de toilette. Il n'y avait pas beaucoup de découvertes à y faire : du linge dans une cuvette et du linge étendu. Il essaya les robinets du bidet : l'eau gicla avec bruit. Et si Soddu entendait ? Au diable Soddu et la taule ! Gim s'ennuyait. Il revint au lavabo, aspergea son veston d'eau de Cologne, se mit de la brillantine sur les cheveux. Bien sûr, si on ne l'arrêtait pas aujourd'hui, on l'arrêterait demain. Attendre encore deux heures sans cigarettes, dans ce cagibi… Il n'y était pas obligé. Bien sûr, on l'aurait relâché tout de suite. Il ouvrit une armoire : elle grinça. Au diable l'armoire et tout le reste ! Des vêtements d'Armanda y étaient accrochés. Gim mit son revolver dans la poche d'un manteau de fourrure. « Je reviendrai le chercher, se dit-il. Du reste, elle ne remettra pas sa fourrure avant cet hiver. » Il ressortit sa main toute blanche de naphtaline. « Tant mieux : il ne risque pas de se miter », et il rit. Il retourna se laver les mains, mais les serviettes d'Armanda le dégoûtaient. Il s'essuya dans un manteau de l'armoire.

Du lit, Soddu avait entendu du bruit de l'autre côté. Il posa une main sur le corps d'Armanda :

— Qu'est-ce que c'est ?

Elle se tourna vers lui, entourant sa tête d'un long bras mou :

— Rien. Qu'est-ce que tu veux que ce soit ?

Soddu ne voulait pas la quitter, mais il entendait bouger de l'autre côté, et il demandait, comme par jeu :

— Qu'est-ce que c'est, hein ? Qu'est-ce que c'est ?

Gim ouvrit la porte.

— Allons, inspecteur, fais pas le connard, arrête-moi !

Soddu tendit la main pour prendre son revolver dans son veston, mais sans se séparer d'Armanda :

— Qui va là ?

— Gim Bolero.

— Haut les mains !

— J'ai pas d'arme, inspecteur. Fais pas le connard. Je me rends.

Il était debout à la tête du lit, avec son veston sur les épaules et les mains en l'air.

— Oh ! Gim ! dit Armanda.

— Je repasse te voir dans quelques jours, Anda, dit Gim.

Soddu se levait en geignant, enfilait son pantalon.

— Ah ! bon Dieu de service !... On peut jamais être tranquille...

Gim prit une cigarette sur la table de nuit, l'alluma, mit le paquet dans sa poche.

— C'est mauvais de fumer, Gim, dit Armanda.

Et elle tendit sa tête vers lui en levant sa poitrine flasque.

Gim lui mit une cigarette entre les lèvres, l'alluma, aida Soddu à mettre son veston :

— Allons-y, inspecteur.

— Eh ben, disons que ce sera pour une autre fois, Armanda, dit Soddu.

— Au revoir, Angelo, dit-elle.

— Au revoir, hein, Armanda, dit encore Soddu.

— Salut, Gim.

Ils s'en allèrent. Dans le couloir, Lilino dormait cramponné au bord du sofa ; il ne bougea même pas.

Armanda fumait assise dans son grand lit ; elle éteignit la lampe de chevet parce qu'un jour gris pénétrait déjà dans la chambre.

— Lilino ! appela-t-elle. Viens au lit, Lilino. Allez, mon beau Lilino, viens vite.

Déjà, Lilino ramassait l'oreiller, le cendrier.

L'aventure d'une baigneuse

Mme Isotta Barbarino, qui se baignait sur la plage de ***, fut victime d'un contretemps déplorable. Nageant au large, elle songeait qu'il était l'heure de rentrer et faisait demi-tour lorsqu'elle s'aperçut d'un malheur sans remède : elle avait perdu son maillot.

Venait-elle juste de le perdre, ou nageait-elle ainsi depuis un moment, elle n'aurait su le dire ; du deux-pièces qu'elle portait, il ne lui restait que le soutien-gorge. Un mouvement de hanche avait dû faire sauter quelque bouton et le slip avait glissé, comme un bout de chiffon informe. Il flottait peut-être là, tout près, en dessous d'elle ; elle plongea, dans l'espoir de le retrouver, mais le souffle lui manqua ; seules de vagues ombres vertes vacillaient sous son regard.

Maîtrisant son anxiété, elle tenta de mettre de l'ordre dans ses pensées : il était midi, il y avait grand monde sur la mer, des pédalos, des périssoires, des nageurs ; elle ne connaissait personne, elle était arrivée la veille avec son mari, retourné tout de suite en ville pour affaires. L'unique recours (et Isotta, en le pensant, s'étonna de pouvoir ainsi raisonner avec calme, presque avec rigueur) serait de découvrir, parmi les barques, celle d'un maître baigneur — il devait bien y en avoir un — ou d'une personne qui inspirât confiance : elle appellerait, ou plutôt s'approcherait, prenant sur soi de quémander une aide discrète.

Pensant à ces choses, Mme Isotta se maintenait à la surface, le corps pelotonné, agitant les bras au hasard, sans oser regarder autour d'elle. Sa tête émergeait ; parfois, imperceptiblement, son visage se penchait au ras de l'eau, non pour en percer le secret tenu désormais pour inviolable, mais en un geste de dormeur qui frotte ses paupières et ses tempes contre le drap ou l'oreiller, pour retenir les pleurs suscités par un rêve. Et c'étaient bien des larmes qui pesaient ainsi aux coins de ses yeux, et ce hochement de tête machinal, un effort, sans doute, pour les sécher contre la mer : preuve qu'elle ne se dominait plus, qu'il y avait loin, chez elle, du sentiment à la volonté. Elle se croyait sereine, et elle était au désespoir. A perte de vue, la mer immobile, avec, de loin en loin, l'épaule douce d'une vague, et là-dedans Isotta, non moins immobile, dont les lentes brassées avaient fait place à des battements de mains suppliants : c'était peut-être le signe le plus inquiétant, cette mise en réserve de ses forces, comme en prévision d'une attente interminable, harassante.

Le deux-pièces, elle le portait ce matin pour la première fois et, sur la plage, au milieu de gens qu'elle ne connaissait pas, elle avait éprouvé un peu de gêne. En revanche, à peine dans l'eau, elle s'était sentie heureuse, plus libre dans ses mouvements ; elle nageait avec davantage d'ardeur. Isotta aimait les longues baignades au large, moins par goût de l'exploit sportif — elle était grassouillette, et plutôt nonchalante — que pour le plaisir de vivre au contact de l'eau, d'appartenir à cette vaste mer tranquille. Le maillot neuf lui procurait justement cette impression, au point que sa première idée, en nageant, fut : « C'est comme si j'étais nue. » Seule la vue de la plage grouillante l'inquiétait : ses futures relations de vacances allaient tirer de son deux-pièces des conclusions qu'ensuite elles seraient forcées de corriger ; pas tellement une appréciation morale, puisque à présent sur les plages on ne voyait plus d'autre costume ; mais, par exemple, on la jugerait sportive, ou à la page, alors que dans le fond Isotta était toute simple, une femme d'intérieur. C'était sûrement d'avoir dès le début éprouvé cette perception de soi insolite qui l'avait empêchée de découvrir à temps le malheur qui lui arrivait. A présent, le moment de gêne sur la plage, la surprise de sentir l'eau sur sa peau nue, l'ennui de devoir se mêler encore à la foule des estivants, tout cela se trouvait amplifié, englouti dans un effarement nouveau, bien plus cruel.

Pour rien au monde elle n'eût voulu regarder la plage. Et elle la regardait. Il était midi ; sur le sable, les parasols à rayures concentriques jaunes et noires posaient le noir de grandes ombres où des corps se tenaient tapis ; la grouillante cohue des baigneurs se déversait dans la mer ; les derniers pédalos avaient quitté l'embarcadère et ceux qui revenaient étaient pris d'assaut avant même d'avoir abordé ; au bord de la tache bleue, le tracé noir se déchirait sous un jaillissement de blanches éclaboussures ; et, derrière les cordages des parcs, bouillonnait une marmaille à qui la moindre vaguelette faisait pousser des cris aigus où venait s'engloutir soudain une espèce de mugissement. C'est à l'écart de cette plage qu'Isotta était nue.

Personne ne s'en fût douté, à la voir nager avec application, sans jamais soulever son corps jusqu'à la surface, ne laissant passer que la tête, et puis un peu les bras et le haut du buste ; elle pouvait, sans trop de risque, continuer à chercher secours. De temps en temps, afin de mesurer ce que des yeux étrangers pouvaient entrevoir d'elle, Isotta s'arrêtait, le corps presque vertical, et tâchait de se regarder ; et voilà que l'inquiétude la gagnait : les rayons du soleil s'éparpillaient dans l'eau en mille papillotes de lumière, enveloppaient de leur clarté le passage d'une algue, l'essaim fulgurant de petits poissons bigarrés, lui montraient, tout au fond, l'ondulation du sable et, là-dessus, son propre corps. Elle avait beau faire l'impossible pour s'empêcher de le voir — nageant en torsion, les jambes jointes —, la peau de son ventre, si claire entre le double hâle des cuisses et de la poitrine, avait des reflets blancs révélateurs ; et ni le passage d'une vague ni les flottaisons d'algues à demi englouties n'estompaient l'ombre et la blancheur en son giron.

Isotta se remit à nager de la même façon hybride, le corps enfoncé le plus profond possible ; de temps à autre, sans s'arrêter, elle tournait la tête pour s'épier du coin de l'œil : à chaque déploiement de ses bras, les formes opulentes de sa personne se trouvaient mises en lumière dans leurs contours les plus identifiables et les plus secrets. Elle avait beau se démener, nager en tous sens et de toutes les façons, se tordre afin de se surprendre dans une position, sous un éclairage nouveau, pivoter sur elle-même, toujours cette nudité agressive la suivait. Elle s'évertuait à fuir loin de son propre corps, comme pour écarter une personne chère qu'elle se découvrait incapable de préserver dans une heure de grand péril et qu'il ne restait plus qu'à abandonner à son sort. Pourtant, ce corps généreux, ce corps irrécusable, n'avait-il pas été bien souvent sa fierté, la source de sa joie ? Seul un enchaînement aberrant de circonstances pouvait faire de lui une cause de honte. Ou bien non : sa vie était seulement celle de la dame vêtue que chaque jour elle redevenait ; sa nudité, peut-être, lui appartenait à peine, ce n'était qu'une manifestation incongrue de la nature qu'on découvrait de temps en temps et dont chacun s'émerveillait, elle la première. Isotta se souvenait que jamais, seule ou auprès de son mari, elle n'avait pu rester nue sans un air de duplicité, de drôlerie mi-timide, mi-aguichante, comme si elle s'était affublée de quelque joyeux déguisement, le temps d'un discret mardi-gras conjugal. Avoir un corps, elle s'y était accoutumée avec un peu de réticence, après la déception des années romanesques ; ensuite, elle en avait pris possession comme d'un patrimoine envié de beaucoup. Et maintenant, sous la menace de la plage vociférante, la conscience d'un droit légitime cédait devant les anciennes hantises.

Passé midi, commençait le reflux des baigneurs éparpillés dans la mer. C'était l'heure du déjeuner dans les pensions de famille, des casse-croûte à l'ombre des cabines ; l'heure aussi où, sous un soleil vertical, on savoure la brûlure du sable. Carènes de barques et flotteurs de pédalos glissaient près d'Isotta qui épiait chaque visage et parfois semblait résolue à s'approcher ; mais, immanquablement, l'éclair d'un regard à l'abri des cils, le mouvement pointu d'une épaule ou d'un coude la mettaient en fuite ; et la voilà nageant au loin, allongeant ses bras avec une désinvolture trompeuse, un calme qui masquait une croissante lassitude. Les garçons dans leurs barques, isolés ou par bandes, tout échauffés par l'effort, les messieurs aux intentions sournoises, au regard insistant, en la rencontrant seule au large, avec cette mine figée qui dissimulait mal une anxiété suppliante, ce bonnet qui lui donnait une apparence de fillette boudeuse et ce trémoussement indécis de ses épaules moelleuses, tous sortaient de leur nirvâna paisible ou surmené ; ceux qui voguaient de compagnie se la montraient d'un clin d'œil ou d'une saillie du menton et ceux qui allaient seuls faisaient frein d'une rame, viraient sur l'arrière, jouant à lui couper la route. Elle quêtait un réconfort, et la réponse était ce buisson de malignité et de sous-entendus qui se hérissait devant elle, ce roncier d'yeux acérés, d'incisives découvertes pour un rire équivoque, de rames soudain suspendues à fleur d'eau, aux aguets ; il ne lui restait plus alors qu'à fuir. Quelque crawler passait, cognant la surface à coups de tête aveugles et camards, le regard bas, soufflant de l'eau ; Isotta, méfiante, se détournait encore : ces nageurs, qui semblaient tenir leurs distances, étaient soudain pris de fatigue, ils faisaient la planche, se dégourdissaient les jambes dans un clapotis désordonné, et tournaient là autour jusqu'à ce qu'Isotta, en s'éloignant, marquât son dédain. Voilà que ce filet de grivoiseries obligées se tendait autour d'elle, comme si chacun de ces mâles eût rêvé depuis des années de surprendre une femme à qui fût arrivée pareille mésaventure et comme s'ils ne passaient leurs étés sur les plages que dans l'espoir de se trouver là au bon moment. Non, plus d'issue : tous étaient désormais ligués en une coalition suborneuse, préméditée, qu'il était vain d'espérer rompre. Quant au sauveur qu'elle s'était flattée de découvrir, anonyme autant que possible, ange gardien travesti en maître baigneur, en marinier, elle n'espérait plus qu'il existât. Le maître baigneur dont la barque passa — par une mer aussi calme, il devait être le seul : un accident était très improbable — avait des lèvres si charnues, des bras si nerveux, si musclés, que jamais Isotta n'eût trouvé le courage de se confier à lui, pas même pour faire ouvrir une cabine ou planter un parasol.

Jusque-là, c'était toujours à des hommes qu'elle avait pensé s'adresser : espoir bien vain. Les femmes, elle n'y songeait même pas ; pourtant, avec les femmes, tout serait plus simple ; dans une conjoncture aussi difficile, devant un désarroi que seule une personne de son sexe était à même de comprendre, une sorte de solidarité féminine ne pouvait manquer de naître. Hélas, si les rencontres masculines étaient pour Isotta dangereusement faciles, les rapports avec ses pareilles étaient rares, hasardeux, entravés par une méfiance réciproque cette fois. Les femmes, pour la plupart, circulaient sur des pédalos auprès d'un compagnon, jalouses, inaccessibles, le regard vers le large où ce même corps dont Isotta subissait la honte serait pour elles l'arme d'une méticuleuse stratégie. De temps en temps s'avançait une embarcation remplie de jeunes filles pépiantes et empourprées ; Isotta ressentait toute la distance entre l'outrageante banalité de son chagrin et leur insouciance d'oiseaux ; elle songeait qu'il lui faudrait répéter un appel que, la première fois, les autres n'auraient pas entendu ; elle imaginait leurs mines surprises à son explication et ne savait plus se résoudre à les interpeller. Vint à passer, seule sur une périssoire, épanouie de plaisir et d'égoïsme, une blonde toute bronzée : celle-là, évidemment, filait au large s'offrir, nue, un long bain de soleil, et le soupçon ne l'effleurait pas que cette nudité pût devenir un malheur, une malédiction. Isotta mesurait à présent combien la femme est seule et combien, parmi ses pareilles, est rare — brisée peut-être par le pacte avec l'homme — une générosité réciproque et spontanée qui devancerait la prière et qui, au moindre signal, les unirait devant ces misères secrètes que l'homme ne sait pas deviner. Point de secours à attendre des femmes, et un homme lui manquait. Elle se sentit à bout de forces.

Une petite bouée couleur rouille, que jusque-là des grappes de marmots plongeurs prenaient d'assaut, fut abandonnée tout à trac, dans un ricochet général. Une mouette s'y vint poser, ouvrit ses ailes en éventail et s'envola : Isotta, des deux mains, s'était cramponnée ; si elle ne s'était pas retenue à temps, elle coulait. Mais non, la mort même, ce recours démesuré, déraisonnable, lui était refusée. Comme ses forces l'abandonnaient, que déjà elle ne parvenait plus à garder le menton au-dessus de l'eau, elle avait vu surgir des hommes, tout dressés dans leurs barques, prêts à plonger à son secours. Ils n'étaient pas là pour autre chose : la soulever, nue et sans connaissance, au milieu des questions et des coups d'œil d'une foule intriguée, et la mort encourue lui vaudrait tout juste ce dénouement risible, trivial, qu'elle essayait en vain d'éviter.

Cramponnée à la bouée, observant le rivage où nageurs et rameurs allaient l'un après l'autre se perdre, Isotta se remémorait les merveilleuses fatigues de ces retours du large ; les appels se croisant d'une embarcation à l'autre : « Rendez-vous sous le parasol ! » ou bien : « Au premier arrivé ! », l'emplissaient de jalousie. Mais il suffit qu'elle aperçût un gaillard maigre, avec des pantalons collants, debout dans une barque à moteur arrêtée, cherchant du regard Dieu sait quoi dans l'eau, pour qu'aussitôt la terreur d'être vue, le souci de se cacher, haletante, à l'abri de sa bouée, engloutissent la nostalgie du retour.

Depuis combien de temps était-elle là ? Elle ne savait plus. La plage se vidait ; les pédalos tirés à sec s'alignaient sur le sable ; les grands parasols repliés n'étaient plus qu'un cimetière de barres tronquées ; les mouettes volaient à fleur d'eau ; dans la barque toujours à l'arrêt, l'homme maigre avait disparu ; à sa place, pointait la figure ébahie d'un petit garçon ébouriffé ; poussé par un vent timide, un nuage glissa devant le soleil, à la rencontre d'un cumulus affalé sur une hauteur. Isotta songeait à ce qu'est cette heure quand on la vit sur terre, aux longs après-midi cérémonieux, au décorum modeste, à ces joies honorables qu'elle avait crues choisies pour elle par le destin et qu'un incident incongru, vulgaire, venait rompre, comme pour la punir d'une faute inexistante. Inexistante ? Après tout, cette griserie balnéaire, ce goût de nager seule, et puis la joie de son corps dans ce maillot choisi, décidément, par manière de bravade, n'étaient-ils pas autant de signes d'un besoin de fuir déjà ancien, autant de défis hasardeux au péché, bref, les étapes d'une course insensée vers un état de nudité dont elle découvrait à présent la pâleur dérisoire ? La ligue des hommes, au milieu de laquelle elle croyait pouvoir voltiger, invulnérable, tel un gros papillon — jouant en complice la petite fille désinvolte —, avait laissé paraître son essentielle cruauté, sa nature deux fois diabolique : présence maléfique contre quoi Isotta ne s'était point assez gardée et instrument de la sanction.

Agrippée aux boulons de la bouée, de ses doigts exsangues que le contact prolongé de l'eau gonflait par places, Isotta se voyait mise au ban de l'humanité, sans comprendre pourquoi la nudité, qui est le lot de chacun, depuis toujours, la vouait, elle seule, à pareil exil. Comme si elle était l'unique créature à être nue, à devoir rester nue à la face du ciel ! Levant les yeux, elle vit dans la barque l'homme et le garçonnet debout l'un à côté de l'autre ; ils faisaient des gestes vers elle, pour expliquer, semblait-il, qu'elle devait rester là, qu'il ne servait à rien de s'agiter. Tous deux avaient une mine grave, compatissante, à la différence des autres : comme au prononcé d'un verdict. Elle devait se résigner, on l'avait choisie, elle payait pour tous. Un vague sourire accompagnait leur gesticulation, mais sans méchanceté aucune : un encouragement, peut-être, à subir de bon cœur l'expiation.

Le canot démarra. Il allait vite. L'homme et le petit garçon réglaient le moteur et le gouvernail. Pas une fois ils ne se retournèrent vers Isotta qui, maintenant, s'efforçait de leur sourire à son tour. Soit, si l'on n'avait à lui reprocher que cela — une certaine façon d'avoir un corps, et d'y tenir, et d'en être même un rien jalouse —, si elle n'avait à expier que la bonne rondeur attendrissante du corps humain, ma foi, elle en prendrait volontiers sur elle toute la faute.

Le mystérieux manège de la barque, et puis ce tourbillon de pensées confuses, l'avait comme engourdie, au point qu'elle ne découvrit pas tout de suite qu'elle avait froid. Son léger embonpoint lui permettait des baignades prolongées, même par temps frais, au grand étonnement de son mari et des parents, tous plutôt maigres. Mais, cette fois, elle était depuis trop longtemps dans l'eau, et le soleil s'était caché ; elle avait la chair de poule, son sang, lentement, se glaçait. Sous les frissons qui la secouaient, Isotta se découvrait vivante, en péril de mort — et innocente : car cette nudité qui tout d'un coup l'avait gagnée, elle l'avait toujours acceptée loyalement, non point comme une faute, mais comme une innocence menacée, une fraternité secrète, la chair et le noyau de sa présence au monde ; c'étaient eux, les rieurs dans leurs canoës, les indifférentes sous leurs ombrelles, eux qui la récusaient, cette nudité, qui y dénonçaient un objet de scandale, en faisaient matière d'accusation, c'étaient eux les coupables ! Elle ne voulait pas payer à leur place, elle se tordit, agrippée à sa bouée, claquant des dents, les joues mouillées de larmes... Là-bas, du petit port, revenait la barque à moteur, plus vite encore que tout à l'heure ; à l'avant, le petit garçon déployait une étroite voile verte : une jupe.

Quand le canot stoppa près de la bouée, quand l'homme maigre tendit une main pour l'aider à grimper à bord (de l'autre main, il se couvrait les yeux, en souriant), Isotta était désormais si loin de croire qu'on pût lui venir en aide, ses pensées l'avaient menée si loin, qu'elle fut un moment sans pouvoir assembler sensations, idées et gestes. Sa main se soulevait déjà vers celle, tendue, de l'homme qu'elle croyait encore à une hallucination et commençait à peine de comprendre que la barque était vraie, qu'elle était venue jusque-là pour la délivrer. D'un coup, tout devint merveilleusement simple et facile ; les divagations, le froid, l'angoisse furent oubliés ; de blême qu'elle était, elle vira au cramoisi tandis que, debout dans le canot, elle enfilait le vêtement ; l'homme et le gamin, tournés vers l'horizon, contemplaient le vol des mouettes.

Ils mirent le moteur en marche. Isotta, assise à l'avant dans une jupe verte à grands ramages orangés, aperçut au fond de la barque un masque de pêche sous-marine et sut comment ils avaient appris son secret. Le gosse, nageant sous l'eau avec son masque et son harpon, l'avait vue le premier, avait averti l'homme qui, à son tour, avait plongé pour se rendre compte ; après quoi, ils lui avaient fait signe de patienter jusqu'à leur retour — mais elle n'avait pas compris — et avaient filé bien vite au port, emprunter une robe à quelque femme de pêcheur.

L'homme et l'enfant, installés à l'arrière, leurs mains à plat sur leurs genoux, souriaient ; le petit, tout ébouriffé, pouvait avoir dans les huit ans ; il ouvrait des yeux tout ronds, avec une grimace ébahie de poulain ; l'homme, le cheveu raide et grisonnant, le corps rouge brique et les muscles allongés, gardait sur ses lèvres, où pendait un mégot éteint, un petit sourire un peu triste. Isotta se demanda si les deux pêcheurs, en la voyant vêtue, ne tâchaient pas de se rappeler comment elle était, dans l'eau ; mais cela ne la gênait pas. Quelqu'un devait finir par la voir ; elle n'était pas mécontente que ce fussent ces deux-là, même s'ils avaient éprouvé curiosité et plaisir.

L'homme pilotait le canot vers la plage, en longeant le môle, le quartier du port, les jardinets du bord de mer. Aux gens du rivage, ils devaient faire l'effet, tous trois, d'une famille de pêcheurs qui revenait du large, comme chaque soir. Le long du quai s'alignaient les maisonnettes grises avec, sur le devant, accrochés à des pieux, de grands filets rouges ; au fond des barques amarrées, des gamins puisaient les poissons couleur de plomb qu'ils tendaient aux filles debout, immobiles, tenant appuyées à leur hanche des panières basses, carrées ; quelques hommes parés de minuscules boucles d'oreilles d'or, assis par terre, jambes écartées, raccommodaient ou teignaient d'interminables chaluts ; près d'eux, dans des sortes de niches, bouillonnaient de pleines bassines de tanin ; des murettes de pierre sèche entouraient les bouts de jardins inclinés vers la mer, où des barques gisaient de-ci de-là, entre deux planches de légumes ; des femmes, serrant des clous entre leurs lèvres, aidaient leurs maris allongés sous la quille à boucher quelque voie d'eau ; à l'appui des maisons roses, des appentis abritaient les couches de tomates fendues, saupoudrées de gros sel, mises à sécher sur des claies ; des enfants grattaient parmi les plants d'asperges, en quête de vers de terre ; quelque vieux, armé d'un pulvérisateur, passait les néfliers à l'insecticide ; les melons jaunes se gonflaient sous le couvert des feuilles râpeuses ; des grand-mères faisaient frire dans des padelles calamars, polypes ou fleurs de courges enrobés de farine ; des chalutiers en construction dressaient leur proue dans une bonne senteur de sciure fraîche ; des apprentis calfats s'étaient pris de querelle et se menaçaient de leurs longs pinceaux noirs de goudron ; là-bas, commençait la plage, avec ses châteaux et ses volcans de sable désertés par les enfants.

Isotta, assise dans la barque en compagnie des deux pêcheurs, affublée de cette extravagante robe verte à ramages, eût aimé, au fond, que le voyage se prolongeât encore un peu. Mais déjà le canot pointait vers le rivage où les garçons de bain emportaient les dernières chaises longues ; l'homme restait le dos courbé sur le moteur : un dos rouge brique que barraient les saillies de l'épine dorsale et dont la peau rude et salée frémissait, parcourue comme d'un soupir.

L'aventure d'un employé

L'employé Gnei avait passé la nuit auprès d'une dame, et jolie. Lorsque, de bon matin, il sortit de chez elle, l'air, les couleurs d'un jour de printemps étaient là pour l'accueillir : limpides, vivifiants, neufs ; Gnei avait l'impression de marcher en musique.

Pareille aubaine tenait à un rare concours de circonstances : une réunion entre amis ; un état d'esprit passager, inattendu chez une femme de tête, peu portée à s'abandonner ; une conversation où, pour une fois, il s'était senti à son aise ; l'appoint, de part et d'autre, d'une légère euphorie après boire (simulée, peut-être ?) ; puis enfin, au moment du départ, un arrangement logistique, à vrai dire un peu sollicité ; tout cela, et non pas le charme personnel de Gnei (son unique chance pouvait être une allure réservée, anodine, annonçant un partenaire peu compromettant et vite effacé), avait conduit la nuit à sa conclusion imprévisible. Gnei le savait et, en homme modeste, n'en appréciait que mieux son bonheur. De même, cette aventure serait sans lendemain, et Gnei ne songeait pas à s'en plaindre : une liaison, étant donné son train de vie habituel, aurait posé plus d'un problème embarrassant. Engagée et conclue dans l'espace d'une nuit, l'aventure atteignait à la perfection. En somme, Enrico Gnei était, ce matin-là, un homme qui a goûté ce que la vie peut offrir de meilleur.

La maison se trouvait sur les collines. Gnei descendait une avenue verdoyante et parfumée. C'était l'aube ; la dame venait de le pousser à la porte, de crainte qu'il ne soit aperçu des domestiques. D'ordinaire, il sortait bien plus tard de chez lui pour se rendre au bureau. Cette nuit sans sommeil, loin de lui peser, lui procurait une lucidité artificielle, une excitation non plus des sens, mais de l'esprit. Un souffle de vent, un bourdonnement, l'odeur d'un arbre étaient pour lui autant d'appels à la possession, à la jouissance ; il ne savait plus se résoudre à goûter la beauté avec un peu de discrétion.

Gnei était homme méthodique ; se lever dans une maison étrangère, s'habiller à la hâte, sans s'être rasé, lui laissait une impression de désordre, de routine rompue. Il s'était promis d'abord de courir chez lui, pour se faire la barbe, se changer ; il avait le temps. Puis il écarta cette idée, préféra se convaincre qu'il n'était pas tellement en avance : la peur lui était venue que le spectacle du logis, la répétition des gestes de chaque jour ne dissipent le climat insolite dans lequel, à présent, il se sentait vivre.

Il décida que cette journée, pour préserver le legs de la nuit, suivrait une courbe paisible et généreuse. Sa mémoire habile à retracer, seconde après seconde, les instants écoulés lui ouvrait des paradis sans fin. Ainsi, la pensée vagabonde, le pas tranquille, Enrico Gnei se dirigeait vers le terminus du tram.

Une voiture attendait, presque vide. Des conducteurs fumaient la cigarette sur le trottoir. Gnei grimpa en sifflotant, les pans de son manteau ouverts comme des ailes, s'affala sur un siège, négligemment, et reprit tout de suite une position plus stricte, content de s'être ressaisi si vite, mais point fâché non plus de ce premier mouvement de désinvolture.

C'était un quartier résidentiel, lent à se réveiller. Dans le tram se tenaient assis une ménagère d'un certain âge, deux ouvriers qui discutaient et un homme heureux, lui. Braves gens du matin. Pour Gnei, bien sympathiques ; lui, pour eux, était un monsieur énigmatique, énigmatique et content, qu'on n'avait jamais vu dans ce tram à cette heure. D'où venait-il ? Eux, sans doute, se le demandaient ; lui demeurait impénétrable : il contemplait les glycines. Il les contemplait en homme qui sait contempler des glycines, et qui sait qu'il le sait. Il tendait la pièce de monnaie au receveur et de l'un à l'autre s'établissait le rapport idéal passager-receveur. Tout allait pour le mieux, le tram descendait en direction du fleuve, il faisait bon vivre.

Enrico Gnei s'arrêta dans le centre, entra dans un café. Pas son café habituel. Un grand café, tout en mosaïques. On venait à peine d'ouvrir ; la caissière n'était pas encore à son poste ; le barman préparait sa machine. Gnei fit quelques pas autoritaires au milieu de la salle, vint au comptoir, choisit dans la vitrine une grosse madeleine, y mordit, avec avidité d'abord, puis en homme à qui une nuit turbulente a laissé la bouche pâteuse.

Un quotidien était déployé sur le zinc ; Gnei y jeta un coup d'œil. Il n'avait pas acheté son journal, ce matin, lui dont c'était toujours le premier geste dans la rue. Gnei était un lecteur appliqué, méticuleux ; il suivait jusqu'aux moindres événements, il ne sautait aucune page. Mais ce matin son regard glissait d'un titre à l'autre, sans susciter la moindre association d'idées. Il ne parvenait pas à lire : réveillée peut-être par le gâteau, le café brûlant, l'atmosphère de la salle après l'air piquant de l'aube, lui revenait une longue bouffée des plaisirs de la nuit. Il ferma les yeux, releva le menton, sourit. Le barman, attribuant cette mine béate à une information sportive, lui dit :

— Content que Boccadasse rejoue dimanche ?

Et il pointait son doigt vers un titre annonçant la guérison d'un avant-centre. Gnei lut, ouvrit la bouche et, au lieu de s'esclaffer comme il était tenté de faire : « Boccadasse, Boccadasse, toi, mon petit, tu n'y es pas ! », se contenta de bougonner :

— Bah, bah...

Et, pour éviter un discours sur le prochain match, où se perdrait son trop-plein de mémoire, il se tourna du côté de la caisse : une jeune femme à l'air désabusé venait de s'y installer.

— Un café, une madeleine, annonça-t-il sur un ton confidentiel.

La caissière bâillait.

— Déjà sommeil, de si bonne heure ?

Elle hocha la tête, sans sourire.

— On n'a pas trop dormi cette nuit, hein ?

Une seconde de réflexion, le temps de se convaincre qu'on était bien placée pour le comprendre.

— Moi, mon lit m'attend toujours.

Là-dessus, plus un mot, bouche cousue, le mystère fait l'homme. Il paya, salua, sortit, entra chez le coiffeur.

— Par ici, monsieur ; asseyez-vous, monsieur...

La voix de tête rituelle fit à Gnei l'effet d'un clin d'œil.

— Allons-y pour la barbe, répondit-il, sceptique, condescendant, en se regardant dans la glace.

La grande serviette une fois nouée autour du cou, son visage devenait un objet à part ; quelques marques de fatigue, jusqu'alors estompées dans le mouvement de tout le corps, s'en trouvaient accusées. Visage banal, au demeurant : celui d'un voyageur débarqué du train au petit jour, d'un joueur qui a tenu toute la nuit les cartes. Rien ne révélait la nature de sa lassitude, observa-t-il avec plaisir, n'eût été une certaine expression détendue, indulgente, celle qu'on prend quand on a eu tout son content et qu'on peut voir venir.

« Blaireau, blaireau, semblaient dire les joues, sous la mousse tiède, nous avons souvenir d'autres caresses ! » Et la peau d'ajouter : « Racle, rasoir, tu ne racleras pas ce que je sais ! »

Une conversation chargée de métaphores semblait s'être engagée entre lui et le coiffeur qui, au vrai, gardait le silence, manœuvrant ses outils avec componction. Un tout jeune coiffeur, taciturne par défaut d'imagination plutôt que par timidité ; car, quand il lui prit envie d'entamer la conversation, il ne trouva à dire que :

— Hein, cette année, déjà les beaux jours ! Le printemps...

La phrase tomba au milieu de ce dialogue imaginaire où Gnei était plongé ; du coup, le mot « printemps » se chargea de sous-entendus.

— Le printemps..., dit-il, laissant traîner un sourire d'expert sur ses lèvres savonneuses.

L'entretien tourna court. Gnei, pourtant, sentait le besoin de parler, de s'extérioriser, de prendre à témoin ce barbier qui ne disait rien. Il fut deux ou trois fois sur le point d'ouvrir la bouche, pendant que l'autre tenait son rasoir levé ; mais les mots se dérobaient et le rasoir revenait se poser sur la lèvre ou sur le menton.

— Pardon, vous disiez ?

Le coiffeur avait vu ses lèvres remuer sans qu'il en sortît aucun son. Alors Gnei, d'une bonne voix chaleureuse :

— Dimanche, Boccadasse pourra jouer !

Il avait dû crier : des clients tournèrent vers lui leurs visages à demi blancs de mousse. Le coiffeur gardait son rasoir levé.

— Ah ! vous êtes pour le Juve ? fit-il, un peu vexé. Vous savez, je suis un supporter du Toro...

— Eh bien, dimanche la partie est facile, vous avez gagné d'avance...

Mais l'élan était déjà retombé.

Dûment rasé, il sortit. La ville était remuante et sonore, des éclairs dorés glissaient sur les vitrines, l'eau dansait sur les fontaines, les trolleys éparpillaient des grappes d'étincelles. Enrico Gnei allait, comme à la crête d'une vague, dans une alternance d'exaltation et de langueur.

— Ma parole, c'est Gnei !

— Ma parole, c'est Bardetta !

Il venait de croiser un camarade de collège, perdu de vue depuis dix ans. Chacun prononça les mots de circonstance : ça faisait une éternité, ils n'avaient pas changé, ma foi... Si : Bardetta avait les cheveux grisonnants ; son expression fouinarde, un peu canaille, s'était accentuée. A ce que Gnei savait, Bardetta était dans les affaires ; il avait eu quelques histoires pas trop claires et séjournait depuis longtemps à l'étranger.

— Toujours à Paris ?

— Venezuela. J'y repars tout à l'heure. Et toi ?

— Moi... Fidèle au poste.

Il eut un sourire contraint, comme honteux de sa vie sédentaire ; bien malgré soi : il enrageait de ne pas faire comprendre au premier coup d'œil ce qu'était réellement son existence : la mieux remplie, la plus satisfaisante qu'on pût rêver.

— Es-tu marié ? demanda Bardetta.

C'était pour Gnei l'occasion ou jamais de rectifier.

— Hé non, célibataire ! On est des durs à cuire, nous autres !

Nous y voilà : un homme comme Bardetta, joyeux compère, près de repartir pour l'Amérique, coupé de la ville et de ses potins, serait l'interlocuteur idéal avec qui donner libre cours à son euphorie, le seul à qui Gnei pouvait confier son secret. Et même grossir un peu les choses, parler de l'aventure de la nuit comme d'un événement presque ordinaire.

— Oui, nous formons le dernier carré des célibataires, hein ?

Allusion à la renommée de noceur dont avait joui Bardetta, dans le temps. Déjà Gnei tournait et retournait la phrase par laquelle il entrerait dans le vif du sujet ; quelque chose comme : « Entre nous, pas plus tard que cette nuit... »

— Moi, à vrai dire, je suis père de famille, tu sais, j'ai quatre gosses...

La réponse atteignit Gnei au moment où il tâchait de recréer autour de lui une atmosphère de fête, un univers bachique ; déconcerté, il fixa ses regards sur Bardetta. Alors seulement, il remarqua ses vêtements fripés, son air soucieux et las.

— Ah diable ! quatre gosses... Eh bien, bravo !

C'était dit d'une voix opaque.

— Et tu ne t'en tires pas trop mal, là-bas ?

— Ma foi, que veux-tu faire... C'est partout pareil... Gagner sa croûte, nourrir sa famille...

Bardetta écarta les bras, d'un geste d'impuissance. Gnei, en homme foncièrement simple, ressentit soudain de la compassion et du remords : comment avait-il pu songer à faire valoir ses bonnes fortunes, à seule fin d'épater un pauvre bougre comme celui-là ? Il s'empressa de dire, en guise d'excuse :

— Espérons que ça ira mieux...

— Eh oui, espérons...

On se salua, on se souhaita bonne chance, chacun partit de son côté. Et déjà Gnei était pris de regrets : pareille occasion de se confier à Bardetta, au Bardetta qu'il avait imaginé d'abord, était une chance inestimable, gâchée, perdue à jamais. Tous deux, ils auraient pu entamer une conversation d'homme à homme, aimable, un rien taquine, sans exhibitionnisme ni fanfaronnades ; après quoi, l'ami partait pour l'Amérique, emportant de Gnei un souvenir que rien ne pourrait plus changer. Et Gnei de s'entrevoir, confusément, projeté dans les pensées d'un Bardetta imaginaire perdu là-bas, au fond de son Venezuela, évoquant parfois la vieille Europe — pauvre, oui, mais restée fidèle au culte de la beauté et du plaisir : ce serait à lui, Gnei, qu'instinctivement Bardetta penserait, au camarade de collège retrouvé par hasard après tant d'années et qui dissimulait, sous son apparence timorée, une vraie confiance en soi ; à l'homme qui jamais n'avait pu se résoudre à quitter l'Europe dont il incarnait, de quelque manière, l'immémoriale sagesse, les ardeurs si bien maîtrisées... Gnei s'échauffait : ainsi donc, le bonheur d'une nuit aurait pu laisser une empreinte, se charger d'un sens immuable, au lieu de se perdre comme sable dans l'océan des journées mornes, indifférentes.

Oui, il fallait parler à Bardetta ; tant pis si Bardetta n'était qu'un homme à bout, avec de bien autres soucis en tête ; tant pis si on risquait de l'humilier. Et puis, qu'est-ce qui prouvait que Bardetta était un vaincu ? Peut-être qu'il ne disait ça que pour donner le change, le vieux renard...

« Je le rejoins, on reprend la conversation, je lui raconte tout. » Gnei suivit le trottoir à grandes enjambées, déboucha sur la place, s'engagea sous les portiques : Bardetta avait disparu. Gnei regarda l'heure : il était en retard ; il courut jusqu'au bureau. Réflexion faite, cette manière de raconter sa vie au premier venu n'était pas dans son caractère ; il n'avait pas osé : tant mieux. Cette dernière remarque le mit en paix avec lui-même ; il pointa triomphalement à l'horloge du service.

Gnei nourrissait à l'égard de son travail cette sorte de

flamme amoureuse qui, même à leur insu, embrase le cœur des bureaucrates : dès lors qu'ils savent combien le processus le plus routinier, l'expédition de correspondances impersonnelles, la tenue méticuleuse d'un registre peuvent celer de délices et susciter de fanatisme. L'espoir inavoué de Gnei, ce matin-là, était qu'exaltation amoureuse et religion bureaucratique pussent se fondre, conjoindre leur ardeur, mêler leurs flammes ; hélas, la table de travail, l'éternelle chemise vert crasseux *En instance* lui rappelèrent cruellement le contraste entre la vertigineuse beauté qu'il contemplait naguère et l'emploi du temps de toujours.

Il allait et venait autour de son bureau, sans se résoudre à s'asseoir. Il était victime d'un soudain, d'un urgent élan d'amour pour sa dame. Il ne trouvait pas le repos. Il s'enfuit dans la pièce voisine : les comptables tapotaient d'un air appliqué et maussade.

Gnei faisait les cent pas devant eux, distribuant les bonjours, émettant chaque fois un rire nerveux par en dessous, pelotonné dans sa mémoire, déçu du présent, éperdu d'amour au milieu des comptables. « Je suis là, dans votre bureau, parmi vous, oui, mais c'est ainsi que, tantôt, je me roulais dans certain lit ! »

— Parfaitement, monsieur Marinotti !

Et il abattit sa main sur les paperasses d'un collègue.

Marinotti releva ses lunettes et demanda, l'air endormi :

— A toi aussi, Gnei, ils ont fait une retenue de quatre mille lires, après celle du mois dernier ?

— Moi, mon cher...

Or, tandis qu'il entamait son explication, Gnei se souvint d'une attitude de son amie — tard dans la nuit, aux approches du petit jour —, une révélation pour lui, lourde de possibilités d'amour jusque-là inexplorées.

— Moi, la retenue..., poursuivit-il (la voix très douce, la main allongée dans un geste tendre, la bouche entrouverte), on me l'a faite intégralement sur mon traitement de février. Parole d'honneur !

Il aurait voulu ajouter des précisions, des commentaires, parler, parler, mais il ne trouva rien.

« Voilà la clé, décida-t-il en regagnant son bureau ; à chaque instant, quoi que je dise ou fasse, tout le bonheur que j'ai eu doit être présent. » Seulement, une inquiétude le rongeait : de ne plus jamais parvenir à ces hauteurs qu'il avait atteintes, de ne pas savoir exprimer, ni en allusions, ni surtout en mots explicites, et même de ne pas savoir penser, cette plénitude que pourtant il savait bien avoir connue.

Le téléphone sonna. C'était le directeur. Il réclamait des précisions sur le dossier Giuseppieri.

— Voyez-vous, monsieur le directeur, récitait Gnei, la firme Giuseppieri, dans une correspondance du 6 mars...

Et il voulait dire : « Eh bien, quand doucement elle m'a demandé : Vous vous sauvez déjà ? j'ai compris que je devais garder sa main, là, dans la mienne... »

— Oui, monsieur le directeur, réclamation a été faite après facturation de la marchandise...

Il ne pouvait pas dire : « Jusqu'à ce que la porte se soit refermée sur nous deux, je n'étais pas tellement sûr... »

— Non, expliquait-il, la réclamation n'est pas passée par l'agence...

Et il songeait : « Alors, j'ai bien vu qu'elle n'était pas ce que j'avais pensé : froide, dédaigneuse... »

Il raccrocha. Il avait le front mouillé de sueur. Il se sentait las, brusquement, mort de sommeil. Il regrettait de n'avoir pas fait un saut jusqu'à la maison, le temps de prendre un bain, de se changer ; il était mal à l'aise dans son linge.

Il alla à la fenêtre ; elle ouvrait sur une cour cernée de hautes murailles avec tout un peuple de balcons, et on s'y serait cru en plein désert. Le ciel apparaissait, par-dessus les toitures, non plus limpide mais blême, comme brouillé d'une patine opaque ; Gnei sentait bien que, dans sa mémoire, une même patine opaque effaçait le moindre souvenir, la plus petite sensation ; il ne restait du soleil qu'une tache informe de lumière figée comme un sourd élancement de douleur.

L'aventure d'un photographe

Quand arrive le printemps, le dimanche, les citadins, par centaines de milliers, sortent avec leur étui en bandoulière. Et ils se photographient. Ils rentrent chez eux contents comme des chasseurs à la gibecière pleine à ras bord, ils passent leurs journées à attendre avec une douce anxiété de voir leurs photos développées (anxiété à laquelle certains ajoutent le plaisir subtil de manipulations alchimiques dans le laboratoire, à l'odeur âcre d'acide et interdit aux intrusions des proches), et ne semblent prendre possession tangible de la journée passée que lorsqu'ils ont sous les yeux leurs photos ; alors seulement ce torrent des Alpes, ce mouvement de l'enfant avec son petit seau, ce reflet du soleil sur les jambes de leur femme acquièrent l'irrévocabilité de ce qui a été et ne peut plus être mis en doute. Le reste peut bien se noyer dans l'ombre incertaine du souvenir.

En fréquentant ses amis et ses collègues, Antonino Paraggi, non-photographe, ressentait un isolement croissant. Il découvrait chaque semaine qu'aux conversations de ceux qui magnifiaient l'ouverture d'un diaphragme ou dissertaient sur le nombre des *din* s'ajoutait la voix de quelqu'un à qui il avait confié, hier encore, certain qu'il les partageait, ses sarcasmes à l'égard d'une activité pour lui si peu excitante et manquant à tel point d'imprévus.

Le métier d'Antonino Paraggi consistait en des tâches exécutives dans les services de distribution d'une entreprise, mais sa véritable passion était de commenter avec ses amis les petits ou grands événements en démêlant le fil des raisons générales de l'enchevêtrement des détails ; c'était en quelque sorte, par attitude mentale, un philosophe, et il s'appliquait obstinément pour réussir à trouver des explications même aux faits les plus lointains de son expérience. Il sentait à présent que quelque chose lui échappait dans l'essence de l'homme photographique : l'appel secret en raison duquel de nouveaux adeptes continuaient à s'enrôler sous les bannières des amateurs de l'objectif, certains vantant les progrès de leur habileté technique et artistique, d'autres, au contraire, attribuant tous les mérites à l'excellence de l'appareil qu'ils avaient acheté, capable (à les entendre) de produire des chefs-d'œuvre même s'il était confié à des mains inexpertes (comme ils déclaraient être les leurs, car, là où l'orgueil visait à exalter les vertus des rouages mécaniques, le talent du sujet acceptait d'être proportionnellement humilié). Antonino Paraggi comprenait que ni l'une ni l'autre des raisons de leur satisfaction n'était décisive : le secret résidait ailleurs.

Il faut dire que le fait de chercher dans la photographie les raisons d'un malaise personnel — comme celui de quelqu'un qui se sent exclu de quelque chose — était aussi en partie une ruse d'Antonino avec lui-même, afin d'éviter de prendre en considération un autre processus, bien plus important, qui, petit à petit, le séparait de ses amis. Ce qui était en train de se passer, c'était que les gens de son âge, l'un après l'autre, se mariaient, fondaient une famille, alors qu'Antonino restait célibataire. Et pourtant, entre ces deux phénomènes existait un lien incontestable, en ce que souvent la passion de l'objectif naît de façon naturelle et presque physiologique comme un effet secondaire de la paternité. Un des premiers instincts des parents, après avoir mis au monde un enfant, est celui de le photographier ; et, étant donné la rapidité de la croissance, il devient nécessaire de le photographier souvent, car rien n'est plus éphémère et ne laisse moins de souvenirs qu'un bébé de six mois, aussitôt effacé et remplacé par celui de huit mois, puis d'un an ; et toute la perfection à laquelle a pu parvenir un enfant de trois ans ne suffit pas à empêcher que la nouvelle perfection des quatre ans ne se substitue à l'autre et la détruise ; seul reste l'album de photos comme lieu où toutes ces perfections fugitives sont sauvées et se juxtaposent, chacune aspirant à un caractère absolu et incomparable. Dans ce désir violent des nouveaux parents d'encadrer leurs enfants dans l'objectif pour les réduire à l'immobilité du noir et blanc ou de la diapositive en couleurs, le non-photographe et non-procréateur Antonino voyait surtout une phase de la course vers la folie qui couvait dans cet instrument noir. Mais ses réflexions sur le lien iconothèque-famille-folie étaient hâtives et réticentes : il aurait compris, sinon, qu'en réalité celui qui courait le plus grand danger, c'était lui, le célibataire.

Dans le cercle des amis d'Antonnio, on avait pris l'habitude de passer les week-ends tous ensemble en dehors de la ville, suivant une coutume qui pour plusieurs d'entre eux durait depuis les années d'université et qui s'était étendue aux fiancées, puis aux épouses et aux progénitures, ainsi qu'aux nourrices et aux gouvernantes, et dans certaines occasions aux parents par alliance et à quelques nouvelles connaissances des deux sexes. Mais, étant donné que la continuité des fréquentations et des habitudes n'avait jamais fait défaut, Antonino pouvait faire comme si rien n'avait changé au cours des années et comme si c'était toujours le même groupe de jeunes gens et de jeunes filles d'antan, au lieu d'un conglomérat de familles où il demeurait le seul célibataire rescapé.

De plus en plus souvent, au cours de ces excursions à la montagne ou à la mer, au moment de la photo de groupe familial ou interfamilial, on demandait l'intervention d'un opérateur étranger, parfois même d'un passant, qui prêtât son aide pour appuyer sur le déclencheur de l'appareil déjà mis au point et braqué dans la direction souhaitée. Dans ce cas, Antonino ne pouvait refuser ses services : il prenait l'objectif des mains d'un géniteur ou d'une génitrice qui couraient se placer au second rang tendant le cou entre deux têtes ou s'accroupir au milieu des plus petits ; et, concentrant toutes ses forces dans le doigt préposé à cet office, il pressait le bouton. Les premières fois, un raidissement inconsidéré des bras déviait la visée, capturant mâtures d'embarcations ou flèches de clochers ou décapitant oncles et grands-parents. On l'accusa de le faire exprès, on le blâma pour le mauvais goût de ses plaisanteries. Ce n'était pas vrai : son intention était de prêter son doigt comme instrument docile de la volonté collective, mais, en même temps, de se servir de sa position privilégiée momentanée pour avertir photographes et photographiés de la signification de leurs actes. Dès que le bout de son doigt parvint à la condition voulue de détachement du reste de sa personne et de son individualité, il fut libre de communiquer ses théories par des allocutions argumentées, tout en parvenant à cadrer en même temps des saynètes d'ensemble fort réussies. (Quelques succès occasionnels avaient suffi à lui donner confiance et désinvolture à l'égard des viseurs et de la cellule).

— ... Dès que vous avez commencé, répétait-il, il n'y a aucune raison pour que vous vous arrêtiez. Il n'y a qu'un pas entre la réalité qui est photographiée en ce qu'elle nous apparaît belle et la réalité qui nous apparaît belle en ce qu'elle a été photographiée. Si vous photographiez Pierluca en train de bâtir son château de sable, il n'y a aucune raison de ne pas le photographier quand il pleure parce que le château s'est écroulé, et ensuite pendant que la nurse le console en lui faisant chercher un coquillage dans le sable. Il suffit que l'on commence à dire de quelque chose : « Que c'est beau, il faudrait vraiment le photographier ! » et on est aussitôt sur le terrain de ceux qui pensent que tout ce qui n'est pas photographié est perdu, que c'est comme si ça n'avait jamais existé, et que donc, pour vivre vraiment, il faut photographier le plus possible, et que, pour photographier le plus possible, il faut : soit vivre de la façon la plus photographiable possible, soit considérer comme photographiable chaque moment de son existence. La première voie conduit à la stupidité, la seconde à la folie.

— C'est toi qui es fou et idiot, lui disaient ses amis ; et, qui plus est, tu es un casse-pieds.

— Pour celui qui veut récupérer tout ce qui lui passe sous les yeux, expliquait Antonino même si personne ne l'écoutait plus, l'unique façon d'agir avec cohérence est de prendre au moins une photo à la minute, depuis l'instant où il ouvre les yeux le matin jusqu'au moment d'aller dormir. Ainsi seulement les rouleaux de pellicule impressionnée constitueront un journal fidèle de nos journées, sans que rien ne soit exclu. Si moi je me mettais à photographier, j'irais jusqu'au bout de ce chemin, quitte à y perdre la raison. Vous, au contraire, vous prétendez encore exercer un choix. Mais lequel ? Un choix au sens idyllique, apologétique, de consolation, de paix avec la nature, la nation et les parents. Votre choix n'est pas seulement un choix photographique ; c'est un choix de vie, qui vous conduit à exclure les contrastes dramatiques, les nœuds de contradictions, les grandes tensions de la volonté, de la passion, de l'aversion. Vous croyez ainsi vous sauver de la folie, mais vous tombez dans la médiocrité, dans l'hébétude.

Certaine Bice, ex-belle-sœur de quelqu'un, et certaine Lydia, ex-secrétaire de quelqu'un d'autre, lui demandèrent s'il voulait bien prendre un instantané pendant qu'elles jouaient au ballon au milieu des vagues. Il consentit, mais comme entre-temps il avait élaboré une théorie contre les instantanés il s'empressa de la communiquer aux deux amies :

— Qu'est-ce qui vous pousse, vous les filles, à retirer de la continuité mouvante de votre journée ces tranches temporelles de l'épaisseur d'une seconde ? En vous lançant le ballon, vous vivez dans le présent, mais dès que la scansion d'une suite d'images s'insinue parmi vos gestes, ce n'est plus le plaisir du jeu qui vous pousse à bouger, mais celui de vous revoir plus tard, de vous retrouver dans vingt ans sur un petit bout de carton jauni (sentimentalement jauni, même si les procédés modernes de fixage le préservent de toute altération). Le goût de la photo spontanée, naturelle, prise sur le vif, tue la spontanéité, éloigne le présent. La réalité photographiée prend aussitôt un caractère nostalgique, de joie enfuie sur l'aile du temps, un caractère commémoratif, même s'il s'agit d'une photo d'avant-hier. Et la vie que vous vivez pour la photographier est, dès le départ, autocommémoration.

Croire que l'instantané est plus *vrai* que le portrait posé est un préjugé...

Ce disant, Antonino sautillait dans la mer autour des deux amies pour faire la mise au point sur les mouvements du jeu et exclure du cadrage les reflets éblouissants du soleil sur l'eau. Dans un moment de lutte pour le ballon, Bice, qui s'élançait sur l'autre fille déjà dans l'eau, fut saisie avec le derrière au premier plan en train de voler sur les vagues. Antonino, pour ne pas perdre ce raccourci, s'était jeté dans l'eau en arrière sur le dos, gardant l'appareil soulevé, et il s'en était fallu de peu qu'il ne se noyât.

— Elles sont toutes très réussies, et celle-ci est merveilleuse, commentèrent-elles quelques jours plus tard, en s'arrachant les bouts d'essai des mains. (Elles lui avaient donné rendez-vous dans la boutique d'un photographe.) Tu es très fort, tu dois nous en faire d'autres.

Antonino était arrivé à la conclusion qu'il fallait revenir aux personnages prenant la pose, aux attitudes représentatives de leur situation sociale et de leur caractère, comme au dix-neuvième siècle. Sa polémique contre la photo ne pouvait être menée que de l'intérieur du boîtier noir, en opposant une photo à une autre photo.

— J'aimerais avoir un de ces vieux appareils photo à soufflet, dit-il aux deux amies, montés sur pied. Vous croyez qu'on en trouve encore ?

— Qui sait, peut-être chez un brocanteur...

— Allons voir.

Les deux filles trouvèrent amusante la chasse à l'objet de curiosité, elles fouillèrent ensemble les marchés aux puces, interpellèrent de vieux photographes ambulants, les suivirent dans leurs réduits. Dans ces cimetières de matériel hors d'usage gisaient petites colonnes, paravents, toiles de fond peintes avec des paysages effacés ; tout ce qui évoquait un vieil atelier de photographe, Antonino l'achetait. Il réussit à la fin à mettre la main sur l'appareil, une chambre photographique, avec le déclenchement à poire. Il semblait fonctionner parfaitement. Antonino l'acheta avec un assortiment de plaques. Aidé par les deux amies, il installa, dans une pièce de son logement, le studio, entièrement fait d'objets désuets, à part des éclairages modernes.

Il était à présent satisfait.

— Il faut repartir de là, expliqua-t-il à ses amies. Dans la façon dont nos grands-parents prenaient la pose, dans la convention selon laquelle étaient disposés les groupes, il y avait une signification sociale, une coutume, un goût, une culture. Une photographie officielle ou de mariage ou de famille ou d'école rendait le sentiment de ce que chaque rôle, chaque institution avait en soi de sérieux et d'important, mais aussi de forcé et de faux, d'autoritaire et de hiérarchique. Voilà le problème : rendre explicites les rapports avec le monde que chacun de nous porte en soi et que l'on tend aujourd'hui à cacher, à rendre inconscients, en croyant qu'ils parviendront ainsi à disparaître, tandis qu'au contraire...

— Mais qui veux-tu faire poser ?

— Venez demain et je commencerai à vous prendre en photo comme je le sens.

— Mais, dis donc, où veux-tu en venir ? répliqua Lydia, saisie d'une soudaine méfiance.

Maintenant seulement, une fois l'atelier installé, elle voyait que tout y était sinistre, menaçant.

— Tu peux toujours attendre pour que nous venions te servir de modèles !

Bice ricana avec elle mais, le lendemain, elle revint chez Antonino, seule.

Elle portait une robe de lin blanc, avec des broderies de couleur sur le bord des manches et des poches. Ses cheveux étaient partagés par une raie et ramassés sur les tempes. Elle riait un peu à la dérobée, penchant la tête d'un côté. En la faisant passer devant lui, Antonino étudiait ses manières assez charmantes et un peu ironiques pour saisir les traits qui définissaient son vrai caractère.

Il la fit asseoir dans un grand fauteuil et passa sa tête sous le drap noir qui garnissait l'appareil. C'était une de ces boîtes à la paroi arrière en verre, où l'image se regarde presque déjà comme sur une plaque, spectrale, un peu laiteuse, séparée de toute contingence dans l'espace et le temps. Antonino eut l'impression de voir Bice pour la première fois. Il y avait une souple disponibilité dans sa manière de baisser un peu lourdement les paupières ou de tendre le cou qui promettait quelque chose de caché, tout comme son sourire semblait se cacher derrière l'acte même de sourire.

— Voilà, c'est ça, non, la tête plus par là, lève les yeux, non, baisse-les.

Antonino était en train de poursuivre à l'intérieur de cette boîte quelque chose qui lui paraissait, soudainement, très précieux, absolu.

— Maintenant tu es dans l'ombre, viens plus vers la lumière, non, c'était mieux avant.

Il y avait plusieurs photographies possibles de Bice et plusieurs Bice impossibles à photographier, mais ce qu'il cherchait, c'était la photographie unique qui contienne les unes et les autres.

— Je ne te saisis pas (sa voix sortait étouffée et plaintive d'en dessous du voile noir), je ne te saisis plus, je n'arrive pas à te saisir.

Il se dégagea du drap et se releva. Il était en train de tout rater, et cela dès le début. Cette expression, cet accent, ce secret qu'il croyait être sur le point de saisir sur son visage était quelque chose qui l'entraînait dans les sables mouvants des états d'âme, des humeurs, de la psychologie : lui aussi poursuivait la vie qui s'enfuit — un chasseur de l'insaisissable, comme tous ceux qui prenaient des instantanés.

Il devait suivre le chemin opposé : miser sur un portrait tout en surface, évident, univoque, qui n'évitât pas l'apparence conventionnelle, stéréotypée, le masque. Le masque, étant tout d'abord un produit social, historique, contient plus de vérités que toutes les images qui se prétendent « vraies » ; il porte en lui une quantité de significations qui vont se révéler petit à petit. N'était-ce précisément pas avec cette intention qu'Antonino avait transformé ce débarras en studio ?

Il observa Bice. Il devait partir des éléments extérieurs de son aspect. Dans la manière de s'habiller et de s'apprêter de Bice, pensa-t-il, on pouvait reconnaître l'intention un peu nostalgique et un peu ironique de faire appel à la mode d'il y a trente ans. La photographie aurait dû accentuer cette intention : comment ne pas y avoir songé ?

Antonino alla chercher une raquette de tennis ; Bice devait se tenir debout, de trois quarts, la raquette sous le bras, et donner à ses traits une expression de carte postale sentimentale. L'image de Bice, vue de dessous la chape noire, parut très intéressante à Antonino — en ce qu'elle avait de mince et d'adapté à cette pose et en ce qu'elle avait d'inadéquat et de presque incongru et que la pose accentuait. Il lui fit changer plusieurs fois de position, étudiant la géométrie de ses jambes et de ses bras par rapport à la raquette et à l'élément de fond. (Dans la carte postale qu'il avait à l'esprit, il devait y avoir le filet du court de tennis, mais on ne pouvait pas trop en demander et Antonino se contenta d'une table de ping-pong.)

Mais il ne se sentait pas encore sur un terrain sûr : n'était-il pas en train, par hasard, d'essayer de photographier des souvenirs, voire de vagues échos de souvenirs émergeant de la mémoire ? Son refus de vivre le présent comme souvenir à venir, à la manière des photographes du dimanche, ne l'amenait-il pas à tenter une opération tout aussi irréelle, c'est-à-dire donner corps au souvenir afin de le mettre, devant ses yeux, à la place du présent ?

— Mais essaie de bouger, ne reste pas figée comme ça, lève la raquette, quoi ! Fais comme si tu jouais au tennis ! dit-il soudain furieux.

Il avait compris qu'on pouvait parvenir à une étrangeté objective seulement en exaspérant les poses ; qu'on pouvait donner l'impression de l'arrêt, du non-vivant, seulement en feignant un mouvement demi-arrêté.

Bice se prêtait docilement à l'exécution de ses ordres, même lorsqu'ils devenaient imprécis et contradictoires, avec une passivité qui était aussi une façon de se déclarer hors jeu, en insinuant pourtant, en quelque sorte, dans ce jeu qui n'était pas le sien, les coups imprévisibles d'une mystérieuse partie qui fût la sienne. Ce qu'Antonino attendait maintenant de Bice, en lui disant de placer les bras et les jambes comme ci et comme ça, n'était pas tant la simple exécution d'un programme que sa réponse à la violence qu'il lui faisait avec ses requêtes, une imprévisible réponse agressive à cette violence qu'il était de plus en plus porté à exercer sur elle.

C'était comme dans les rêves, pensa Antonino, enfoncé dans le noir en contemplant cette improbable joueuse de tennis filtrée à travers le rectangle de verre : comme dans les rêves, lorsqu'une présence venue des profondeurs de la mémoire s'avance, se fait reconnaître et se transforme soudain en quelque chose d'inattendu, en quelque chose qui fait déjà peur avant même la transformation parce qu'on ne sait en quoi cette présence pourra se transformer.

Voulait-il photographier les rêves ? Ce soupçon le rendit muet, caché dans ce refuge d'autruche, la poire de déclenchement à la main, comme un idiot ; et en attendant, Bice, abandonnée à elle-même, continuait une sorte de danse grotesque, se figeant en des gestes exagérés de joueuse de tennis ; revers, coup droit, levant haut la raquette ou l'abaissant jusqu'au sol comme si le regard qui sortait de cet œil de verre était la balle qu'elle continuait à repousser.

— Assez, qu'est-ce que c'est que cette comédie ? Ce n'est pas ce que je souhaitais, dit Antonnio, qui recouvrit l'appareil avec le drap et commença à se promener à travers la pièce.

Tout venait de cette robe, avec ses évocations de tennis et d'avant-guerre... Il fallait admettre qu'une tenue de promenade ne permettait pas de faire une photo telle qu'il la voulait. Une certaine solennité était nécessaire, une certaine pompe, comme dans les photos officielles des reines. C'est seulement en robe du soir que Bice deviendrait un sujet photographique, avec le décolleté qui marque une limite nette entre le blanc de la peau et le sombre de l'étoffe souligné par l'étincellement des bijoux, une limite entre une essence de femme atemporelle et presque impersonnelle dans sa nudité et l'autre abstraction, sociale celle-ci, de la robe, symbole d'un rôle tout aussi impersonnel, comme le drapé d'une statue allégorique.

Il s'approcha de Bice, il commença à la déboutonner sur le cou, la poitrine, à faire glisser le vêtement le long de l'épaule. Il lui était venu à l'esprit certaines photographies de femmes du dix-neuvième siècle, où du blanc du papier émergent le visage, le cou, la ligne des épaules découvertes, et où tout le reste s'évanouit dans le blanc.

C'était là le portrait en dehors du temps et de l'espace qu'il voulait maintenant ; il ne savait pas trop comment il fallait faire, mais il était décidé à y parvenir. Il plaça le projecteur au-dessus de Bice, approcha l'appareil, s'affaira sous le drap pour régler l'ouverture de l'objectif. Il regarda. Bice était nue.

Elle avait laissé glisser la robe jusqu'à ses pieds ; elle n'avait rien en dessous ; elle avait fait un pas en avant ; non, un pas en arrière, comme pour se placer tout entière dans le tableau ; elle se tenait droite, grande devant l'appareil, tranquille, regardant devant elle, comme si elle était seule.

Antonino sentit la vue de Bice entrer dans ses yeux et occuper tout le champ visuel, le soustraire au flux des images occasionnelles et fragmentaires, concentrer espace et temps en une forme finie. Et, comme si cette surprise de la vue et l'impression de la plaque étaient deux réflexes reliés entre eux, il déclencha aussitôt, rechargea l'appareil, déclencha encore, mit une autre plaque, redéclencha, continua à changer les plaques et à déclencher, bafouillant, étouffé par le drap :

— Voilà, oui, c'est ça, c'est bien, voilà, encore, c'est comme ça que je te prends bien, encore.

Il n'avait plus de plaques. Il sortit de dessous le drap. Il était content. Bice était devant lui, nue, comme en attente.

— Tu peux te couvrir, maintenant, dit-il, euphorique mais pressé déjà, sortons.

Elle le regarda, perdue.

— Maintenant je t'ai prise, dit-il.

Bice éclata en sanglots.

Antonino découvrit ce jour-là qu'il était amoureux d'elle. Ils commencèrent à vivre ensemble, et il acheta des appareils parmi les plus modernes, des téléobjectifs, des équipements perfectionnés, installa un laboratoire. Il avait aussi des dispositifs pour pouvoir la photographier la nuit quand elle dormait. Bice se réveillait sous le flash, contrariée ; Antonino continuait à prendre des instantanés d'elle tandis qu'elle se dépêtrait du sommeil, d'elle en colère contre lui, d'elle qui essayait en vain de retrouver le sommeil en enfonçant son visage dans l'oreiller, d'elle qui se réconciliait, d'elle qui reconnaissait comme autant d'actes d'amour ces violences photographiques.

Dans le laboratoire d'Antonino pavoisé de pellicules et de tirages de lecture, Bice se montrait dans toutes les images, comme dans le réseau d'une ruche se montrent des milliers d'abeilles qui sont toujours la même abeille : Bice dans toutes les attitudes, sous toutes les formes, de tous les points de vue, Bice posant ou saisie à son insu, une identité broyée en une poussière d'images.

— Mais c'est quoi, cette obsession de Bice ? Ne pourrais-tu pas photographier autre chose ? était la question qu'il entendait continuellement venant de ses amis, et d'elle aussi.

— Il ne s'agit pas simplement de Bice, répondait-il. C'est une question de méthode. N'importe quelle personne qu'on décide de photographier, ou n'importe quelle chose, on doit continuer à la photographier toujours, uniquement celle-là, à toutes les heures du jour et de la nuit. La photographie n'a de sens que si elle épuise toutes les images possibles.

Mais il ne disait pas ce qui lui tenait surtout à cœur : saisir Bice dans la rue quand elle ne savait pas qu'il la voyait, la tenir sous le tir d'objectifs cachés, la photographier non seulement sans se faire voir, mais sans la voir, la surprendre telle qu'elle était en l'absence de son regard, de n'importe quel regard. Non qu'il voulût découvrir quelque chose en particulier ; il n'était pas quelqu'un de jaloux dans le sens courant du mot. C'était une Bice invisible qu'il voulait posséder, une Bice absolument seule, une Bice dont la présence supposât sa propre absence et celle de tous les autres.

Qu'on pût la définir ou pas comme de la jalousie, c'était en tout cas une passion difficile à supporter. Bice le quitta bientôt.

Antonino en fit une dépression. Il commença à tenir un journal : photographique, bien entendu. L'appareil suspendu à son cou, enfermé chez lui, effondré dans un fauteuil, il prenait des photos compulsivement, le regard perdu dans le vide. Il photographiait l'absence de Bice. Il rassemblait les photos dans un album : on y voyait des cendriers pleins de mégots, un lit défait, une tache d'humidité au mur. Il lui vint l'idée de composer un catalogue de tout ce qui existe dans le monde de réfractaire à la photographie, de ce qui est laissé systématiquement hors du champ visuel non seulement des appareils photo, mais de l'humanité. Sur chaque sujet il passait des journées, épuisant des rouleaux entiers, à quelques heures d'intervalle, de façon à suivre les changements de la lumière et des ombres. Il se fixa un jour sur un coin de la chambre complètement vide, où il n'y avait rien d'autre que le tuyau du radiateur : il eut la tentation de continuer à photographier cet endroit et seulement celui-là jusqu'à la fin de ses jours.

L'appartement était laissé à l'abandon, feuilles et vieux journaux demeuraient froissés sur le sol, et il les photographiait. Les photos dans les journaux étaient photographiées à leur tour, et un lien indirect s'établissait entre son objectif et celui de lointains reporters. Pour produire ces taches noires, la lentille d'autres objectifs s'était fixée sur des charges de police, des autos carbonisées, des athlètes dans leur course, des ministres, des accusés.

Antonino éprouvait maintenant un plaisir particulier à portraiturer les objets ménagers encadrés d'une mosaïque de photos de presse, de violentes taches d'encre sur les feuilles blanches. Il se surprit à jalouser depuis son immobilité la vie du reporter qui évolue en suivant les mouvements des foules, le sang versé, les larmes, les fêtes, le crime, les conventions de la mode, la fausseté des cérémonies officielles ; le reporter qui renseigne sur les extrêmes de la société, sur les plus riches et sur les plus pauvres, sur les moments exceptionnels qui pourtant se produisent à tout moment en tout lieu.

« Cela veut-il dire que seul l'état d'exception a un sens ? se demandait Antonino. Le reporter est-il le véritable antagoniste du photographe du dimanche ? Leurs mondes s'excluent-ils ? Ou bien l'un donne-t-il un sens à l'autre ? », et tout en réfléchissant il commença à mettre en pièces les photos avec ou sans Bice accumulées au cours des mois de sa passion, à arracher les enfilades de tirages de lecture accrochées aux murs, à couper en petits morceaux le celluloïd des négatifs, à taillader les diapos, et il amoncelait les résidus de cette destruction méthodique sur des journaux étalés par terre.

« Peut-être la vraie photographie totale, pensa-t-il, n'est-elle qu'un tas de fragments d'images privées, sur le fond froissé des massacres et des couronnements. »

Il plia les morceaux des journaux en un paquet énorme pour le jeter dans la poubelle, mais il voulut d'abord le photographier. Il disposa les morceaux de façon que l'on vît bien deux moitiés de photos de journaux différents qui, dans le paquet, se correspondaient par hasard. Il rouvrit même le paquet pour qu'il en sorte le bout de carton brillant d'un agrandissement déchiré. Il alluma un projecteur ; il voulait que l'on pût reconnaître dans sa photo les images à moitié mises en boules et déchirées et que l'on sentît en même temps leur irréalité d'ombres d'encre occasionnelles, et aussi leur concrétude d'objets chargés de signification, la force avec laquelle elles s'accrochaient à l'attention qui cherchait à les chasser.

Pour faire entrer tout cela dans une photographie, il fallait acquérir une habileté technique extraordinaire, mais alors seulement Antonino pourrait s'arrêter de photographier. Toutes les possibilités ayant été épuisées, au moment où le cercle se refermait sur lui-même, Antonino comprit que photographier des photographies était la seule voie qui lui restait, et même la vraie voie qu'il avait obscurément cherchée jusqu'alors.

L'aventure d'un voyageur

Frédéric V., qui demeurait dans une ville de l'Italie septentrionale, aimait Cinzia U., qui habitait à Rome. Frédéric, chaque fois que ses occupations le lui permettaient, prenait le train pour la capitale. Habitué à un emploi strict de son temps, dans le travail comme dans les plaisirs, il voyageait toujours de nuit : dans le dernier train, il n'y avait pas foule, excepté au moment des fêtes — Frédéric pouvait s'allonger et dormir.

Les journées qu'il passait dans le Nord se déroulaient nerveuses comme les heures d'un voyageur qui guette une correspondance et qui, en occupant son temps, garde toujours présent à la mémoire le tableau des horaires. Mais, venu enfin le soir du départ, quand Frédéric s'était acquitté de ses dernières tâches et se trouvait, son sac de voyage à la main, en route vers la gare, alors il commençait à sentir, malgré sa hâte et sa peur de rater le train, monter en lui la paix. C'était comme si l'animation qui régnait aux alentours de la gare — un ultime sursaut d'animation, étant donné l'heure — s'insérait dans un mouvement naturel où Frédéric avait sa place. Toute chose semblait être là pour le seconder, pour rendre son pas plus agile — le revêtement caoutchouté du hall, par exemple —, et même les obstacles — les longues minutes d'attente devant le seul guichet ouvert, les difficultés pour changer une grosse coupure, le manque de petite monnaie au kiosque à journaux —, les obstacles aussi n'étaient là que pour lui procurer le plaisir de foncer et de les vaincre.

D'une pareille disposition d'esprit, Frédéric ne laissait rien deviner : en homme réservé qu'il était, il se plaisait à passer inaperçu parmi tous ces voyageurs qui arrivaient, qui partaient, vêtus comme lui d'un pardessus et tenant une sacoche ; mais, lui, il se sentait comme porté par une vague parce qu'il accourait vers Cinzia.

Sa main, dans la poche du manteau, jouait avec un jeton de téléphone. Le lendemain matin, à peine débarqué à Rome-Termini, il se précipiterait, ce jeton dans la main, vers la cabine la plus proche, il composerait le numéro, il dirait : « Chérie, c'est moi, je viens d'arriver... » Et il le serrait, ce jeton, comme un objet de valeur, unique au monde, la seule preuve tangible de ce que la fin du voyage lui réservait.

Le trajet coûtait cher et Frédéric n'était pas riche. Si dans un wagon de seconde à banquettes de moleskine des compartiments se trouvaient vides, il prenait un billet de seconde. Plus exactement, il prenait toujours un billet de seconde, se réservant la possibilité, en cas d'affluence, de passer en première et de régler la différence au contrôleur. Cette opération lui procurait d'abord le plaisir d'économiser (le billet de première semblait moins lourd, ainsi payé en deux temps et comme par un cas de force majeure), puis la satisfaction de mettre à profit l'expérience acquise, enfin un sentiment de liberté, d'aisance dans ses pensées et dans ses gestes.

Comme beaucoup de personnes qui mènent une existence dépendant des autres, éparpillée, Frédéric s'attachait continuellement à préserver un certain état de concentration ; à dire vrai, il suffisait d'un rien : d'une chambre d'hôtel, d'un compartiment de chemin de fer pour lui tout seul, et aussitôt l'univers se réordonnait à sa vie, paraissait créé à son intention ; les voies ferrées sillonnant la péninsule étaient construites à seule fin de le conduire triomphalement auprès de Cinzia. Ce soir, même les voitures de seconde étaient désertes, ou presque. La fortune lui souriait.

Frédéric choisit un compartiment vide, pas sur les roues, mais pas non plus trop à l'intérieur du wagon ; il n'ignorait pas que, d'ordinaire, les personnes qui montent à la dernière minute négligent les premiers compartiments. La défense de l'espace indispensable à qui veut voyager couché implique maints petits procédés psychologiques ; Frédéric les connaissait bien et n'en omettait pas un seul.

C'est ainsi qu'il tira les rideaux de la porte, geste qui, à ce moment, pouvait sembler prématuré, mais qui visait précisément à un effet psychologique : devant les rideaux fermés, le voyageur qui monte est pris d'un scrupule instinctif et préfère un compartiment resté ouvert, même s'il y trouve déjà deux ou trois personnes. Son sac, son pardessus, ses journaux, Frédéric les éparpilla sur les banquettes, en face et à côté de lui. Encore un procédé sommaire, abusif et apparemment inefficace, mais qui a aussi son effet. Non que Frédéric prétendît faire croire que les places étaient occupées : pareil subterfuge eût été contraire à son sens de la discipline et à sa franchise. Il ne s'agissait que de donner une impression d'encombrement, peu accueillante ; rien qu'une impression passagère.

Il s'affala sur la banquette et poussa un soupir de soulagement. Il savait d'expérience que le fait de se trouver en un lieu où la moindre chose est à l'endroit prévu, inchangée, anonyme, sans surprises, lui rendait le calme, la conscience de soi, la libre disposition de ses pensées. Sa vie était tout en désordre, jetée aux quatre vents ; or, voici que s'établissait un parfait équilibre entre son élan intime et les choses parvenues à une neutralité impassible.

Cela ne durait guère : quelques secondes s'il voyageait en deuxième classe, une minute s'il montait en première ; très vite, son cœur se serrait : l'impression de morne banalité du compartiment, le velours râpé ici ou là, les traces de poussière, la minceur élimée des rideaux provoquaient en lui un mouvement de mélancolie, de malaise, à l'idée de dormir tout habillé, sur une couche de fortune, sans familiarité avec ce qu'il touchait. Et puis, soudain, il se rappelait le motif de son voyage et il se sentait gagné de nouveau par le même rythme naturel, comme celui de la mer ou du vent, une impulsion joyeuse et légère ; il suffisait de le chercher, ce rythme, au-dedans de soi-même, en fermant les yeux ou en serrant dans sa main le jeton de téléphone : l'impression de tristesse était bannie, il n'y avait plus que lui, Frédéric, seul, face à l'aventure de son voyage.

Quelque chose lui manquait encore ; qu'était-ce donc ? Ah ! Il entendait approcher, sous la marquise, certaines voix de basse chantante : « Oreillers pour la nuit ! » ; déjà il était debout, abaissait la vitre, allongeait la main avec les deux pièces de cent lires : « Par ici, un ! » Chaque fois, c'était le bonhomme aux oreillers qui donnait pour lui le signal du départ. Il passait sous les portières une minute avant que le train démarre, poussant son chariot avec tous ces coussins accrochés : un vieillard de haute taille, maigre, avec des moustaches blanches, des mains puissantes aux doigts longs et gros, des mains qui mettaient en confiance. Il était habillé de noir de la tête aux pieds : casquette militaire, uniforme, pèlerine, écharpe enroulée autour du cou. Un personnage du temps du roi Humbert, quelque chose comme un colonel retraité ou, plus modestement, un brave maréchal des logis. Ou alors un facteur, un de ces vieux facteurs de campagne : ses grosses mains, à l'instant de remettre à Frédéric le mince coussinet pincé entre le bout des doigts, avaient l'air de tendre une lettre, de vouloir la glisser dans l'ouverture de la vitre. Maintenant, l'oreiller était entre les bras de Frédéric, carré, bien plat, on aurait dit une enveloppe, et de plus constellé de coups de tampon : la lettre quotidienne à Cinzia allait partir ce soir encore ; mais au lieu d'une page d'écriture fiévreuse, c'était Frédéric en personne qui empruntait le trajet mystérieux du courrier de nuit, au signal d'un vieux postier des jours d'hiver, ultime incarnation du Nord rationnel, discipliné, avant de s'aventurer dans l'incontrôlable tumulte des passions méridionales.

En fin de compte, c'était aussi un oreiller : un objet moelleux (bien qu'aplati, un peu tassé), blanc (en dépit de tous ces cachets), juste sorti de l'autoclave. Il renfermait, tel un concept enclos dans un idéogramme, l'idée de lit, de paresse, d'intimité, et Frédéric savourait d'avance l'oasis de fraîcheur que cet oreiller serait pour lui dans la nuit, parmi ces velours inquiétants et rudes. Mieux encore, ce modeste carré de bien-être préfigurait d'autres bien-être, d'autres intimités, d'autres douceurs, qu'il goûterait au terme du voyage ; déjà, le fait de se mettre en voyage, le simple geste de louer un oreiller étaient des moyens de les goûter, d'entrer dans le domaine où régnait Cinzia, de s'enfermer dans le cercle chaleureux de ses bras.

C'est dans un mouvement amoureux, cajoleur, que le convoi commençait à rouler entre les pilastres des marquises, se coulait parmi les clairières des aiguillages, fonçait dans l'obscurité et finissait par se confondre avec l'élan qui, jusqu'à présent, soulevait de l'intérieur Frédéric. Alors, comme si la marche du train, le délivrant d'une sorte de crispation, l'eût rendu plus léger, il se prit à accompagner cette marche en fredonnant une chanson dont la fuite du train, précisément, lui remettait l'air en mémoire : *J'ai deux amours... Mon pays et Paris... Paris toujours*[1]...

Un monsieur entrait. Frédéric se tut.

— C'est libre ?

Le monsieur prit place. Frédéric avait déjà, mentalement, fait un calcul : si l'on veut voyager couché, mieux vaut être dans le compartiment ; l'un s'allonge d'un côté, l'autre s'allonge en face, et personne n'ose plus vous déranger ; si la moitié du compartiment reste vide, voilà que tout d'un coup grimpe une famille de six personnes, enfants compris, qui va à Syracuse : on est bien obligé de se lever. Frédéric savait parfaitement que, lorsqu'on monte dans un train où il n'y a pas foule, le plus sage serait de s'installer non dans un compartiment inoccupé, mais là où se trouve un voyageur. S'il n'en faisait rien, c'est qu'il préférait jouer la carte de la solitude complète ; quand, contre son gré, le hasard lui envoyait un compagnon, il lui restait la ressource de considérer les avantages de la situation nouvelle. C'est le parti qu'il prit ce soir encore.

— Vous allez jusqu'à Rome ? demanda-t-il au nouvel arrivant afin de pouvoir ajouter : « Bon ; alors, fermons

1. En français dans le texte, comme tout ce que Frédéric fredonnera par la suite *(NdT)*.

les rideaux, éteignons la lumière, et ne laissons plus entrer personne. »

Mais l'autre répondit :

— Je descends à Gênes.

Il descendait à Gênes : excellente chose ; Frédéric resterait de nouveau seul ; mais, pour un trajet de deux ou trois heures, l'autre ne s'allongerait pas, il demeurerait sans doute éveillé, il voudrait de la lumière et d'autres voyageurs pourraient entrer aux arrêts intermédiaires. Frédéric avait tous les désagréments du voyage en compagnie, sans avoir aucun des avantages correspondants.

Il ne voulut point s'attarder à ces supputations. Sa grande force était toujours d'écarter du champ de sa réflexion les aspects de la réalité qu'il jugeait embarrassants, ou inutiles. Ce bonhomme assis dans le coin opposé, il le gomma mentalement, n'en laissant subsister qu'une ombre, une tache grise. Le journal que chacun tenait ouvert devant soi facilitait cette impénétrabilité réciproque. Frédéric pouvait, de nouveau, se laisser emporter par son amoureuse envolée. *Paris toujours...* Nul ne pouvait imaginer que, dans ce pauvre décor dressé pour des allées et venues dont le besoin ou la routine étaient les seuls motifs, lui, Frédéric, courait vers les bras d'une femme comme Cinzia. Afin de fortifier cette disposition orgueilleuse, il crut devoir examiner un peu son compagnon (sur lequel, jusqu'à présent, il n'avait pas même posé les yeux) ; il voulait confronter, avec une cruauté de nouveau riche, sa propre condition d'homme comblé à la grisaille des existences étrangères.

L'inconnu, toutefois, n'avait pas l'air trop pitoyable. C'était un homme encore jeune, robuste, bien nourri ; sa physionomie respirait la satisfaction, le dynamisme ; il avait posé à côté de lui une grosse sacoche et parcourait un journal sportif : l'allure, en somme, d'un représentant de commerce, d'un inspecteur en tournée. L'espace de quelques secondes, Frédéric fut en proie au sentiment de jalousie que toujours lui inspiraient les personnes qui paraissaient douées de plus de vitalité et d'adresse que lui ; mais ce ressentiment momentané, il le chassa en songeant : « Un type qui voyage dans la quincaillerie, ou les produits d'entretien, tandis que moi... » ; et l'envie de chanter lui revint, dans un débordement d'euphorie et d'insouciance : *Je voyage en amour !* modula-t-il dans son for intérieur, sur le rythme de tout à l'heure qui lui paraissait en harmonie avec le bercement du train et auquel il adaptait des paroles inventées tout exprès pour faire enrager le représentant de commerce, si celui-ci avait pu les entendre : *Je voyage en volupté !* il brodait, il accentuait jusqu'à l'emphase les montées et les chutes de la chanson : *Je voyage toujours... hiver comme été...* Il s'emballait de plus en plus : *hiver... comme été !* au point que, sur ses lèvres, dut passer, à un moment donné, un sourire de béatitude. Il s'aperçut que le représentant l'observait.

Il reprit sur-le-champ une mine sévère, s'absorba dans la lecture du journal, sans même vouloir s'avouer à lui-même qu'il s'était laissé aller, une seconde auparavant, à un mouvement aussi puéril. Mais pourquoi, puéril ? Il n'y avait là rien de puéril : voyager le mettait dans une disposition agréable, une disposition d'homme mûr, qui connaît le bon et le mauvais de l'existence et s'apprête à goûter, de plein droit, le bon. Rasséréné, la conscience en repos, Frédéric feuilletait les illustrés, images morcelées d'une vie trépidante où il tâchait de retrouver un peu de ce mouvement qui l'emportait. Bien vite, il comprit que ces journaux n'avaient rien qui pût l'intéresser : pures saisies de l'immédiat, reflets d'une vie toute superficielle. Sa songerie impatiente voguait bien plus haut que cela. *Hiver... comme été !* Allons, il était temps de dormir.

Satisfaction inespérée : le représentant de commerce s'était assoupi, sans changer de position, son journal sur ses genoux. Frédéric éprouvait à l'égard des gens capables de dormir assis un sentiment d'incompréhension radicale bien plus que de jalousie ; pour lui, dormir dans un train supposait toute une procédure délicate, un cérémonial minutieux : en cela consistait, justement, le plaisir laborieux de ses voyages.

En premier lieu, il fallait, pour ne pas arriver chiffonné,

troquer les beaux pantalons contre une paire usagée. L'opération, nécessairement, se déroulait dans les toilettes, mais encore auparavant — afin d'avoir des mouvements bien dégagés — il convenait de remplacer les souliers par des pantoufles. Frédéric sortit de son sac les vieux pantalons, la pochette à pantoufles, ôta ses chaussures, mit ses pantoufles, dissimula ses chaussures sous la banquette, fila aux toilettes changer de pantalons. *Je voyage toujours !* Il revint, étendit ses pantalons dans le filet, en évitant les faux plis. *Tra-la-la-la-la !* Il installa l'oreiller à l'extrémité de la banquette, côté couloir : il serait moins fâcheux d'entendre la porte s'ouvrir brusquement au-dessus de sa tête que de recevoir à l'improviste la lumière dans les yeux. *Du voyage, je sais tout !* A l'autre extrémité de la banquette, il étala un journal : il ne se couchait pas pieds nus mais en pantoufles. A un crochet au-dessus de l'oreiller, il suspendit sa veste ; dans une des poches de la veste, il glissa son porte-monnaie et la liasse de billets de banque qui, laissés dans le pantalon, lui eussent meurtri la hanche. En revanche, il conserva sur lui son billet, dans une petite poche sous la ceinture. *Moi, je sais voyager...* Il remplaça son beau pull-over par un vieux ; quant à la chemise, il n'en changerait que le lendemain. Le représentant, qui s'était réveillé au retour de Frédéric, observait toutes ces manœuvres en homme qui ne comprend pas bien à quoi il est en train d'assister. *Jusqu'à mon amour...* Il dénoua sa cravate, la suspendit, retira du col de sa chemise les baleines et les glissa dans une poche de sa veste, avec les billets... *J'arrive avec le train !* Il ôta ses bretelles (car, comme tous les hommes attachés à une élégance discrète, il en portait) ainsi que ses jarretières ; il défit le premier bouton de son pantalon, pour ne pas avoir le ventre comprimé. *Tralala-lala !* Pardessus son pull-over, il enfila non pas son veston, mais son manteau, après avoir retiré ses clés de ses poches ; mais le jeton de téléphone, il le garda précieusement, avec le fétichisme émouvant du bambin qui place sous son oreiller son jouet de prédilection. Il boutonna son manteau du haut en bas, en releva le col ; au prix d'un peu d'application, il était capable de dormir ainsi sans laisser le moindre pli. *Maintenant voilà !* Dormir en train voulait dire s'éveiller tout à coup, peut-être en pleine gare, les cheveux ébouriffés, sans même avoir le temps de se donner un coup de peigne ; Frédéric, en conséquence, enfonça sur sa tête un béret basque. *Alors, je suis prêt !* Il se dandina au milieu du compartiment — le pardessus, enfilé ainsi, sans veste, flottait autour de son corps comme un ornement sacerdotal —, il tendit les rideaux sur la portière, tirant pour engager les boutons métalliques dans les œillets de cuir. Il fit un geste vague dans la direction de son compagnon, comme pour demander la permission d'éteindre : le représentant s'était rendormi. Il éteignit : dans la pénombre bleuâtre de la veilleuse, il se déplaça encore afin de fermer les rideaux de la fenêtre, mais pas entièrement, car de ce côté-ci, il ménageait toujours une ouverture : il aimait, le matin, trouver un rayon de soleil dans sa chambre. Ultime opération : remonter sa montre. Voilà ! Il pouvait se mettre au lit. D'un coup, il s'était allongé bien horizontalement sur la banquette, de côté, sans un pli à son manteau, les jambes repliées, les mains dans ses poches, le jeton dans une main, les pieds — les pantoufles — sur le journal, le nez dans l'oreiller, le béret sur les yeux. A présent, en une détente calculée après toute cette activité fébrile, sa pensée confusément tournée vers le lendemain, il allait s'endormir.

L'irruption du contrôleur (il ouvrait la porte d'un coup sec, séparait d'une main sûre les rideaux, tandis que l'autre main allumait l'électricité) était prévue. Mais Frédéric préférait ne pas l'attendre : si le contrôleur survenait avant qu'il se soit endormi, parfait ; sinon, dans le premier sommeil, une apparition aussi routinière, anonyme, ne créait qu'une interruption de quelques secondes, comme quand on dort à la campagne : le cri d'un oiseau de nuit vous éveille, vous vous tournez de l'autre côté et vous rendormez comme si rien ne s'était passé. Frédéric tenait son billet tout prêt, dans sa petite poche, et le tendait sans se lever, presque sans ouvrir les yeux, gardant la main ouverte jusqu'à ce qu'il le sentît de nouveau entre ses doigts ; il le replaçait dans la poche et se serait sans doute remis à dormir sur-le-champ s'il n'avait dû effectuer une manœuvre qui rendait vain tout ce bel effort d'immobilité : il fallait se lever pour reboutonner les rideaux. Ce soir-là, il ne dormait pas encore ; le contrôle dura plus longtemps qu'à l'ordinaire : le représentant, surpris en plein sommeil, eut du mal à rassembler ses esprits, à trouver son billet. « Il n'a pas ma rapidité de réflexes », songea Frédéric, qui en profita pour accabler son compagnon sous de nouvelles variantes de sa chanson imaginaire. *Je voyage l'amour...* L'idée d'employer transitivement le verbe *voyager* lui procura cette sensation de plénitude qu'apporte toute intuition poétique, même minime : le contentement d'avoir découvert une tournure en accord avec son état d'âme. *Je voyage amour ! Je voyage liberté ! Jour et nuit je cours... par les chemins de fer...*

Le compartiment était de nouveau dans l'obscurité. Le train mâchonnait sa route invisible. Frédéric pouvait-il demander plus à la vie ? D'une pareille béatitude au sommeil, la distance est brève. S'endormir fut, pour Frédéric, comme plonger dans un puits de duvet. Pour cinq ou six minutes seulement : ensuite, il se réveilla. Il avait chaud, il était en sueur. On était en plein automne, les wagons étaient chauffés, mais lui, se rappelant le froid qu'il avait enduré lors de son dernier voyage, avait tenu à se coucher dans son pardessus. Il se leva, l'ôta, le jeta sur ses pieds comme une couverture, gardant les épaules et la poitrine découvertes, veillant toujours à le laisser tomber sans faire de plis. Il se coucha sur l'autre côté. La transpiration avait réveillé sur tout son corps un fouillis de démangeaisons. Il déboutonna sa chemise, se gratta la poitrine, se gratta une jambe. La gêne à laquelle il était en proie lui donnait des envies de liberté physique, de mer, de nudité, de nage, de course, le tout culminant dans l'étreinte de Cinzia, en quoi se résumait le bonheur de l'existence. Dans son demi-sommeil, il finissait par ne plus distinguer entre le malaise présent et le bien-être escompté, il éprouvait les deux ensemble, se prélassait dans un mal-être qui supposait, et presque renfermait, le plus grand bien-être possible. Il se rendormit.

Les haut-parleurs des gares de temps à autre l'éveillaient ; mais ils ne sont pas aussi désagréables qu'on pense. S'éveiller, et savoir par surprise où l'on se trouve, procure deux sortes de satisfactions bien différentes : s'il s'agit d'une gare plus avancée qu'on n'imaginait, on se dit : « Ce que j'ai dormi ! Ce voyage, je le fais sans m'en apercevoir ! » ; et si c'est une gare qu'on croyait déjà passée : « Bon, j'ai le temps, je peux me rendormir sans souci. » C'était, cette fois-ci, le second cas. Le représentant était toujours là, il dormait, couché maintenant, avec un ronflement léger. Frédéric avait décidément trop chaud. Il se dressa, ensommeillé, tâtonna à la recherche du chauffage, le trouva sur la cloison d'en face, juste au-dessus de la tête de son compagnon, allongea les mains, se tint en équilibre sur un pied (il avait perdu une de ses pantoufles), fit tourner rageusement la poignée jusqu'à « minimum ». Le représentant dut ouvrir les yeux à cet instant précis et entrevoir, au-dessus de lui, cette main crochue : il eut un hoquet, déglutit et sombra de nouveau dans l'invisible. Frédéric se jeta sur sa couchette, le chauffage émit un vrombissement, alluma une ampoule rouge comme pour expliquer quelque chose, entamer un entretien. Frédéric attendit avec impatience que la chaleur se dissipe, se releva pour baisser la vitre de quelques millimètres et puis, comme le train filait à toute vitesse, il eut froid, referma, déplaça la manette vers la position « thermostat ». Le visage contre l'oreiller cajoleur, il prêta l'oreille un moment au bourdonnement, comme aux appels mystérieux de mondes supraterrestres. Le train courait à la surface de la terre, sous des étendues insondables, et, dans l'univers tout entier, lui, Frédéric, lui seul, était cet homme lancé à la rencontre de Cinzia.

Le réveil suivant se fit au cri du vendeur de café de Gênes-Centre. Le représentant avait disparu. Frédéric obtura soigneusement les brèches de son enceinte de rideaux, puis écouta avec inquiétude des pas qui s'approchaient dans le couloir, des portes qui coulissaient. Non, personne n'entrait. Mais, à Gênes-Brignole, une main s'ouvrit un passage, fourragea dans le noir, tenta de dégager les rideaux sans y parvenir, la silhouette d'un homme à quatre pattes se dessina, une voix cria en dialecte vers le couloir :

— Venez ! C'est vide, ici !

En réponse, il y eut un piétinement dru de gros souliers, des exclamations, et quatre chasseurs alpins entrèrent dans le compartiment obscur ; pour un peu, ils s'asseyaient sur le dos de Frédéric. Ils se penchaient au-dessus de lui, comme sur un animal exotique :

— Hé ! Qui c'est qui est là ?

Lui se redressa brusquement sur les coudes et leur lança :

— Vous ne pourriez pas trouver un autre compartiment ?

— C'est plein partout, répondirent-ils. Mais vous dérangez pas, nous autres on va se mettre de ce côté-ci.

On aurait pu les croire intimidés ; ils étaient simplement habitués aux façons rudes et n'y faisaient pas attention ; ils se laissèrent tomber sur le siège en menant grand vacarme.

— Vous allez loin ? s'informa Frédéric, radouci, du creux de son oreiller.

Ils descendaient à un arrêt proche.

— Et vous, où c'est que vous allez ?

— A Rome.

— Crénom d'un chien ! Jusqu'à Rome !

Leur accent de compassion émerveillée se changea, dans le cœur de Frédéric, en un soulèvement de fierté héroïque.

Et le voyage suivit son cours.

— Vous pourriez éteindre la lumière ?

Ils éteignent, et puis ils restent là, sans visage dans l'obscurité, chahuteurs, encombrants, épaule contre épaule. L'un soulève un rideau et regarde dehors : la nuit est claire. Frédéric étendu voit seulement le ciel et, de loin en loin, la rangée de lampes d'une petite gare qui l'éblouit et fait courir sur le plafond des ombres en éventail. Les chasseurs alpins sont des campagnards frustes, ils retournent chez eux en permission, ils n'arrêtent pas de parler fort, de s'interpeller et, quelquefois, ils s'envoient, dans le noir, une bourrade, un coup de poing ; sauf un garçon qui dort et un autre qui tousse. Ils parlent un dialecte rauque, Frédéric saisit un mot par-ci, par-là, des histoires de caserne, de bordel.

Sans trop savoir pourquoi, il ne leur en voulait pas. Il était avec eux, maintenant, presque un d'entre eux ; il s'identifiait à eux pour le plaisir de s'imaginer au lendemain, serré contre Cinzia, étourdi par ce soudain changement de destin. Et, en cela encore, il ne cherchait pas à les dominer, comme tout à l'heure l'inconnu ; il se sentait obscurément de leur côté, c'était avec leur investiture tacite qu'il se rendait auprès de Cinzia : tout ce qui semblait le plus loin d'elle disait le prix d'être auprès d'elle, et que c'était à lui que ce bonheur-là revenait.

Voilà que Frédéric a des fourmis dans un bras. Il le soulève, le remue, le fourmillement ne passe pas, se change en douleur et la douleur en nonchalant bien-être, et Frédéric est là, à faire des moulinets avec son bras. Les quatre soldats le fixent, bouche bée :

— Qu'est-ce qu'il lui prend ?... Il fait des rêves ?... Mais dis, qu'est-ce qu'il fait ?...

Puis, avec l'inconséquence de leur âge, ils se mettent à blaguer entre eux. Frédéric, à présent, s'applique à rétablir la circulation du sang dans une de ses jambes, en appuyant le pied par terre et en tapant fort.

Dans la somnolence et les braillements, passa une heure. Frédéric n'éprouvait pas d'hostilité à l'égard des soldats ; peut-être n'éprouvait-il pas d'hostilité à l'égard de personne ; peut-être était-il devenu un homme bon. Même quand, un peu avant la gare où ils devaient descendre, ils sortirent du compartiment en laissant la porte et les rideaux ouverts, il ne les maudit pas. Il se leva, se rebarricada, resavoura le plaisir de la solitude, mais sans rancune.

Il avait froid aux jambes. Il enfouit le revers de ses pantalons dans ses chaussettes, mais il avait toujours froid. Il enroula les pans de son manteau autour de ses jambes.

Du coup, il avait froid au ventre, aux épaules. Il ramena la manette presque sur « maximum », se borda du mieux qu'il put, feignit de ne pas sentir les vilains plis de son pardessus, là, sous lui ; il était prêt à renoncer à tout pour un bien-être immédiat, la conscience de s'être montré bon envers son prochain l'induisait à se montrer bon envers lui-même et, par le biais de cette indulgence générale, à retrouver les chemins du sommeil.

Ses réveils, dès lors, furent sporadiques et machinaux. Les visites du contrôleur, avec ce geste expert qu'il avait pour écarter les rideaux, étaient faciles à distinguer des tentatives maladroites de voyageurs de nuit montés à un arrêt intermédiaire, tout déroutés devant une enfilade de compartiments aux rideaux tirés. L'intrusion de l'agent de police avait un caractère routinier, elle aussi, mais en plus brutal, voire sinistre : d'un mouvement sec, il braquait sa lumière sur le visage du dormeur, l'examinait, éteignait et s'éloignait en silence, laissant derrière lui un filet d'air qui sentait la geôle.

A une gare perdue au fond de la nuit, un homme entra ; quand Frédéric découvrit sa présence, il se tenait déjà tapi dans un coin ; à l'odeur de mouillé de son paletot, on comprenait que, dehors, la pluie s'était mise à tomber. Au réveil suivant de Frédéric, l'homme avait disparu dans quelque autre gare invisible ; pour lui, ce n'avait été qu'une ombre à l'odeur de pluie et une respiration lourde.

Il eut froid ; il plaça la poignée sur « maximum », puis passa la main sous la banquette pour sentir la montée de la chaleur. On ne sentait rien ; il tâtonna alentour ; tout semblait éteint. Il remit son manteau puis l'ôta, chercha le pull-over neuf, quitta le vieux, enfila le neuf, enfila par-dessus le vieux, remit son manteau, se pelotonna sur le siège et s'efforça de retrouver cette sensation de plénitude qui tout à l'heure l'avait mené au sommeil ; mais il ne se rappelait rien ; quand la chanson lui revint en mémoire, il s'était déjà rendormi, et c'est dans son sommeil que ce rythme continua à le bercer triomphalement.

La première lueur du matin filtra par les interstices, avec les appels « Café chaud ! » « Journaux ! » d'une gare située aux confins de la Toscane, ou bien déjà à l'entrée du Latium. Il ne pleuvait pas ; derrière les vitres humides, le ciel montrait une indifférence à l'automne déjà toute méridionale. Le désir de boire quelque chose de chaud, et puis aussi certain automatisme de citadin pour qui chaque journée débute par un coup d'œil au journal, mit en branle les réflexes de Frédéric ; il sentit qu'il devrait se précipiter à la fenêtre, acheter du café, ou le journal, ou l'un et l'autre. Mais il réussit à se persuader qu'il était encore endormi, qu'il n'avait rien entendu, à tel point que cette conviction garda toute sa puissance quand le compartiment fut envahi par la foule qui prend à Civitavecchia le train du matin pour Rome. Et son meilleur moment de sommeil, les premières heures du jour, il en jouit presque sans interruption.

Quand il s'éveilla pour de bon, il fut aveuglé par la lumière qui entrait par les fenêtres débarrassées de leurs rideaux. Sur la banquette d'en face, des voyageurs étaient serrés les uns contre les autres, bien plus nombreux, lui sembla-t-il, qu'il n'en aurait dû pouvoir tenir ; en fait, une grosse femme avait pris un enfant sur ses genoux et un homme était installé sur sa banquette à lui, Frédéric, à la place laissée libre par ses jambes repliées. Les hommes, pour différents que fussent leurs visages, avaient tous des airs vaguement ministériels, avec, comme unique variante, un officier de l'armée de l'air, à l'uniforme barré de décorations ; les femmes aussi, on voyait qu'elles allaient retrouver des parents employés dans un ministère ; d'une manière ou de l'autre, tous ces gens se rendaient à Rome pour questions administratives, les concernant eux-mêmes ou bien quelqu'un des leurs. Et tous (certains en levant les yeux par-dessus le *Tempo*) observaient Frédéric allongé là, à la hauteur de leurs genoux, masse informe repliée dans son manteau, sans plus de pieds qu'un phoque, qui, lentement, se détachait de l'oreiller humide de salive et, le cheveu hérissé, le béret en équilibre au sommet du crâne, une joue marquée par les plis de la doublure, se soulevait, s'étirait avec des mouvements difformes (des mouvements de phoque), retrouvait petit à petit l'usage de ses jambes, enfilait ses pantoufles en se trompant de pied, défaisait un bouton pour se gratter sous la double épaisseur des pull-overs et de la chemise chiffonnée, promenait sur eux des yeux encore bouffis de sommeil et souriait.

Par-delà la vitre, s'étendait au loin la campagne romaine. Frédéric resta un peu de temps assis, les mains sur les genoux, toujours souriant, puis, du geste, il demanda l'autorisation d'emprunter le journal sur les genoux de son vis-à-vis. Il parcourut les titres, éprouva comme chaque fois le sentiment de se trouver dans un pays lointain, posa un regard olympien sur les arches des aqueducs qui défilaient de l'autre côté de la fenêtre, rendit le journal et se leva pour chercher dans son sac son nécessaire de toilette.

A la gare Termini, le premier à bondir hors du wagon, frais comme une rose, ce fut lui. Dans sa main, il tenait serré le jeton. Au fond de niches entre les pilastres et les stands, les téléphones gris n'attendaient que lui. Il introduisit le jeton, forma le numéro, écouta, le cœur battant, la sonnerie lointaine, entendit l'« allô ? » de Cinzia monter, encore tout parfumé de sommeil et de tiédeur douce : lui était déjà en proie à la tension de leurs journées communes, jeté dans l'angoissant combat des heures ; il comprenait qu'il ne saurait rien dire à Cinzia de ce qu'avait été pour lui cette nuit, cette nuit qu'il sentait déjà disparaître, comme chaque parfaite nuit d'amour, sous l'assaut féroce du jour.

L'aventure d'un lecteur

La route du littoral passait au-dessus du cap ; la mer était là, sous l'à-pic des rochers, et partout alentour, jusqu'à l'horizon haut, indécis. Le soleil aussi était partout : ciel et mer semblaient deux lentilles où il se reflétait à l'infini. Contre la dentelure irrégulière des récifs, battait une eau paisible, sans écume. Amédée Oliva descendit une rampe aux gradins fort raides, sa bicyclette sur l'épaule ; il laissa le vélo dans un coin bien à l'ombre, après avoir fait jouer l'antivol. Il se remit à dévaler le petit escalier, parmi les éboulis de terre jaune et poudreuse et les agaves suspendus dans le vide, cherchant déjà des yeux le pli de rocher où, tout à l'heure, il s'allongerait à l'aise. Sous son bras, il tenait enroulée une serviette-éponge avec, au milieu, son caleçon de bain et un livre.

Le cap était peu fréquenté ; de rares groupes de baigneurs y venaient pour plonger ou pour prendre le soleil, abrités les uns des autres par les anfractuosités du rivage. Entre deux blocs qui le dérobaient aux regards, Amédée se déshabilla, enfila son caleçon de bain, puis se mit à sauter d'un rocher sur l'autre ; il franchit ainsi, à larges bonds, la moitié du banc de récifs, ses jambes maigres volant quelquefois par-dessus le nez d'un couple couché, bien à l'abri, sur un tapis de plage. Passé certain massif de roche schisteuse à la surface grêlée et biscornue, s'alignaient des dalles de pierre lisse, arrondie ; Amédée quitta ses sandales, les prit à la main et continua de gambader avec aisance, en homme qui sait apprécier l'écart entre deux roches et dont la plante des pieds ne craint rien. Il poussa jusqu'à un rocher en surplomb sur la mer, coupé à mi-hauteur par une sorte de perron. Il s'arrêta. Sur une saillie plate, il déposa ses vêtements, pliés bien comme il faut, retourna et posa par-dessus ses sandales, de peur qu'un coup de vent n'emporte au loin sa garde-robe (en fait, il n'arrivait du large que de courtes bouffées d'air et ce geste ne devait être, de la part d'Amédée, que précaution rituelle). Un petit sac qu'il tenait à la main était un oreiller pneumatique ; Amédée souffla jusqu'à ce qu'il fût bien gonflé et le posa ; sur une légère déclivité qui faisait suite, il déroula la serviette-éponge. Il s'allongea sur le dos et déjà ses mains ouvraient le livre à la page marquée. Il demeura ainsi, étendu sur le roc, dans la réverbération du soleil, la peau encore sèche (il était basané, mais irrégulièrement, comme quelqu'un qui se fait brunir sans aucune méthode, étant réfractaire aux brûlures), sa tête appuyée sur le coussinet et coiffée d'une casquette de toile blanche (il avait pris le temps de descendre jusqu'à une roche basse, pour mouiller la casquette), inerte, ses yeux seuls (masqués par des verres fumés) partant, à travers les lignes blanches et noires, à la poursuite du cheval de Fabrice del Dongo. En contrebas, s'ouvrait une calanque d'eau bleu-vert, transparente jusque dans les profondeurs. Les récifs, selon l'exposition, étaient d'un blanc crayeux ou tapissés d'algues. Une toute petite plage de galets s'abritait là au fond. Amédée, de temps en temps, levait les yeux sur le paysage, les arrêtait sur un miroitement de l'eau, sur le boitillement d'un crabe ; puis il se repenchait avec ferveur sur la page où Raskolnikov compte les marches qui le séparent de la porte de la vieille ; sur celle où Lucien de Rubempré, avant de passer sa tête dans le nœud coulant, contemple les tours et les toits de la Conciergerie.

Depuis quelque temps, Amédée avait tendance à réduire au strict minimum sa participation à la vie active. Non qu'il n'eût pas le goût de l'action, au contraire : c'était peut-être la dominante de son caractère et de ses penchants ; néanmoins, d'année en année, sa rage d'agir toujours par lui-même allait décroissant, décroissant, au point qu'on eût pu se demander si elle avait bien existé. En fait, l'intérêt pour l'action persistait, mais à travers la joie de lire ; sa passion le portait constamment vers les narrations, les livres d'histoire, les vicissitudes des destinées. Romans du dix-neuvième siècle, d'abord ; mais également mémoires, biographies et, à la limite, romans policiers ou de science-fiction, qu'il ne méprisait point mais qui lui procuraient de moindres satisfactions, peut-être parce qu'il s'agissait de petits bouquins : Amédée raffolait des gros tomes, il éprouvait à les affronter cette sorte d'exaltation que procure un effort de longue haleine. A les empoigner, les soupeser, ces volumes épais, tassés, trapus ; à examiner, non sans appréhension, le nombre de pages, l'étendue des chapitres ; à s'y plonger ensuite, un peu rebuté au commencement, sans grande envie de vaincre la résistance des noms à retenir, de l'intrigue à nouer ; puis, une fois mis en confiance, à courir d'une ligne à l'autre, à travers le treillis régulier des pages — voici que, par-delà les lettres de plomb, jaillissaient la flamme et le feu de la bataille et que le boulet venait s'abattre aux pieds du prince André, voici que surgissait la boutique encombrée d'estampes et de statues : Frédéric Moreau, le cœur battant, faisait son entrée chez les Arnoux. Par-delà la surface de la page, on pénétrait dans un univers où la vie était plus vie que de ce côté-ci : comme la surface de la mer nous isole d'un autre monde bleu et vert, avec des fosses où l'œil se perd, de fines nappes de sable onduleux et des êtres moitié animaux, moitié plantes.

Le soleil brûlait, la pierre était comme chauffée à blanc, Amédée, au bout d'un moment, faisait corps avec le rocher. Il parvenait à la fin d'un chapitre, fermait le livre, y glissait la bande en guise de signet, ôtait sa casquette de toile et ses lunettes, se levait, un peu abasourdi, et, en quelques bonds, poussait jusqu'à l'extrême pointe du récif : des groupes de gamins restaient là des heures à sauter dans l'eau et à remonter. Amédée se tenait droit sur un gradin dominant la mer, mais pas de trop haut, l'eau était là, à deux mètres, il contemplait de ses yeux encore éblouis la transparence lumineuse et soudain s'élançait. Il plongeait toujours de la même manière, en poisson, correctement, mais avec raideur. De l'air surchauffé à cette eau tiède, le passage eût paru presque imperceptible s'il n'avait pas été brusqué. Amédée ne se hâtait pas de remonter, il aimait nager sous l'eau, très très bas, le ventre rasant le sable, tant qu'il lui restait du souffle. L'effort physique lui procurait de grandes joies, et de s'imposer des tâches difficiles (c'était pour cela que, son livre, il venait le lire sur les récifs et montait toute cette côte, pédalant tel un forcené dans le soleil de la mi-journée) ; il se donnait pour but, chaque fois qu'il nageait sous l'eau, certaine barre de rochers émergeant du fond sableux, recouverte d'une épaisse toison d'herbes marines. Il revenait à la surface entre deux de ces écueils, nageait un peu là autour : pour commencer, un crawl soigneux, où il dépensait plus d'énergie que nécessaire ; puis, las de rester le nez dans l'eau comme un aveugle, il passait à une nage plus libre, une brasse marinière ; mais, le plaisir du mouvement ne valant pas celui des yeux, il délaissait la brasse pour une nage sur le dos de plus en plus désordonnée, sporadique ; à la fin, il s'arrêtait et faisait la planche. Il était là à se rouler dans la mer comme dans un lit sans bords ; tantôt il se donnait un îlot pour but, tantôt il s'imposait un certain nombre de brasses, et il n'avait de cesse qu'il n'eût mené à bonne fin l'entreprise ; parfois il flemmardait, parfois il fonçait vers le large, cédant au désir de n'avoir plus autour de soi que du ciel et de l'eau, parfois il se rapprochait des récifs disséminés autour du cap, soucieux de ne négliger aucun itinéraire à l'intérieur de cet archipel miniature. Mais, tout en nageant, il découvrait que la curiosité la plus forte, en lui, était décidément celle d'apprendre la suite de l'histoire — mettons — d'Albertine. Marcel allait-il enfin la retrouver ? Il nageait de toutes ses forces ou il faisait la planche, mais son cœur était là-bas sur la rive, entre les pages du livre abandonné. Alors, à grandes brasses pressées, il regagnait son rocher, cherchait un point d'appui, grimpait, et sans presque s'en rendre compte il se retrouvait là-haut, en train de s'essuyer le dos avec la serviette. Il enfonçait sur sa tête la casquette de toile, s'allongeait au soleil, et voilà un nouveau chapitre entamé.

Amédée n'était pas pour autant un liseur hâtif, famélique. Il arrivait à cet âge où la deuxième, la troisième, voire la quatrième lecture ont plus de charme encore que la première. Et pourtant il lui restait plus d'un continent à explorer. Chaque été, ce qu'il avait le plus grand mal à préparer, avant de partir aux bains de mer, c'était sa grosse valise de livres : au gré de ses humeurs et des préoccupations les derniers mois de vie citadine, il choisissait les œuvres à relire, les auteurs à affronter pour la première fois. Installé ici, sur son promontoire, il les dégustait, s'attardant sur des phrases, levant et relevant la tête pour réfléchir, ordonner ses idées. Comme il détournait ainsi les yeux, il remarqua que, sur la plage de galets au fond de la calanque, une femme était venue s'allonger.

Elle était fort bronzée, maigre, pas des plus jeunes, pas tellement belle non plus, mais d'être si peu vêtue l'avantageait (elle portait un deux-pièces minuscule, qu'elle avait retroussé de manière à prendre le plus possible de soleil) et le regard d'Amédée en était attiré. Il s'aperçut que, tout en lisant, il détachait de plus en plus souvent l'œil de la page, pour regarder en l'air, vers cette étendue d'air qui les séparait l'un de l'autre, la baigneuse et lui. Le visage de la femme (elle était allongée sur un matelas pneumatique qui suivait la pente de la grève et Amédée, du coin de l'œil, entrevoyait des jambes point charnues, mais bien dessinées, un ventre idéalement lisse, un sein exigu mais pas forcément désagréable, encore qu'un peu défraîchi, une ossature assez forte aux épaules, au cou et aux bras, un visage masqué par des lunettes noires et le rebord d'un chapeau de paille), le visage, donc, était légèrement marqué, animé, expert et narquois. Amédée connaissait ce type : la femme indépendante, venue seule en villégiature, qui préfère aux établissements surpeuplés les écueils déserts où elle est libre de se faire rôtir tout à son aise. Il mesura ce qu'il pouvait y avoir en elle de sensualité engourdie et d'insatisfaction chronique ; il réfléchit, furtivement, aux possibilités d'une aventure facile à conclure ; il leur opposa la perspective d'une conversation conventionnelle, d'un emploi du temps à trouver pour la soirée, de difficultés logistiques et de cet effort d'attention qu'impose le fait de lier connaissance, fût-ce de manière superficielle ; il se remit à sa lecture, persuadé que la dame ne pouvait pas l'intéresser.

Mais il était resté trop longtemps couché là, sur son rocher ; ou bien ces quelques idées fugitives avaient laissé en lui un sillage d'inquiétude : le fait est qu'il se sentit endolori ; les aspérités du récif, sous la serviette qui tenait lieu de matelas, commençaient à l'incommoder. Il se mit debout afin de trouver une autre place. Il hésita un instant : deux endroits s'offraient, qui tous deux semblaient confortables ; l'un assez éloigné de la crique où se tenait la dame bronzée (et, de plus, abrité par un pan de roc qui la dissimulerait aux regards d'Amédée), l'autre plus proche. L'idée qu'à s'approcher ainsi il courait le risque d'être ensuite amené, par quelque circonstance inopinée, à engager la conversation, donc à interrompre sa lecture, lui fit choisir l'emplacement le plus écarté ; mais, à la réflexion, c'était un peu comme si, à l'arrivée de la dame, il eût voulu prendre la fuite : cette façon d'agir pouvait paraître discourtoise ; Amédée opta pour la proximité. D'ailleurs, son livre était si absorbant que ce n'était pas la vue d'une femme (une femme médiocrement belle, en définitive) qui l'en pourrait distraire. Il s'étendit sur le côté, tenant le volume de manière à soustraire la dame à ses regards ; mais, comme il avait du mal à garder le bras levé très haut, il dut, pour finir, le laisser retomber. Son regard, tout en courant d'une phrase à l'autre, rencontrait, au moment d'aller à la ligne, là, presque contre la marge, les jambes de l'estivante solitaire. Elle aussi avait un peu changé de place, cherché une position plus commode : les genoux relevés, les jambes croisées juste dans la direction d'Amédée, elle donnait à celui-ci l'occasion d'examiner mieux certaines proportions, au vrai fort estimables. Encore qu'une arête du rocher lui sciât la hanche, Amédée n'eût pu souhaiter posture plus satisfaisante : le contentement que lui procurait l'image de la baigneuse en bikini — un plaisir marginal, un extra à ne pas rejeter, dès lors qu'il en pouvait jouir sans effort —, loin de contrarier le plaisir de la lecture, s'y insérait tout naturellement, en accompagnait le cours, de sorte qu'Amédée était sûr, désormais, de pouvoir continuer son livre, sans être aucunement tenté de détourner les yeux.

Tout était paisible alentour, seuls passaient le flux et le reflux de la lecture, que soulignait l'immobile paysage — ce paysage dont la dame bronzée était devenue un élément indispensable. Amédée s'en remettait, comme d'habitude, à ce don qu'il avait de garder longtemps une immobilité totale ; il avait compté sans l'agitation de sa voisine, qui déjà se redressait, se mettait debout, cheminait parmi les galets jusqu'au bord de l'eau. Ce déplacement — Amédée le comprit tout de suite — avait pour but d'examiner de près une grosse méduse qu'une bande de galopins ramenait vers le rivage en la poussant avec des tiges de roseau. La baigneuse se penchait sur le corps retourné de la bête en posant des questions ; ses jambes se soulevaient et retombaient sur des socques de bois aux talons très hauts, bien incommodes au milieu de ces rochers ; le corps, à présent qu'Amédée le voyait de dos, était plus attrayant, plus jeune qu'il n'avait d'abord supposé. L'idée lui vint que, pour un homme en quête d'aventures, le dialogue de l'inconnue avec des petits pêcheurs eût représenté l'« occasion » ; il suffisait de s'approcher, de commenter à son tour la capture de la méduse ; c'était l'entrée en matière toute trouvée. Exactement le genre de choses que lui ne ferait pour rien au monde ! conclut-il en se replongeant dans son livre. Pareille règle de conduite l'empêchait toutefois de satisfaire une curiosité naturelle : cette méduse, même à la voir de loin, semblait d'une taille peu commune, d'une couleur inhabituelle, entre le rose et le violet. L'intérêt d'Amédée pour la faune marine, loin de faire diversion, était en parfaite concordance avec son goût pour la lecture ; en outre, en ce moment, son attention — il lisait un long passage descriptif — s'était un tant soit peu relâchée ; bref, il aurait été absurde que, par crainte, simplement, de devoir engager la conversation avec une touriste, Amédée s'interdît jusqu'aux mouvements les plus spontanés, les plus légitimes, comme, par exemple, de s'amuser, une minute ou deux, à examiner de près une méduse. Il marqua la page, ferma le livre et se leva ; sa décision ne pouvait venir plus à propos : à cet instant précis, la dame s'écartait du cercle des enfants et se disposait à regagner son matelas. Amédée, qui déjà s'approchait, éprouva le besoin de lancer, vite, une phrase, à haute voix. Il cria aux gamins :

— Attention ! Ça peut être dangereux !

Les enfants, accroupis autour de leur capture, ne levèrent même pas les yeux : ils essayaient, à l'aide des bouts de roseaux qu'ils tenaient à la main, de soulever, de retourner la méduse ; la dame, elle, fit volte-face, brusquement, et revint vers le rivage, l'air mi-intrigué, mi-craintif.

— Oh, mais c'est terrible ! ça mord ?

— Non, ça irrite la peau quand on y touche.

Amédée, soudain, se rendit compte que ce n'était pas vers la méduse qu'il marchait, mais vers la femme, laquelle, Dieu sait pourquoi, tenait ses bras croisés sur sa gorge avec un frisson superflu, jetant des regards comme furtifs tantôt vers la bête retournée, tantôt vers lui. Il s'empressa de la rassurer : et voilà, ainsi qu'il fallait s'y attendre, la conversation était amorcée ; la chose était sans importance, puisque Amédée allait sur-le-champ reprendre sa lecture interrompue ; auparavant, il jetterait un coup d'œil rapide à la méduse ; en compagnie, cette fois, de la baigneuse, il vint se pencher par-dessus le cercle des enfants. La dame observait à présent l'animal avec dégoût, les jointures de ses doigts serrées contre ses dents, et, comme ils demeuraient ainsi côte à côte, leurs bras vinrent à se frôler et mirent un peu de temps à s'écarter. Alors, Amédée entreprit de parler méduses ; sa compétence était, à vrai dire, restreinte, mais il avait lu quelques récits de célèbres pêcheurs et explorateurs de fonds marins ; laissant de côté la faune mineure, il aborda d'emblée la question de la fameuse *mante*. La baigneuse écoutait, montrant un intérêt des plus vifs et plaçant, à l'occasion, son mot — toujours hors de propos, comme font les femmes.

— Vous voyez, cette rougeur que j'ai ici, au bras ? Ça ne serait pas, par hasard, une méduse ?

Amédée palpa à l'endroit indiqué, un peu au-dessus du coude, et dit que non. La peau était légèrement irritée parce que la dame était restée trop longtemps appuyée sur la même partie du bras.

Après quoi, terminé. Ils se saluèrent, elle s'en retourna à sa place, lui à la sienne, il se remit à lire. L'intermède avait duré juste le temps qu'il fallait, il avait donné lieu à un contact humain sympathique (la dame paraissait aimable, discrète, pas contrariante), dans la mesure même où il demeurait à l'état d'ébauche. Amédée, maintenant, trouvait dans son livre une adhérence à la réalité infiniment plus riche, plus tangible ; toute chose y prenait un sens, un poids, un rythme. Il se sentait dans la disposition la plus favorable : la page écrite lui ouvrit une vie authentique, profonde, enthousiasmante ; et puis, quand il levait les yeux, il rencontrait autour de lui un assemblage un peu fortuit mais séduisant de sensations et de couleurs, un univers accessoire et décoratif, qui ne pouvait guère le retenir. La dame bronzée, de son douillet matelas, lui fit un sourire, avec un mouvement de tête ; Amédée répondit de même : un sourire, un vague hochement de tête, et vite ramena ses yeux sur son livre. Mais la dame avait parlé.

— Hé ?

— Vous lisez, vous lisez sans cesse ?

— Heu...

— Intéressant ?

— Très.

— Bonne continuation.

— Merci.

Il ne fallait à aucun prix lever les yeux. Au moins jusqu'à la fin du chapitre. Il le lut d'affilée. La dame, à présent, avait une cigarette aux lèvres et la montrait en faisant des gestes. Amédée eut l'impression que, depuis un moment déjà, elle essayait d'attirer son attention.

— Comment ?

— ...Allumettes, excusez-moi...

— Eh non, je ne fume pas...

Le chapitre était fini ; Amédée lut, rapidement, les premières lignes du suivant, qu'il jugea étonnamment alléchantes ; seulement, pour pouvoir entamer ce chapitre nouveau avec le maximum de quiétude, il était nécessaire de régler au plus tôt le problème des allumettes.

— Attendez !

Il se leva, se mit à sauter parmi les rochers, à demi étourdi de soleil, jusqu'à ce qu'il eût rencontré un groupe de fumeurs. Il se fit prêter une pochette de *minerva,* courut près de la dame, lui donna du feu, repartit en courant restituer les *minerva,* on lui dit : « Non, gardez-les, gardez-les », il repartit, toujours courant, vers la dame pour lui donner les allumettes, elle le remercia, il attendit un peu avant de s'éloigner et comprit qu'après cette halte, il se devait d'ajouter un petit mot :

— Vous ne vous baignez pas ?

— Tout à l'heure, répondit la dame. Et vous ?

— C'est déjà fait.

— Vous n'y retournerez pas ?

— Si. Je lis un autre chapitre ; ensuite je nage encore un peu.

— Moi aussi ; je fume ma cigarette et je plonge.

— Alors, à bientôt.

— A bientôt.

Ce semblant de rendez-vous rendit à Amédée la sérénité qu'il avait cessé d'éprouver — il s'en rendait compte, maintenant — depuis l'instant où il avait remarqué la présence de la baigneuse solitaire ; sa conscience était soulagée d'un poids : il n'avait plus à maintenir avec sa voisine un quelconque rapport ; tout se trouvait renvoyé à plus tard, à l'heure de la baignade (une baignade qu'il aurait faite, du reste, même en l'absence de la femme), et il pouvait se livrer sans vergogne aux plaisirs de la lecture. Il s'y livra si bien qu'il ne s'aperçut pas que tout à coup (alors qu'il n'était pas encore à la fin du chapitre) la dame, ayant achevé sa cigarette, s'était levée et approchée de lui, pour l'inviter au bain. Il aperçut les socques, les jambes droites, là, presque contre le livre, il laissa monter son regard, le ramena vite sur la page — le soleil était aveuglant —, lut deux ou trois lignes, à toute allure, leva de nouveau les yeux en l'air et l'entendit demander :

— Vous n'avez pas la tête près d'éclater ? Moi, je plonge !

C'était pourtant merveilleux de rester là, de continuer à lire, en levant les yeux au détour d'une phrase. Tant pis ; ne pouvant tarder davantage, Amédée fit une de ces choses qu'il ne se permettait jamais : il sauta presque une demi-page, jusqu'à la conclusion du chapitre qu'il lut, en revanche, avec beaucoup d'application ; sur quoi, il se mit debout.

— Venez ! Nous plongeons de cette pointe, là !

Après avoir tant parlé de plonger, la dame se laissa glisser précautionneusement d'un palier de roche au ras de l'eau. Amédée, lui, s'élança tête la première de plus haut qu'à l'ordinaire. C'était l'heure où, insensiblement, le soleil baisse. La mer était toute dorée. Ils nagèrent dans cet or, un peu à l'écart l'un de l'autre ; Amédée, parfois, disparaissait, le temps de quelques brasses, et s'amusait à faire peur à la dame, en se faufilant sous elle. Il s'amusait, dirons-nous : c'était puéril, bien entendu, mais après tout que faire d'autre ? Se baigner à deux était en un sens plus ennuyeux que se baigner seul ; au vrai, la différence était minime. Entre les reflets mordorés, l'azur de l'eau se chargeait d'ombre, comme si, de là-dessous, affleurait un noir d'encre. A quoi bon ; rien n'égalait la saveur que prend la vie dans les livres. Amédée, tout en nageant au-dessus de rochers hirsutes, guidant sa compagne craintive (pour l'aider à grimper sur un îlot, il lui serra les hanches et la poitrine, mais ses mains, à rester trop longtemps dans l'eau, étaient devenues comme insensibles, les doigts étaient blancs, boursouflés), tournait de plus en plus souvent ses regards vers le rivage, où la couverture du volume mettait une tache de couleur. Il n'y avait pas d'autre aventure à attendre que celle qu'il avait laissée en suspens, à telle page du livre marquée d'un signet, et le reste n'était que du temps mort.

Pourtant, de regagner la rive, de s'aider à grimper, de s'essuyer, de se frictionner mutuellement le dos, tout cela finissait par créer une certaine intimité ; Amédée pensa que, maintenant, retourner s'installer dans son coin solitaire serait manquer de courtoisie.

— Bon, fit-il, je pourrais me mettre ici pour lire ; je vais prendre mon livre et mon coussin.

Il avait eu soin de préciser : *pour lire.*

Et elle :

— Excellente idée ; moi aussi, en fumant une cigarette, je lis un peu *Annabella.*

Elle avait apporté un magazine féminin ; ainsi, chacun put se mettre à lire pour son propre compte. La voix de la femme glissa sur la nuque d'Amédée, comme un filet d'eau glacée, mais cette voix simplement disait :

— C'est dur, là où vous êtes. Venez donc sur mon matelas, je vous fais de la place.

L'offre était gentille, le matelas très confortable, Amédée accepta volontiers. Ils étaient allongés, lui dans un sens, elle dans l'autre. Elle ne disait plus rien, elle tournait les pages de son illustré, de sorte qu'Amédée se trouva bientôt abîmé dans sa lecture. Le soleil couchant s'attardait, la chaleur et la lumière, à peine moins intenses, étaient pourtant adoucies, atténuées. Amédée en était désormais arrivé au point de son roman où les secrets des personnages et du milieu sont, pour l'essentiel, découverts : on se trouve évoluer dans un monde familier, on atteint à une manière d'égalité, de connivence avec l'auteur, on avance d'un même pas, on ne s'arrêterait jamais.

Sur le matelas pneumatique, rien n'empêchait qu'il fît de ces petits mouvements sans lesquels les articulations finissent par s'engourdir : c'est ainsi que sa jambe à lui vint s'appuyer, tout du long, contre sa jambe à elle. Amédée y prit quelque plaisir et demeura ainsi ; la baigneuse ne bougea pas, signe qu'elle n'était pas mécontente. Ce très doux contact ajoutait à la volupté de la lecture, la rendait, aux yeux d'Amédée tout au moins, plus complète ; la baigneuse, elle, avait sans doute une autre façon de voir, car elle se redressa, s'assit et dit :

— Mais...

Amédée fut contraint de lever la tête. La femme le regardait, et ses yeux semblaient amers.

— Qu'est-ce qui ne va pas ? demanda-t-il.

— Mais vous n'êtes pas fatigué de lire ? Franchement, vous n'êtes pas un homme très sociable ! Vous ne savez donc pas que, avec les dames, il faut faire la conversation ?

Elle avait eu un demi-sourire où sans doute elle ne voulait mettre qu'un brin de moquerie, mais Amédée, qui, en cet instant, aurait donné n'importe quoi pour ne pas s'arracher à son roman, y vit une franche menace. « Quelle idée j'ai eue de me mettre ici ! », songea-t-il. Manifestement, avec celle-là à côté de lui, il ne pourrait plus lire une ligne. « Il faudrait lui faire comprendre qu'elle est mal tombée, réfléchit-il, que je ne suis guère le type à jouer les sigisbées de plage, que les gens comme moi, mieux vaut ne pas leur laisser trop de libertés. »

— La conversation ? fit-il à haute voix. Quelle conversation ?

Et il allongea une main vers la femme.

« Bien. Et si, maintenant, je me mets à la caresser, elle ne manquera pas d'être choquée ; peut-être qu'elle me giflera et s'en ira. » Seulement, par une pudeur naturelle, ou parce que le désir qui le poussait était tout autre, presque tendre, son geste, loin d'être brutal ou provocant, fut timide, mélancolique, implorant même : il lui effleura la nuque du bout des doigts, écarta le petit collier qu'elle portait, le laissa retomber. La femme eut en réponse un mouvement d'abord nonchalant, comme résigné, légèrement ironique — elle avait incliné le menton sur le côté, pour lui immobiliser les doigts —, puis précipité, comme dans un élan d'agressivité calculée : elle lui mordilla le dos de la main. Amédée fit :

— Aïe !

Ils s'écartèrent.

— C'est votre façon à vous de faire la conversation ? ironisa la dame.

« Eh ! réfléchit précipitamment Amédée, cette manière ne lui convient pas, donc trêve de conversation, je lis mon livre » ; et, déjà, il passait au paragraphe suivant. Cependant, il se mentait à lui-même : il n'était pas sans comprendre que, désormais, les choses étaient allées trop loin, qu'entre la baigneuse et lui une tension était née, qui ne pouvait plus être rompue ; il comprenait également qu'il était le premier à ne point vouloir la rompre, étant donné qu'à présent il ne se sentait plus capable de retourner à la seule tension de la lecture, toute de repliement, d'intériorité. Ce qu'en revanche il pouvait chercher, c'était que la tension extérieure suivît, pour ainsi dire, un cours parallèle à l'autre : par ce biais, il n'aurait à sacrifier ni la dame ni le livre.

La voisine s'était assise, le dos appuyé contre un pan de rocher ; Amédée vint s'asseoir près d'elle, lui passa un bras autour des épaules, gardant le livre ouvert sur ses genoux. Il se tourna vers elle, lui donna un baiser. Ils s'écartèrent, échangèrent un second baiser. Puis Amédée baissa la tête et reprit sa lecture.

Il entendait la poursuivre aussi longtemps qu'il le pourrait, cette lecture. Sa grande crainte était de ne pouvoir achever son roman : se lancer dans une aventure de plage, cela signifierait sans nul doute la fin de ces calmes heures de solitude, un rythme de vie différent qui bouleverserait ses journées de vacances ; or chacun sait que, lorsqu'on s'est plongé à fond dans un livre, l'abandonner puis le reprendre, c'est perdre une bonne part du plaisir : on a oublié quantité de détails et l'accès devient plus difficile.

Le soleil, peu à peu, se couchait, glissait derrière un premier promontoire, puis derrière le suivant, derrière un autre encore, et les rochers se dressaient à contre-jour, dépouillés de leurs couleurs. Les anfractuosités du cap s'étaient vidées de leurs derniers baigneurs. Ils étaient seuls. Amédée gardait son bras autour des épaules de la femme et, tout en lisant, lui donnait de petits baisers dans le cou, sur l'oreille — il semblait qu'elle appréciât — et, de temps en temps, quand elle se tournait, sur la bouche ; ensuite, il reprenait sa lecture. Qui sait s'il n'avait pas trouvé, cette fois, l'équilibre idéal : il aurait continué comme ça une centaine de pages. Ce fut la dame, de nouveau, qui remit tout en question. Elle commençait à se raidir, à le repousser presque ; enfin, elle annonça :

— Il est tard. Allons-nous-en. Je me rhabille.

Cette décision soudaine ouvrait des perspectives inattendues. Amédée, quelque peu désorienté d'abord, ne s'attarda point à peser le pour et le contre. Il était parvenu au point culminant de son livre et la phrase : « Je me rhabille », à peine entendue, s'était changée, dans son esprit, en une autre : « Le temps qu'elle se rhabille, je pourrai lire quelques pages sans être dérangé. »

Mais non :

— Sois gentil, tiens-moi la serviette (c'était sans doute la première fois qu'elle le tutoyait), que personne ne me voie.

Précaution superflue : les bancs de rochers étaient déserts ; Amédée consentit pourtant d'assez bonne grâce : il pouvait très bien tenir la serviette tout en restant assis et en continuant de lire son livre qu'il avait posé sur ses genoux.

Derrière la serviette, la dame avait défait son soutien-gorge, sans se soucier de savoir si Amédée l'observait ou non. Et lui se demandait s'il valait mieux la regarder en faisant mine de lire ou lire en faisant mine de la regarder. Il éprouvait de l'intérêt pour l'une et l'autre chose ; seulement, la regarder risquait de paraître indiscret et continuer à lire, dédaigneux. La dame ne pratiquait pas la méthode habituelle aux baigneuses qui se rhabillent en plein air : enfiler d'abord les vêtements, pour retirer ensuite le maillot ; elle, au contraire, était restée la poitrine nue et, à présent, quittait aussi son slip. C'est à ce moment-là que, pour la première fois, elle tourna vers Amédée son visage : un visage triste, marqué d'un pli amer au coin de la bouche ; elle secouait, secouait la tête, et le regardait.

« Puisque cela doit arriver, que cela arrive tout de suite ! », pensa Amédée comme il se jetait en avant, son livre à la main, un doigt glissé entre les pages ; mais ce qu'il lut dans ce regard — du reproche, de l'abattement, de la commisération, une certaine façon de dire : « Grand nigaud, faisons ça, puisqu'il n'y a que ça à faire, mais, va, tu es comme les autres, tu ne comprends rien... » —, ce qu'il lut — ou plutôt ce qu'*il ne lut pas,* car dans les regards il ne savait pas lire et se contentait d'entrevoir — provoqua en lui un tel transport pour cette femme qu'en l'étreignant et roulant avec elle sur le matelas, c'est à peine s'il tourna la tête vers son livre, de peur qu'il ne disparût dans la mer.

Le livre était tombé, en fait, juste à côté du matelas, grand ouvert, mais plusieurs pages avaient tourné et Amédée, dans l'emportement de ses étreintes, s'efforça de garder une main libre, afin de glisser le signet à la bonne page : rien de plus fastidieux, quand on est pressé de reprendre une lecture, que de rester là, à feuilleter, sans retrouver le fil.

L'accord amoureux était parfait. Peut-être eussent-ils pu le prolonger un peu ; mais tout n'avait-il pas été fulgurant, dans leur rencontre ?

Il faisait nuit. En bas, les rochers s'ouvraient, formant une petite crique. La femme était descendue là et entrée dans l'eau jusqu'à mi-corps.

— Viens, on se baigne encore une fois...

Amédée, se mordant la lèvre, comptait les pages qui le séparaient de la fin.

L'aventure d'un myope

Hamilcar Carruga était jeune, il ne manquait pas de ressources, il n'avait pas trop d'ambitions matérielles ou spirituelles : rien ne l'empêchait de jouir de l'existence. Or, depuis quelque temps, cette existence allait perdant, jour après jour, de sa saveur. Il s'en apercevait à de petits détails : par exemple, en regardant les femmes dans la rue ; naguère, il leur lançait des œillades avides, possessives ; à présent, il les cherchait bien encore du regard, mais elles disparaissaient comme en coup de vent, sans lui laisser la moindre impression ; résigné, il baissait les paupières. Les villes inconnues, auparavant, l'enthousiasmaient (il voyageait beaucoup, étant dans les affaires) ; elles ne lui procuraient plus qu'ennui, effarement, désorientation. Il avait l'habitude, vivant seul, d'aller chaque soir au cinéma ; il s'amusait toujours, quel que fût le programme : quand on y va quotidiennement, c'est un peu comme si se déroulait un même film aux multiples épisodes ; on connaît les acteurs, de la vedette au second et au troisième rôle, et le fait de les identifier à coup sûr est déjà un divertissement. Eh bien, même au cinéma, les visages devenaient falots, sans relief, interchangeables : Hamilcar bâillait d'ennui.

Il finit par comprendre : le mal était en lui, qui devenait myope. L'oculiste ordonna des verres. Ce fut un changement total ; sa vie devint cent fois plus excitante qu'avant.

Rien qu'à chausser les lunettes, Hamilcar éprouvait un choc. Il se trouvait, disons, à un arrêt de tram, et ça le rendait un peu triste que tout, choses et gens, eût un aspect vague, monotone et comme usagé, avec lui, là, au milieu, avançant à tâtons dans un chaos de formes et de couleurs fantomatiques. Il mettait les lunettes, pour lire le numéro d'un tram : comme par enchantement, les objets les plus quelconques, à commencer par la perche du tram, se dessinaient dans leurs moindres détails, avec une netteté d'épure ; les visages, ces visages indistincts, se remplissaient de signes tout particuliers : pointillé de la barbe, boutons, nuances d'expression à quoi on ne s'attendait guère ; les vêtements, on savait de quel tissu ils étaient faits, et la qualité d'une étoffe, l'usure d'un ourlet ne passaient plus inaperçues. Regarder devenait un jeu, une fête : pas regarder une chose plutôt qu'une autre, non, regarder pour regarder. Hamilcar Carruga en oubliait de prêter attention aux trams ; il les ratait l'un après l'autre, ou quelquefois partait dans une mauvaise direction. Il voyait tant et tant de choses qu'à la fin c'était comme s'il n'y voyait plus. Il lui fallut, petit à petit, s'habituer, réapprendre à distinguer entre ce qu'il faut voir et ce qu'il est bon de négliger.

Quant aux femmes croisées au hasard des rues, elles dont il ne lui restait naguère que d'inconsistantes ombres floues, maintenant qu'Hamilcar était à même d'apprécier ce jeu de pleins et de rentrants que font leurs corps en bougeant sous la toilette, la fraîcheur de leur peau, le feu de leur regard, il lui semblait qu'il faisait mieux que les voir, qu'elles étaient pour ainsi dire en son pouvoir. Il arrivait que, se promenant sans ses lunettes (afin de s'épargner de la fatigue, il les portait uniquement pour regarder de loin), il vît surgir devant lui, sur son trottoir, une robe aux couleurs pimpantes : aussitôt, d'un geste déjà machinal, il tirait les lunettes de sa poche, les posait bien d'aplomb sur son nez. Cette soif incontrôlée de sensations lui jouait plus d'un tour : parfois, ce n'était qu'une vieille. Il devint circonspect. Mais, d'autres fois, il advenait qu'une femme lui parût, de loin, à son allure, à la couleur de sa robe, négligeable, indigne d'examen ; il ne mettait pas ses lunettes ; puis, au moment où ils passaient tout près l'un de l'autre, Hamilcar découvrait en elle quelque chose qui l'attirait vivement, allez savoir quoi, il croyait surprendre un regard qui se posait sur lui, un regard d'attente, un regard qui peut-être le suivait depuis tout à l'heure et dont il ne s'était pas aperçu ; maintenant, c'était trop tard : elle traversait le carrefour, montait dans un bus, le feu passait au vert, elle était loin, et lui incapable de la reconnaître. Ainsi, parce qu'il était condamné aux lunettes, il apprenait à vivre, peu à peu.

L'univers le plus neuf que ses verres lui fissent découvrir, c'était la ville à la nuit tombée. Naguère, Hamilcar n'avait sous les yeux qu'un magma de traînées sombres et de lueurs bariolées ; et voici que devenaient perceptibles un découpage rigoureux, des volumes, des perspectives ; les lumières avaient des contours précis ; les enseignes au néon, au lieu de baigner dans une brume de reflets, épelaient leurs lettres une à une. Mais le plus beau, la nuit, était que persistât cette frange d'imprécision que les verres, dans la lumière du jour, bannissaient : Hamilcar éprouvait brusquement l'envie de chausser ses lunettes et découvrait qu'il les avait déjà. La sensation de plénitude, si vive fût-elle, n'apaisait jamais tout à fait l'élan de l'insatisfaction ; l'obscurité était une terre meuble et profonde où il ne se lassait pas de fouiller. De la rue, pardessus les murs des maisons tapissés de fenêtres jaunes aux angles désormais bien droits, Hamilcar levait les yeux vers le ciel parsemé d'étoiles : et les étoiles ne paraissaient plus écrasées contre la voûte céleste, comme des œufs brouillés, c'étaient de longues échardes de lumière autour de quoi s'ouvraient des perspectives à l'infini.

A ses préoccupations sur la réalité du monde extérieur s'en ajoutaient d'autres, touchant sa réalité à lui, Carruga, et dues, elles aussi, à l'usage des lunettes. Non qu'Hamilcar s'accordât une telle importance ; toutefois, ainsi qu'il arrive aux personnes les plus modestes, il se montrait excessivement attaché à sa manière d'être particulière. Or, passer de la catégorie des sans-lunettes à celle des gens à lunettes, ça n'a l'air de rien, mais ça fait un rude bond. Songez que, si quelqu'un essaie de vous décrire, la première phrase qui lui vient, c'est : « un type à lunettes » ; un accessoire qui, quinze jours plus tôt, vous était complètement étranger devient votre attribut principal, s'intègre à votre essence. Pour Hamilcar, à tort ou à raison, le fait d'être de but en blanc « un type à lunettes » avait un côté déplaisant. Mais il y avait plus grave : du moment que nous vient le doute que tout ce qui nous définit est peut-être fortuit, susceptible de variations, que nous pourrions être faits tout autrement sans que cela change rien, on en arrive à se persuader qu'être au monde ou ne pas y être, au fond, quelle importance ? De là au désespoir, il n'y a qu'un pas. C'est pourquoi Hamilcar, ayant à choisir un modèle de monture, avait opté d'instinct pour la plus légère, la plus effacée : deux frêles tiges argentées qui se contentent de pincer le bord supérieur des verres et lancent de l'un à l'autre un minuscule pont par-dessus l'arête nasale. Il s'en trouva bien pendant quelque temps ; puis, un jour, il se découvrit mal à l'aise : lorsque, inopinément, il lui arrivait de se voir dans une glace avec ces lunettes, il ressentait pour son propre visage une vive antipathie, comme devant le visage typique d'une catégorie de gens qui lui demeuraient étrangers. C'était précisément cette monture discrète, légère, presque une monture pour dames, qui lui donnait à ce point l'allure d'un « type à lunettes » et le rangeait dans l'espèce des lunetteux à vie, de ces gens dont on ne remarque même plus qu'ils en portent. Elles allaient, ces lunettes, jusqu'à faire corps avec son visage, jusqu'à se confondre avec ses traits : il y perdait le contraste légitime entre sa figure — une figure quelconque, soit, mais enfin une figure — et une pièce rapportée, un objet de série.

Il prit ses lunettes en grippe ; elles ne tardèrent donc pas à tomber et à se briser. Il en acheta une seconde paire. Cette fois, son choix s'orienta en sens contraire : de très gros verres, avec une monture en Bakélite noire, un châssis large de deux doigts, des charnières qui descendaient jusqu'aux pommettes comme les œillères d'un cheval, des branches lourdes au point d'écarter le pavillon des oreilles. Une espèce de loup de carnaval, qui lui cachait la moitié du visage, mais là-derrière il se sentait redevenir lui-même ; le doute n'était plus permis : il y avait lui,

Hamilcar, et puis il y avait les lunettes — deux choses bien distinctes ; chacun pouvait voir qu'il ne les portait qu'occasionnellement et que, sans elles, il était un tout autre homme. Il fut de nouveau — pour autant que son naturel le lui permît — heureux de vivre.

Il eut l'occasion, vers cette même époque, de se rendre à V. pour affaires. V. était la ville natale d'Hamilcar, celle où il avait passé toute sa jeunesse. Il en était parti depuis dix ans et y retournait de plus en plus rarement, de moins en moins longtemps ; cela faisait plusieurs années qu'il n'y avait remis les pieds. On sait ce qui arrive quand on s'est détaché d'un milieu où l'on a vécu longuement : y revenir une fois en passant laisse dépaysé ; on dirait que les rues, les amis, les bavardages de café, n'étant plus toute l'existence, ne sont plus rien ; ou bien on participe à chaque jour, ou bien on est condamné à rester à distance ; l'idée de revenir, après une absence trop longue, donne comme un remords, on la repousse. Peu à peu, Hamilcar avait cessé de chercher des prétextes pour retourner à V. ; si une occasion se présentait, il se retenait de la saisir ; à la fin, délibérément, il l'évitait. Au vrai, les derniers temps, il entrait dans son refus quelque chose de plus que la réaction ci-dessus décrite : ce sentiment de désaffection généralisée qui l'avait pris et dont les progrès de la myopie étaient la vraie cause. Il était maintenant, grâce aux lunettes, dans une disposition d'esprit toute nouvelle : la première occasion qui s'offrit de faire un tour à V., il la saisit au vol et se mit en route.

V. lui apparut sous un tout autre jour qu'au cours de ses derniers voyages. Mais ce qui le frappait, ce n'étaient pas les changements. Certes, la ville s'était transformée : des constructions nouvelles au détour de chaque rue, des magasins, des cafés, des cinémas modernisés ; un tas de jeunes dont on ne savait pas qui c'était ; et la circulation, au moins doublée. Mais cette nouveauté faisait encore ressortir et rendait plus reconnaissable ce qui demeurait d'autrefois ; Hamilcar pouvait ce jour-là promener par la ville ses regards d'enfant, comme s'il ne l'avait quittée que d'hier. Avec les lunettes, il voyait une quantité de détails :

ici, une lucarne, là, une balustrade ; plus exactement, il avait conscience de les voir, de les choisir au milieu du reste, tandis que naguère il les voyait, et c'était tout. Et puis, il y avait les visages — un crieur de journaux, un avocat —, certains vieillis, d'autres immuables. De la famille à proprement parler, Hamilcar Carruga, ici, n'en avait plus ; le cercle des amis intimes s'était depuis longtemps dispersé ; en revanche, des relations, il lui en restait une foule, et comment eût-il pu en être autrement dans une si petite ville — petite, elle l'était, en tout cas, du temps que lui y habitait —, où tout le monde se connaissait, au moins de vue. La population avait augmenté depuis lors ; il y avait eu à V., comme dans tous les centres urbains privilégiés de l'Italie du Nord, une immigration de Méridionaux, et la plupart des têtes qu'Hamilcar voyait en chemin lui étaient inconnues : mais cela ne faisait que redoubler son plaisir chaque fois que, du premier coup d'œil, il identifiait un habitant de longue date et qu'il se rappelait une histoire, une soirée ensemble, un sobriquet.

V. restait de ces villes de province où la promenade du soir, dans l'artère principale, est un rite obligé ; sur ce point, rien de changé depuis la jeunesse d'Hamilcar. Comme il est de règle en pareil cas, un des trottoirs était, bien plus que l'autre, envahi par le flot ininterrompu des flâneurs. De leur temps, Hamilcar et ses camarades choisissaient toujours, par anticonformisme, le trottoir vide et, de là, lançaient aux filles saluts, œillades et plaisanteries. Aujourd'hui, il retrouvait cette humeur d'autrefois, même il était encore plus excité ; il allait et venait sur son cher vieux trottoir en dévisageant chaque personne rencontrée. Croiser des gens de connaissance, loin de l'importuner, le divertissait ; il était le premier à saluer. Avec certains, ça lui aurait fait plaisir de s'arrêter, d'échanger deux ou trois mots ; mais la rue principale de V. avait des trottoirs si étroits, le piétinement des promeneurs était si dense, la circulation des véhicules était devenue si abondante qu'on ne pouvait plus, comme au bon vieux temps, marcher un peu sur la chaussée, traverser où bon vous semblait. Il fallait avancer ou trop vite ou trop lentement, sans liberté de mouvement ; Hamilcar devait se laisser porter par le courant, ou le remonter avec peine ; entrevoyait-il un visage familier, il n'avait pas le temps de lancer un signe de tête que l'autre avait disparu, sans qu'on sût s'il l'avait vu.

Il tomba sur Corrado Strazza, son camarade de classe et son partenaire au billard pendant plusieurs années. Hamilcar sourit, fit du bras un geste large. Strazza, tout en avançant, lui lança un regard qui sembla le traverser sans s'arrêter. Comment croire que Corrado ne l'avait pas reconnu ? Les années avaient passé, mais Hamilcar Carruga était sûr de n'avoir pas beaucoup changé ; l'embonpoint, la calvitie, il avait réussi à s'en défendre et sa physionomie n'avait pas subi de grosses altérations.

Parut le professeur Cavanna. Hamilcar fit une salutation déférente, une légère courbette. D'abord, le professeur eut l'air de répondre, machinalement. Puis il s'arrêta et jeta un coup d'œil alentour, comme pour chercher quelqu'un d'autre. Le professeur Cavanna, si bon physionomiste ! Lui qui, de ses innombrables élèves, se rappelait tout : le visage, le nom, le prénom, même les notes trimestrielles !

Enfin ! Ciccio Corba, l'entraîneur de l'équipe de football, répondit au bonjour d'Hamilcar. Mais, ensuite, il abaissa les paupières et se mit à siffloter, comme s'il se fût aperçu qu'il avait, par étourderie, intercepté le salut d'un inconnu adressé à quelqu'un d'autre, dans la foule.

Hamilcar comprit que nul ne le reconnaîtrait. Ces lunettes qui lui rendaient visible le reste du monde, ces lunettes à l'énorme monture noire le rendaient invisible, lui. Qui pouvait soupçonner que, derrière cette espèce de masque, il y avait ce cher Carruga, absent de V. depuis nombre d'années et que personne ne s'attendait à croiser soudain dans la rue ? Hamilcar en arrivait à peine à cette conclusion qu'apparut Isa-Maria Bietti. Elle flânait avec une amie, admirant les vitrines ; Hamilcar se planta devant elle, prêt à s'écrier : « Isa-Maria ! » ; la voix lui manqua : Isa-Maria l'écartait du coude, disait à son amie : « Oui, c'est comme cela qu'on les porte, cette année... », et s'en allait plus loin.

Jusqu'à Isa-Maria qui ne le reconnaissait pas ! Brusquement, Hamilcar comprit que c'était pour Isa-Maria, pour elle seule, qu'il était revenu ; que c'était pour elle seule qu'il avait quitté V. et s'en était tenu si longtemps éloigné ; qu'il n'y avait rien, rien dans sa vie, rien au monde, qui eût d'autre fin qu'Isa-Maria ; aujourd'hui, il la revoyait, leurs regards se rencontraient, et Isa-Maria s'en allait sans le reconnaître. L'émotion avait été si forte qu'il ne savait pas si elle avait changé, vieilli, grossi ; si elle avait autant de charme qu'autrefois, ou moins, ou davantage ; il n'avait vu qu'une chose : c'était Isa-Maria, et elle s'éloignait sans le voir.

Hamilcar arrivait au bout de ce tronçon de rue où avait lieu la promenade. La foule, à l'angle du glacier, ou un immeuble plus loin, devant le kiosque, faisait demi-tour et arpentait le trottoir en sens inverse. Hamilcar pivota, comme les autres. Il avait ôté ses lunettes. Le monde était redevenu un gros nuage mou dans lequel il se démenait, tout suffocant, les yeux écarquillés, sans trouver prise. Non qu'il fût hors d'état de distinguer personne : aux endroits les mieux éclairés, il était à deux doigts d'identifier un visage ; mais il lui restait toujours l'ombre d'un doute, et puis, en définitive, qu'il tombe juste ou faux, ça n'avait plus grande importance. Un promeneur fit un signe, un salut ; peut-être était-ce à lui qu'on s'adressait ; mais Hamilcar ne savait pas à qui il avait affaire. Deux autres messieurs, en passant, lui dirent bonsoir ; il faillit répondre — mais à qui ? Quelqu'un, du trottoir en face, l'appela : « Ciao, Carrù ! » A la voix, ce devait être Stelvi. Hamilcar notait avec satisfaction qu'on le reconnaissait, qu'on ne l'avait pas oublié. Une satisfaction relative : lui ne les voyait pas ; ou, s'il les voyait, il était incapable de les identifier ; toutes ces figures se brouillaient dans sa mémoire, glissaient l'une sur l'autre, ne lui inspiraient, au fond, que de l'indifférence. Il disait : « Bonsoir ! » au petit bonheur, quand il notait un signe, un hochement de tête. Tiens, celui qui le saluait à présent, ce devait être

Ballintusi ; ou Caretti ; ou Strazza. Si c'était Strazza, Hamilcar aurait plutôt plaisir à s'arrêter pour causer un peu avec lui. Impossible : il avait répondu trop sèchement au bonsoir de l'autre ; à la réflexion, il était naturel que leurs rapports se soient réduits à cela : de petits saluts mécaniques et hâtifs.

Cette rage, pourtant, de regarder de tous côtés avait une raison précise : retrouver Isa-Maria. Elle portait un manteau rouge, donc on devait la voir de loin. Hamilcar fit un bout de chemin derrière un manteau rouge ; au moment de le dépasser, il vit qu'il s'était trompé. Entre-temps, deux manteaux rouges qui l'avaient croisé s'éloignaient derrière lui. Le rouge était à la mode, cette année, pour les manteaux de demi-saison. Il venait de voir le même, tout à l'heure, sur Gigina du bar-tabac. Maintenant, une autre fille en manteau rouge lui disait bonsoir, d'elle-même. Hamilcar répondit du bout des lèvres : ce n'était que Gigina. Puis un doute le prit : si, au lieu de Gigina du bar-tabac, c'était Isa-Maria ? Mais confondre Isa-Maria et Gigina, était-ce possible ? Il voulut en avoir le cœur net et fit demi-tour. Il rencontra Gigina : aucun doute, cette fois c'était elle. Seulement, elle avançait vers lui : comment eût-elle fait déjà tout ce circuit ? Ou alors, avait-elle tourné à mi-chemin ? Il ne s'y retrouvait plus. En tout cas, si c'était bien Isa-Maria qui l'avait salué et à qui il avait répondu du bout des lèvres, son voyage était vain, et toutes ces longues années d'attente. Hamilcar avançait, rebroussait chemin, passait d'un trottoir à l'autre, mettait ses lunettes et les enlevait, saluait un peu tout le monde et recevait d'un peu partout des saluts flous, anonymes, des saluts de fantômes.

A l'autre extrémité de la promenade, la rue continuait et, très vite, on se trouvait aux portes de la ville. Il y avait là une rangée d'arbres, un talus, une haie, et puis, derrière la haie, les champs. Dans le temps, c'était ici qu'on s'en venait le soir, avec sa bonne amie au bras, quand on en avait une ; ou, si l'on était seul, pour goûter mieux la solitude, assis sur un banc, à écouter le chant des grillons. Hamilcar poussa de ce côté ; la ville s'étendait seulement un peu plus loin qu'autrefois. Il y avait toujours là les grillons, le fossé, le banc. Hamilcar s'assit. Dans tout le paysage, la nuit ne laissait debout que de hautes bandes d'ombre. Mettre des verres ou les retirer, désormais, ne faisait pas de différence. Hamilcar Carruga le comprit : les lunettes lui avaient peut-être bien procuré le dernier enthousiasme de sa vie ; à présent, cela aussi était passé.

L'aventure d'une épouse

Mme Stéphanie R. rentrait chez elle, à six heures du matin. Pareille chose ne lui était jamais arrivée.

L'auto s'était arrêtée un peu avant le portail, à l'angle de la rue. Stéphanie avait prié Fornero de la déposer à cet endroit-là ; elle ne tenait pas à laisser voir à la concierge que, pendant que son mari était en voyage, elle regagnait le logis au petit jour, en compagnie d'un jeune homme. Fornero, sitôt le moteur arrêté, essaya de lui passer le bras autour des épaules. Stéphanie eut un geste de recul, comme si la proximité de la maison eût changé bien des choses. Elle se jeta hors de la voiture avec une hâte soudaine, se pencha, fit signe à Fornero de remettre le moteur en marche, de s'en aller, puis, à petits pas pressés, s'éloigna, le visage blotti dans le col de son manteau. Était-ce cela, l'adultère ?

Le portail était encore fermé. Stéphanie n'avait pas prévu ça. Elle n'avait pas sa clé. C'était justement faute d'avoir sa clé qu'elle avait passé la nuit dehors. Toute l'affaire venait de là : jusqu'à une certaine heure, les moyens ne manquaient pas pour se faire ouvrir la porte ; au mieux, il aurait suffi d'y penser plus tôt ; mais elle, rien, elle semblait l'avoir fait exprès : c'est sans sa clé qu'elle était sortie l'après-midi, comptant rentrer dîner à la maison ; ensuite, changement de programme, elle s'était laissé entraîner par des amies qu'elle ne voyait plus depuis une éternité, et puis par des amis de ses amies, une bande de jeunes gens avec qui on était allé dîner, boire un verre, danser tantôt chez l'un, tantôt chez l'autre. A deux heures du matin, évidemment, c'était trop tard pour songer qu'elle avait oublié sa clé. Tout ça parce qu'elle était tombée un peu amoureuse de ce Fornero, un gamin. Amoureuse, un peu amoureuse, voilà tout. Il fallait laisser aux choses leurs proportions : ni trop ni trop peu. Ils avaient passé la nuit ensemble, soit, n'empêche que cette dernière expression avait quelque chose d'excessif, de déplacé en l'occurrence. Avec ce jeune homme, Stéphanie n'avait fait que tuer le temps, jusqu'à ce que s'ouvre la porte d'entrée. Rien de plus. Elle était persuadée qu'on ouvrait à six heures ; à six heures précises, elle s'était hâtée de revenir. Un peu, aussi, à cause de la femme de ménage qui arrivait à sept heures ; il ne fallait pas qu'elle découvrît que sa maîtresse venait de découcher. Et puis, c'était aujourd'hui que rentrait M. R.

Seulement, elle avait trouvé porte close et restait toute seule, au milieu de la rue déserte, dans cette lumière du petit matin, limpide plus que celle d'aucun autre moment de la journée, une lumière où les objets semblaient vus à travers une loupe. Stéphanie fut prise de panique, elle eut envie d'être dans son lit, endormie depuis des heures, plongée dans le sommeil profond des autres matins. Envie, aussi, d'avoir son mari auprès d'elle, de se sentir protégée. Ce fut l'affaire de quelques secondes, à peine : peut-être n'avait-elle pas éprouvé réellement, mais supposé qu'elle éprouvait, cet accès de panique. Que la concierge n'eût point encore ouvert, c'était un contretemps fâcheux, très fâcheux assurément, mais il y avait on ne savait trop quoi — dans l'air, sans doute, l'air vif d'un début de journée, ou bien dans le fait de se trouver ici à pareille heure — qui lui procurait un frisson nullement désagréable. Elle n'eut pas un regret à la pensée d'avoir fait partir Fornero ; avec lui, elle se fût montrée un peu nerveuse ; seule, en revanche, elle était en proie à une agitation d'une autre nature, un peu comme au temps où elle était jeune fille.

Il fallait qu'elle se l'avouât : d'avoir passé la nuit hors de chez elle ne lui laissait pas le moindre remords. Sa conscience était tranquille. Tranquille, oui ; mais pourquoi ? Parce que, maintenant, elle avait sauté le pas, fini par s'affranchir de son devoir d'épouse ? Ou, au contraire, parce qu'elle avait tenu bon et sauvegardé, malgré tout, son honnêteté ? Stéphanie s'interrogeait, et c'étaient cette perplexité, sans doute, cette ignorance de sa situation véritable qui, dans le froid piquant de l'aube, lui donnaient ce léger frisson. Bref : devait-elle, dorénavant, se considérer comme adultère, oui ou non ? Elle marcha un peu de long en large, les mains enfouies dans les manches de son ample manteau. Stéphanie était mariée depuis deux ans et l'idée de tromper son mari ne lui était jamais venue. Bien sûr, dans son existence d'épouse, demeuraient l'attente, le désir de quelque chose qui lui manquait. C'était comme un prolongement de son attente de jeune fille, à croire qu'en elle le passage à l'âge adulte était encore à venir ; comme si, à présent, il lui fallait se dégager d'une autre tutelle, la tutelle de son mari, pour se trouver enfin, dans le monde, sur un pied d'égalité. Était-ce l'adultère, ce qu'elle attendait ? Et l'adultère, était-ce Fornero ?

Stéphanie vit que, sur le trottoir d'en face, quelques pâtés de maisons plus loin, le café venait d'ouvrir. Elle avait besoin d'une boisson bien chaude sans attendre. Elle traversa. Fornero était un gamin ; inutile de gâcher des mots trop grands pour lui. Il l'avait promenée en auto pendant toute la nuit, ils avaient parcouru les collines d'un bout à l'autre, puis avaient suivi le bord du fleuve, jusqu'au lever du jour. Ils avaient eu une panne d'essence, ils avaient dû pousser la voiture, jusqu'à une station, réveiller le pompiste qui dormait. Une nuit de jeunes gens, en somme. A trois ou quatre reprises, les assiduités de Fornero avaient pris un tour inquiétant ; il l'avait même conduite devant la pension où il logeait et là s'était buté, ne lâchant pas : « Allons, finis de faire des histoires, monte chez moi. » Stéphanie n'était pas montée. Avait-elle eu raison ? Quelle serait la suite ? Stéphanie ne voulait plus penser à ça, elle avait passé une nuit blanche et tombait de sommeil. A vrai dire, elle se trouvait dans un état si inhabituel qu'elle ne se rendait pas même compte qu'elle avait sommeil ; mais, à peine dans son lit, elle tomberait endormie. Auparavant, elle écrirait sur l'ardoise de la cuisine, pour la femme de ménage, qu'on ne la réveille pas. Peut-être dormirait-elle encore quand son mari rentrerait ? Son mari, est-ce qu'elle l'aimait toujours ? Sûrement, elle l'aimait. Et puis ? Elle ne se demandait rien d'autre. Fornero ? Elle en était un peu amoureuse. Un peu. Mais à quelle heure allait-on l'ouvrir, cette maudite porte ?

Dans le café, les chaises étaient encore empilées ; de la sciure traînait par terre. Il n'y avait qu'un garçon derrière le zinc. Stéphanie s'avança ; elle ne se sentait pas gênée d'être là, à cette heure insolite. Qui cela regardait-il ? Elle pouvait s'être levée à l'instant même, avoir un train à prendre, ou bien arriver de la gare ; bref, elle n'avait de comptes à rendre à personne. Elle le sentait, et le sentait avec plaisir.

— Un express double, serré, bien chaud surtout, commanda-t-elle.

Elle avait parlé sur un ton de familiarité tranquille, comme si, entre le garçon et elle, il y avait une fréquentation prolongée ; le fait est que, dans ce café, elle n'entrait jamais.

— Bien, madame. Un tout petit instant, je vous sers ça, le temps que la machine chauffe.

Le garçon ajouta :

— Le matin, vous savez, je mets plus de temps à chauffer que la machine...

Stéphanie sourit, blottit son visage dans le col de son manteau et fit :

— Brrr...

Il y avait un autre homme dans la salle, un client debout, à l'écart, qui regardait à travers les vitres. Ce « brrr... » le fit se retourner, et Stéphanie, qui ne l'avait pas encore aperçu, s'observa attentivement dans la glace, derrière le comptoir, comme si le voisinage de ces deux hommes l'avait soudain rappelée à la conscience de soi. Non, on ne remarquait pas qu'elle avait passé la nuit dehors ; elle était seulement un peu pâle. Elle tira son poudrier de son sac.

Le client s'était approché du zinc. Il portait une écharpe

de soie blanche, un pardessus sombre sur un complet-veston bleu.

— A une heure pareille (il parlait sans s'adresser à personne en particulier), il y a deux catégories de gens éveillés : les *encore* et les *déjà*...

Stéphanie sourit à peine, sans arrêter son regard sur lui. Elle l'avait déjà catalogué : il avait la figure pathétique et banale des gens qui, à force d'indulgence envers eux-mêmes et les autres, en sont arrivés, sans être vieux, à un état où sagesse et imbécillité se côtoient.

— ... Alors, quand on rencontre une jolie femme, après lui avoir dit : Bonjour, madame !...

Là-dessus, ôtant sa cigarette de sa bouche, il fit une petite courbette en direction de Stéphanie.

— Bonjour, monsieur, dit-elle, moqueuse mais sans aigreur.

— ... on s'interroge, on se demande : Déjà ? Encore ? Encore ? Déjà ? Mystère...

— Vraiment ? fit Stéphanie, de l'air de celle qui a compris mais ne tient guère à se prêter au jeu.

L'homme la dévisageait d'un regard indiscret ; elle s'en moquait : tant pis si on pensait qu'elle était une *encore*.

— Et vous ? questionna-t-elle, malicieuse.

De toute évidence, le monsieur avait la rhétorique du noctambule ; à ne pas l'admettre au premier abord, on le vexait.

— Moi ? Encore ! Toujours encore !

Puis, méfiant :

— Vous me le demandez ? Ne l'aviez-vous pas deviné ?

Il sourit ; mais, en réalité, il ne faisait qu'ironiser sur lui-même. Il demeura un bout de temps à avaler sa salive, comme s'il avait la bouche amère.

— La lumière du jour me chasse, me fait rentrer dans ma cachette, à la façon des chauves-souris.

Il parlait d'un ton détaché, comme s'il récitait un rôle.

— Et voilà le lait pour monsieur, l'express pour madame ! lança le garçon.

— C'est bon ? s'enquit Stéphanie.

— A vomir ! Ça désintoxique, à ce qu'on raconte. Mais,

me désintoxiquer, à mon âge, vous pensez ! Si un aspic me mordait, sûr qu'il ne s'en tirerait pas.

— Bah ! tant qu'on a la santé...

Ne poussait-elle pas trop loin le badinage ? Le fait est que le noctambule enchaîna :

— L'antidote, le seul, je le connais bien... Voulez-vous que je vous le dise ?

Dieu sait où il voulait en venir...

— Combien vous dois-je ? demanda Stéphanie, tournée vers le garçon.

— ... La femme que j'ai toujours cherchée...

Il soliloquait, à présent.

Stéphanie sortit, pour voir si on avait ouvert sa porte. Elle fit quelques pas sur le trottoir. Non, toujours fermée. Entre-temps, l'homme était lui aussi sorti du café ; il semblait vouloir la suivre. Elle revint sur ses pas, rentra dans le café. Pris de court, l'autre hésita, fit mine de rentrer derrière elle, puis, envahi par une bouffée de résignation, poursuivit sa route en toussotant et disparut.

— Auriez-vous des cigarettes ?

Il ne lui en restait plus et, à cette heure, les bureaux de tabac étaient fermés.

Le garçon sortit un paquet. Stéphanie le prit, paya.

Elle retourna près de la porte. Un chien bondit presque sur elle, tirant sur sa laisse au bout de laquelle était accroché un chasseur avec fusil, cartouchière et carnier.

— Couchée, Frisette, allons, couchée !

Le chasseur lança au garçon :

— Un café !

— Superbe, dit Stéphanie en flattant le chien. C'est un setter ?

— Un épagneul breton, fit le chasseur. C'est une chienne.

Il était jeune, avec des façons un peu brusques, sans doute par timidité.

— Quel âge ?

— Dix mois, à quelque chose près. Couchée, Frisette, sois sage.

— Alors, et ces perdrix ? ironisa le garçon.

— On y va comme ça, histoire de faire trotter le chien...

— Et vous allez loin ? demanda Stéphanie.

Le chasseur nomma un endroit proche.

— En voiture, ce n'est qu'un saut. Comme ça, sur le coup de dix heures, je suis de retour. Le travail...

— On doit être bien, là-haut.

Ils n'avaient que des riens à se dire ; mais Stéphanie n'avait pas envie de laisser tomber la conversation.

— La vallée est bien dégagée, nette, rien que du taillis bas, de la bruyère ; et puis, au petit matin, pas la moindre brume, on voit loin. Pour peu que le chien fasse lever un vol...

— Moi, coupa le barman, si j'allais travailler à dix heures, je dormirais jusqu'à neuf heures trois quarts !

Le chasseur n'était pas de cet avis :

— Eh ! moi aussi, j'aime dormir ! N'empêche que, de me trouver là-haut quand tous les autres sont au lit, je ne sais pas, ça m'excite, c'est une sorte de passion...

Stéphanie devinait que, sous l'air de qui se justifie, le jeune homme cachait un orgueil tranchant, de la rancœur contre la ville vautrée dans le sommeil, l'entêtement de se sentir autre.

— Soit dit sans vous vexer, poursuivit le garçon, vous autres chasseurs, vous me paraissez un peu fous. Rien que votre manie de vous lever à des heures impossibles...

— Moi, je les comprends, dit Stéphanie.

— Heu, vous savez... C'est une passion comme une autre...

Tout en parlant, le chasseur la regardait et le peu de conviction qu'il avait mis à parler chasse semblait l'avoir quitté ; le voisinage de Stéphanie l'amenait à se demander si en fin de compte sa façon de voir n'était pas fausse, si le bonheur n'était pas tout autre chose que ce qu'il prétendait trouver.

— Oui, franchement, fit Stéphanie, je les comprends. Un matin comme celui-ci...

Le chasseur restait là, comme qui a envie de parler mais ne trouve rien à dire.

— Quand le temps est comme aujourd'hui, frais, bien sec, le chien peut faire du bon travail.

Il avait bu son café, il avait payé, le chien tirait sur sa laisse, impatient d'être dehors, et lui ne bougeait pas, hésitant. Il finit par lancer, gauchement :

— Pourquoi ne viendriez-vous pas, madame, si ça vous dit ?

Stéphanie sourit :

— Disons la prochaine fois qu'on se rencontre, on combine l'affaire, ça va ?

Le jeune homme fit :

— Eh...

Il s'agitait toujours sur place, en quête d'une phrase à quoi raccrocher la conversation. A la fin, il se décida :

— Bon, je me sauve. Au revoir, madame.

Ils se saluèrent ; le chasseur se laissa entraîner par son chien.

Un ouvrier venait d'entrer. Il commanda une petite grappe.

— A la santé de tous ceux qui se lèvent matin, dit-il en levant son verre. Des jolies femmes, d'abord.

C'était un homme plus très jeune, à la figure joviale.

— A votre santé, fit Stéphanie, gentiment.

— Ah ! le matin de bonne heure, on se sent maître du monde !

— Et le soir, non ?

— Le soir, on a trop sommeil, on ne pense plus à rien. Et ça vaut mieux...

— Moi, le matin, fit le garçon, vous savez ce que je pense ? Un tas de « bon Dieu ! » l'un derrière l'autre.

— Eh ! c'est qu'avant le boulot, il faut une bonne petite trotte ! Si vous faisiez comme moi : je vais à l'usine en vélomoteur et avec tout l'air froid qu'on reçoit en pleine figure...

— L'air chasse les soucis, approuva Stéphanie.

— La dame me comprend, elle ! Elle me comprend tellement bien qu'elle devrait boire la goutte avec moi.

— Merci, je ne bois pas. Merci, vraiment.

— Le matin, il faut ça. Allons, deux petites grappes, patron !

— Sérieusement, je ne bois pas. Buvez à ma santé, vous me ferez plaisir.

— Vous ne buvez jamais ?

— Oh ! une fois de temps en temps, le soir.

— Justement, c'est ça l'erreur.

— On n'arrête pas d'en faire, des erreurs.

— A la vôtre !

L'ouvrier siffla le premier verre, puis le second.

— Un et un, deux ! Écoutez, que je vous explique...

Stéphanie était seule en compagnie de ces hommes, de ces hommes si différents, et bavardait avec eux. Elle se sentait calme, sûre d'elle-même, rien ne l'agitait plus. C'était cela, le fait nouveau de la journée.

Elle sortit du café afin de voir si le portail était ouvert. L'ouvrier sortit lui aussi, enfourcha son vélomoteur, enfila de grosses mitaines.

— Vous n'avez pas froid ?

L'homme se frappa la poitrine :

— J'ai ma cuirasse.

On percevait un froissement de papier journal. Puis, en dialecte, il la salua :

— Bien le bonjour, madame.

Stéphanie lui rendit son salut, en dialecte ; il partit.

Elle comprit que quelque chose s'était passé et qu'elle ne pourrait désormais plus revenir en arrière. Cette façon qu'elle avait eue de rester parmi des hommes — le noctambule, le chasseur, l'ouvrier — changeait quelque chose en elle. Ç'avait été cela son adultère : rester là, seule parmi eux, et d'égale à égal. Fornero, elle n'y pensait même plus.

Le portail, enfin, était ouvert. Stéphanie R. rentra à petits pas pressés. La concierge n'avait rien remarqué.

L'aventure d'un ménage

L'ouvrier Arthur Massolari travaillait dans l'équipe de nuit, celle qui termine à six heures. Pour rentrer chez lui, il avait un long trajet qu'il faisait à vélo pendant les beaux jours et par le tram lorsqu'il pleuvait ou en hiver. Il arrivait à la maison entre sept heures moins le quart et sept heures, tantôt un peu avant, tantôt un peu après le moment où sonnait le réveil d'Élise, sa femme.

Souvent ces deux bruits : le drelin du réveil, son pas à lui dans l'entrée se superposaient dans la conscience d'Élise et l'atteignaient au fond de son sommeil, ce sommeil têtu du petit matin qu'elle tentait, quelques secondes encore, de garder là, au creux de l'oreiller où s'enfouissait son visage. Ensuite elle sortait, elle s'arrachait du lit et déjà enfilait ses bras, à l'aveuglette, dans les manches de son peignoir, ses cheveux dans les yeux. C'est ainsi qu'elle apparaissait à la porte de la cuisine, tandis qu'Arthur sortait de sa musette les récipients vides — gamelle, bouteille Thermos — et les rangeait sur l'évier. Il avait allumé le fourneau, mis à chauffer du café. Il levait la tête et Élise, machinalement, se passait une main dans les cheveux, écarquillait les yeux avec effort, comme si chaque jour elle se sentait un peu honteuse d'offrir à son mari cette première image, ce négligé, ce visage encore ensommeillé. Quand on a passé la nuit ensemble, c'est une autre chose, on se trouve, le matin venu, resurgir d'un même sommeil, on est à égalité.

D'autres fois, c'était Arthur qui l'éveillait ; il entrait dans la chambre, la tasse de café à la main, une minute avant que sonne le réveil ; alors, tout était plus simple, la petite grimace au sortir du sommeil prenait un air de paresse câline, Élise se soulevait, s'étirait, et ses bras nus ne tardaient guère à se nouer autour du cou de son mari. Ils s'embrassaient. Arthur avait gardé son blouson de toile imperméable ; rien qu'à le sentir contre elle, plus ou moins humide, plus ou moins froid, elle savait le temps qu'il faisait : s'il pleuvait, s'il y avait du brouillard ou de la neige. Mais elle demandait quand même : « Quel temps fait-il ? », et lui entamait son habituel bavardage mi-grognon, mi-ironique, passait en revue ses menus ennuis, en commençant par la fin : le trajet à bicyclette, le temps qu'il avait trouvé en quittant l'usine, tellement différent de celui qu'il avait laissé la veille en entrant, les pépins pendant le travail, les bruits qui couraient dans l'atelier, et ainsi de suite.

A cette heure-là, la maison était froide ; pourtant Élise se déshabillait, en grelottant, et faisait sa toilette dans la salle de bains exiguë. Il l'y suivait, sans trop se presser, se déshabillait, se lavait lui aussi, patiemment, se débarrassait de la poussière et du cambouis de l'atelier. Ils étaient là tous deux, à tourner autour du lavabo, nus, un peu frissonnants, ils se heurtaient de temps en temps l'un à l'autre, se chipaient la savonnette ou le tube de dentifrice, ils continuaient à dire les choses qu'ils avaient à se dire, et venait le moment de l'abandon ; par exemple, ils s'aidaient à se frictionner le dos, surgissait une caresse, ils se retrouvaient embrassés. Tout à coup, Élise s'écriait : « Mon Dieu ! déjà si tard ! », elle se précipitait, enfilait sa gaine, sa jupe, en vitesse, sans s'asseoir, passait et repassait la brosse parmi ses cheveux, penchait sa figure vers le miroir de la commode, serrant des épingles entre ses lèvres. Arthur s'arrêtait derrière elle, il avait allumé une cigarette, et là, debout, tout en fumant, il la regardait, un peu embarrassé chaque fois de rester comme ça à ne rien faire. Élise était prête, elle enfilait son manteau dans le corridor, ils échangeaient un baiser, elle ouvrait la porte, on l'entendait dégringoler l'escalier.

Arthur demeurait seul. Il tendait l'oreille aux derniers claquements des talons d'Élise sur les marches et, quand il n'entendait plus rien, il continuait à suivre par la pensée leur trottinement pressé à travers la cour, sous le porche, sur le trottoir, jusqu'à l'arrêt du tram. Le tram, en revanche, il l'entendait parfaitement : le grincement des freins, l'arrêt, le heurt du marchepied à chaque montée. « Ça y est, elle l'a attrapé », se disait-il, et il voyait sa femme, ballottée au milieu de la foule d'ouvriers et d'ouvrières, dans le 11 qui la menait, chaque matin, à l'atelier. Il écrasait sa cigarette, tirait les persiennes, éteignait, se mettait au lit.

Le lit était resté tel qu'Élise l'avait laissé ; en fait, du côté d'Arthur, il était presque intact, comme s'il venait tout juste d'être rebordé. Arthur se couchait donc de son côté, bien comme il faut ; mais, au bout d'un moment, il allongeait une jambe plus loin, là où traînait encore la chaleur de sa femme, et puis il poussait son autre jambe, et voici que petit à petit il se retrouvait dans sa moitié à elle (une conque de tiédeur qui gardait la forme d'un corps), blottissait son visage dans l'oreiller d'Élise, dans le parfum d'Élise, et c'est ainsi qu'il s'endormait.

A l'heure où Élise rentrait, le soir, Arthur, depuis un bout de temps, déjà, tournait dans l'appartement ; il avait allumé le fourneau, mis quelque chose sur le feu. Certains menus travaux : retaper le lit, donner un coup de balai, ou même mettre du linge à tremper, c'était lui qui s'en chargeait durant ces quelques heures d'avant-dîner. Elle, en rentrant, trouvait que tout était mal fait, mais lui ne se montrait pas pour autant plus zélé : ces occupations n'étaient qu'une sorte de cérémonial, un moyen comme un autre d'attendre Élise, d'aller pour ainsi dire à sa rencontre tout en restant au logis, tandis que dehors s'allumaient les lumières et qu'elle entrait dans les boutiques au milieu de l'animation tardive des quartiers où quantité de femmes ne font leur marché que le soir.

Enfin, il entendait le bruit des pas dans l'escalier, un bruit différent de celui du matin, alourdi, car maintenant Élise remontait, lasse de sa journée et chargée de provisions. Arthur sortait sur le palier, lui prenait des mains le cabas, et ils entraient tout en parlant. Elle se laissait tomber sur une chaise de cuisine, sans quitter son manteau, pendant que lui étalait les provisions. Brusquement, elle disait : « Allons, secouons-nous un peu ! », elle se levait, ôtait son manteau, passait un tablier. Ils se mettaient à préparer de quoi manger : leur dîner commun de tout à l'heure, le casse-croûte qu'Arthur emporterait à l'usine, pour la pause d'une heure du matin, le déjeuner qu'Élise emporterait demain matin à l'atelier, et celui à laisser ici, pour quand il se réveillerait l'après-midi.

Élise tantôt s'affairait, tantôt s'asseyait sur la chaise de paille, le guidait dans son travail. C'était l'heure où Arthur se sentait frais et dispos : il se démenait, voulait se charger de tout, avec pourtant une façon de faire un peu étourdie, l'esprit ailleurs déjà. Dans ces moments-là, ils étaient parfois près de se disputer, de se lancer des mots brusques : elle aurait aimé le voir plus attentif à sa besogne, plus appliqué ; ou alors qu'il montrât plus de prévenance envers elle, qu'il l'entourât, qu'il lui donnât quelque raison de s'estimer heureuse. Mais non : passé le premier mouvement de joie à voir Élise de retour, Arthur avait déjà la tête à autre chose, l'important pour lui était de faire vite, parce qu'il devait bientôt partir.

La table une fois mise, le dîner placé à portée de la main, pour qu'ils n'aient plus à se lever, il y avait, chaque soir, ce moment de désarroi qui les prenait l'un et l'autre à l'idée d'avoir si peu de temps à demeurer ensemble, et c'est à peine si chacun avait le courage de porter la cuiller à sa bouche, tant était grande leur envie de rester là, à se tenir la main.

Mais le café n'avait pas fini de passer que lui s'affairait autour de son vélo, vérifiant si tout était en ordre. Ils s'embrassaient. On eût dit qu'il fallait cette minute pour qu'Arthur comprît combien tendre et tiède était sa femme. Vite, il appuyait sur son épaule le cadre de sa bicyclette et descendait l'escalier, avec précaution.

Élise lavait les couverts, rangeait la maison de fond en comble, examinait l'ouvrage de son mari, en hochant la tête. Lui, à présent, roulait dans les rues sombres coupées de rares lumières, peut-être qu'il avait déjà passé le gazomètre. Élise se mettait au lit, éteignait. Couchée dans sa moitié à elle, elle faufilait son pied vers la place de son mari, pour retrouver un peu de sa chaleur ; mais, chaque soir, elle s'apercevait que l'endroit où elle dormait était encore le plus chaud, preuve qu'Arthur aussi avait dormi là : elle en ressentait une grande tendresse.

L'aventure d'un poète

L'îlot avait un rivage rocheux, escarpé. Il y poussait, en touffes drues, cette végétation basse qui seule résiste au voisinage de la mer. Dans le ciel volaient quelques mouettes. C'était une petite île proche de la côte, une île inculte, déserte ; une demi-heure suffisait pour en faire le tour en barque, ou bien dans un canot pneumatique, comme celui qui s'avançait, là-bas, l'homme pagayant nonchalamment, la femme, allongée, prenant un bain de soleil. Tandis qu'ils s'approchaient, l'homme tendit l'oreille.

— Qu'as-tu entendu ?

— Le silence. Les îles ont un silence qu'on entend.

Tout silence, c'est vrai, consiste en ce réseau de menus bruits qui l'enveloppe ; le silence de l'île tranchait sur le silence de la mer environnante : il était parcouru de froissements d'herbes, de gazouillis d'oiseaux et de soudains battements d'ailes.

L'eau, au pied des rochers, était, en ces journées sans vagues, d'un bleu perçant, limpide ; les rayons du soleil plongeaient jusqu'au fond. Des entrées de grottes béaient parmi les récifs, que les deux promeneurs dans leur canot s'en allaient paresseusement explorer.

Ces côtes du Midi n'étaient point encore envahies par les touristes ; les deux baigneurs étaient étrangers à la région. Lui, un nommé Usnelli, poète assez connu ; elle, Délia H., une très jolie femme.

Délia avait pour le Sud une admiration passionnée, presque jalouse ; allongée dans le canot, elle parlait de tout ce qu'elle voyait avec de continuels transports, parfois aussi sur un ton de polémique : Usnelli, nouveau venu, ne semblait point partager son ravissement autant qu'il aurait dû.

— Attends, disait-il, attends.

— Attends quoi ? Que peux-tu souhaiter de plus beau ?

Lui — par tempérament et par formation littéraire — se méfiait des émotions et des paroles dont d'autres se sont déjà servis : aux beautés voyantes, irréfutables, il préférait la découverte de beautés mélangées, contestables ; il n'en avait pas moins, ici, les nerfs à fleur de peau. Le bonheur, pour Usnelli, était un état irrésolu, qu'il fallait vivre en retenant son souffle. Depuis qu'il aimait Délia, son rapport circonspect, parcimonieux, avec le monde était mis en péril, il le voyait, mais il ne voulait renoncer à rien, ni de lui-même ni du bonheur qui s'offrait à lui. Il restait là, sur le qui-vive, comme si chaque degré de perfection atteint par la nature alentour — un point où se décantait l'azur de l'eau, le gris cendreux où se perdait la verdure de la côte, l'affleurement scintillant d'une nageoire au plus lisse de la mer — ne faisait que préluder à une perfection plus haute encore, et ainsi à l'infini, jusqu'au moment où s'ouvrirait, comme une huître, l'invisible ligne de l'horizon, pour découvrir brusquement une planète nouvelle, ou une parole ignorée.

Ils pénétrèrent dans une grotte. Au début, elle était large et formait comme un lac intérieur, vert pâle, au pied d'une haute travée rocheuse. Ensuite, elle s'étrécissait en une ténébreuse galerie. L'homme, en pagayant, faisait tourner le canot sur lui-même afin de goûter chaque effet de lumière : le jour, entrant par la faille dentelée de l'ouverture, était éblouissant de couleurs que l'ombre avivait. L'eau rayonnait et les lames de lumière rebondissaient très haut, arrêtant les molles formes sombres qui affluaient du fond de la grotte. Ces reflets, ces taches prêtaient aux parois et aux voûtes la mouvante apparence de l'eau.

— Ici, on comprend les dieux, dit la femme.

Usnelli fit : « Hum... » Il était nerveux. Lui, si bien entraîné à traduire ses sensations en paroles, à présent, rien à faire, il ne trouvait pas le moindre mot.

Ils poussèrent plus avant. Le canot dépassa un bas-fond (une épaule de rocher à fleur d'eau) ; il flottait maintenant parmi les seuls miroitements que chaque coup de pagaie faisait surgir et disparaître ; le reste n'était qu'ombre épaisse ; les pales, de temps en temps, heurtaient une paroi. Délia, tournée vers l'arrière, voyait la tache bleue du ciel changer continuellement de forme.

— Un crabe ! Un gros, là ! cria-t-elle en se levant.

— ... aabe ! ... ààà ! gronda l'écho.

— L'écho ! dit-elle, toute joyeuse.

Et, vers ces voûtes sombres, elle se mit à lancer des mots, des mots : des invocations, des fragments de vers.

— Crie, toi aussi ! Fais un vœu !

Usnelli fit :

— Ooo... Ehiii... Échooo...

Parfois, le canot raclait le fond. L'obscurité était devenue plus épaisse.

— J'ai peur. Il doit y avoir des bêtes, là-dedans !

— On passe encore.

Usnelli se rendit compte qu'il allait vers l'obscurité comme un poisson des grands fonds fuit les eaux trop lumineuses.

— J'ai peur, faisons demi-tour, insista Délia.

Lui non plus, en définitive, n'avait aucun penchant pour l'horrible. Il rama à l'envers. Là où la grotte s'élargissait, la mer devenait de cobalt.

— Tu crois qu'il y a des poulpes ?

— On les verrait. L'eau est si claire.

— Alors je nage.

Délia se laissa glisser hors du canot, s'en écarta ; elle nageait dans ce lac souterrain et son corps semblait tantôt blanc (comme si cette lumière l'eût dépouillé de toute couleur propre), tantôt du même bleu que la nappe d'eau.

Usnelli avait cessé de ramer ; de nouveau, il retenait son souffle. Pour lui, l'amour de Délia, ç'avait toujours été cela : s'aventurer dans un monde hors de portée de la parole comme dans le miroir de cette grotte. Du reste, dans tous ses poèmes, on n'aurait pas trouvé un vers d'amour ; pas un.

— Approche, fit Délia.

En nageant, elle avait retiré le petit bout d'étoffe qui lui recouvrait la poitrine ; elle le lança sur le canot.

— Une seconde.

Elle défit l'autre morceau de tissu, noué autour de ses hanches, et le tendit à Usnelli.

Elle était nue. On ne distinguait pas la peau plus claire des seins et des hanches, car il émanait de son corps tout entier une lueur bleutée, de méduse. Délia nageait sur le côté, avec des mouvements indolents, le visage (une expression figée, un peu ironique, de statue) toujours au ras de l'eau ; de temps en temps se dessinait la courbe d'une épaule ou la ligne douce du bras allongé. L'autre bras, avec des mouvements de caresse, couvrait et découvrait le sein dressé, tendu à la pointe. Les jambes battaient à peine l'eau, soutenant le ventre lisse que marquaient le nombril, ainsi que sur le sable une empreinte légère, et l'étoile, comme un fruit de mer. Les rayons du soleil, en se reflétant dans l'eau, flottaient autour d'elle, l'habillant et la dénudant tour à tour.

De la nage, elle passa à des mouvements comme de danse ; arrêtée, souriant vers lui, Délia allongeait ses bras dans une rotation cajoleuse des épaules et des poignets ; ou bien, par une brusque détente du genou, elle faisait jaillir son pied cambré, tel un petit poisson.

Usnelli, dans le canot, ouvrait de grands yeux. Ce que la vie lui offrait en cet instant, c'était, il le comprenait bien, quelque chose qui n'est point donné à tous, pas plus que de fixer le centre aveuglant du soleil. Au cœur de ce soleil, le silence. Ce qui était renfermé en un pareil instant, rien jamais ne saurait le traduire ; pas même un souvenir, sans doute.

Délia nageait maintenant sur le dos, elle flottait vers le soleil, à l'entrée de la grotte. Elle se laissait dériver, avec de très légers battements des bras, vers le grand jour, tandis qu'au-dessous d'elle l'eau devenait toujours plus claire, plus lumineuse.

— Attention, couvre-toi ! Il vient des barques, là-dehors !

Délia était déjà au milieu des récifs, à l'air libre. Elle disparut sous l'eau, tendit le bras vers Usnelli qui lui passa ses vêtements rudimentaires ; elle les attacha sans interrompre sa nage et remonta dans le canot.

C'étaient des barques de pêcheurs qui survenaient. Usnelli crut reconnaître un groupe de ces pauvres gens qui passaient la saison de la pêche sur la plage, dormant à l'abri des rochers. Il alla à leur rencontre. Le plus jeune tenait les rames ; il avait une casquette blanche de marinier rabattue sur ses yeux mi-clos, le visage morne, crispé par le mal de dents : il ramait à l'arraché comme si chaque effort eût dû rendre moins vive la douleur ; père de cinq enfants ; un homme à bout. Le plus âgé se tenait à l'arrière ; un chapeau de paille à la mexicaine couronnait d'une auréole effrangée son corps efflanqué ; dans ses yeux ronds, les anciens airs bravaches avaient fait place à une mimique d'ivrogne ; la bouche s'entrouvrait sous les moustaches tombantes, encore noires ; l'homme nettoyait avec son couteau les muges qu'ils venaient de prendre.

— Bonne pêche ? cria Délia.

— Vu le peu qu'il y a... C'est la mauvaise année !

Délia aimait bavarder avec les gens du cru. Usnelli, non. (« En face d'eux, je me sens mauvaise conscience », disait-il en haussant les épaules, et tout s'arrêtait là.)

Leur canot se trouvait à présent au flanc de la barque, à un endroit où le vernis décoloré était zébré de craquelures, soulevé de minuscules échardes ; la rame, reliée au tolet par un anneau de cordage, grinçait à chaque tour contre le bois rongé du plat-bord ; sous la planchette du siège, une petite ancre à quatre crocs, toute rouillée, s'était prise dans une des nasses d'osier recouvertes d'une barbe d'algues roussâtres, desséchées depuis longtemps déjà ; sur l'amoncellement des trémails brunis de tanin et lestés de rondes tranches de liège, luisaient, dans leur parure hérissée d'écailles gris éteint ou bleu turquoise, les poissons agonisants : les branchies encore palpitantes laissaient paraître un pourpre triangle de sang.

Usnelli gardait toujours le silence ; seulement l'angoisse où le jetait le monde des hommes était tout le contraire de celle que lui donnait, tout à l'heure, la beauté de la nature : là-bas, les mots se refusaient à lui ; maintenant, voici qu'ils se pressaient en foule dans sa tête, une cohue de mots capables de décrire chaque verrue, chaque poil de la maigre figure mal rasée du vieux pêcheur, chaque écaille argentée des muges.

Sur le rivage, une autre barque était tirée à sec, retournée, posée sur deux tréteaux et, de l'ombre qu'elle projetait, dépassaient des plantes de pieds nus d'hommes endormis : ceux qui avaient pêché la nuit dernière ; auprès d'eux, une femme vêtue de noir, sans visage, posait une marmite au-dessus d'un feu d'algues où s'élevait une fumée longue. Les bords de la crique luisaient de cailloux gris ; ces taches de couleur fanée, c'étaient les tabliers des enfants qui jouaient, les plus jeunes sous la garde de leurs grandes sœurs ronchonneuses ; les plus grands, les plus délurés, habillés seulement de culottes courtes taillées dans de vieux pantalons d'hommes, galopaient entre la mer et les rochers. Plus loin, commençait une longue bande de sable, toute droite, blanche et déserte, qui se perdait parmi les roseaux clairsemés et les terrains en friche. Un jeune homme endimanché, habillé et coiffé de noir, tenant sur son épaule un bâton au bout duquel pendait un baluchon, marchait tout le long de la mer, en laissant sur la croûte friable les marques de ses souliers à clous : sans doute un paysan, ou bien quelque berger d'un village de l'intérieur, descencu sur la côte pour le marché et qui passait par là pour profiter de la brise. La voie ferrée alignait ses fils, son remblai, ses poteaux et sa barrière ; elle s'enfouissait sous un tunnel, resurgissait un peu plus loin, disparaissait et ressortait encore, pareille aux points grossiers d'une couture malhabile. Au-dessus des bornes blanc et noir de la grand-route, grimpaient des oliviers courtauds ; plus haut, les montagnes étaient dénudées, avec quelques pacages, des broussailles, ou rien que des cailloux. Un village encastré dans une faille s'étirait en hauteur, avec ses maisons empilées, séparées par des venelles en escalier, empierrées, creusées en leur milieu pour l'écoulement de déjets de mules ; sur le seuil des maisons, des femmes, vieilles, ou vieillies avant l'âge, assemblées ; sur les murettes, assis en rang, des hommes de tous âges, en chemise blanche ; dans les ruelles en escalier, des marmots qui jouaient par terre ; un gamin, vautré au milieu du passage, dormait la joue appuyée sur une marche : il faisait là un peu plus frais qu'à l'intérieur et l'odeur était moins forte ; et, partout, des mouches, des nuées de mouches posées ou en vol, et sur chaque mur, sur chacune des guirlandes de papier journal qui ornaient les hottes des cheminées, le piquetage infini des chiures de mouches ; à l'esprit d'Usnelli, les mots se pressaient, se pressaient, serrés, entrelacés, sans nul espace entre les lignes, si bien que peu à peu on ne les distinguait plus, c'était un enchevêtrement où même les moindres blancs disparaissaient, et il ne restait que le noir, le noir total, impénétrable, désespéré, comme un cri.

L'aventure d'un skieur

On faisait la queue au remonte-pente. Le groupe de jeunes gens arrivés en autocar s'était mis en file, les uns se plaçant à côté des autres, les skis parallèles et, à chaque pas en avant que faisait la queue — une longue queue qui, au lieu de se mettre en droite ligne, comme elle l'aurait pu, suivait au hasard un chemin en zigzag, dans le sens tantôt de la montée, tantôt de la descente —, piétinant vers le haut ou bien descendant en glissant sur le côté, selon le point où ils se trouvaient, et s'arc-boutant aussitôt sur les bâtons, pesant souvent de leur poids sur leurs voisins d'en dessous ou essayant de libérer les rondelles des bâtons de dessous les skis des voisins du dessus, trébuchant contre les skis qui s'étaient mis en travers, se penchant pour ajuster leurs fixations et arrêtant ainsi toute la file, ôtant leurs anoraks ou leurs pulls ou les remettant selon que le soleil apparaissait ou disparaissait, repoussant les mèches de cheveux sous le bonnet de laine ou les chemises à carreaux qui dépassaient des ceintures, cherchant les mouchoirs dans les poches pour moucher des nez gelés et rouges, ôtant et remettant, pour toutes ces opérations, leurs gros gants qui tombaient parfois dans la neige et qu'il fallait alors repêcher avec la pointe des bâtons : cette agitation de petits gestes désordonnés parcourait la file et devenait frénétique au sommet, là où il fallait ouvrir les fermetures Éclair de toutes les poches pour chercher où était passé l'argent du ticket ou bien l'abonnement et le tendre au gars du remonte-pente qui y faisait des trous ; remettre ensuite toutes ces affaires dans les poches, passer les gros gants et joindre les deux bâtons, la pointe de l'un enfilée dans la rondelle de l'autre afin de pouvoir les tenir d'une seule main, tout cela en gravissant le bout de chemin avant le départ où il fallait être prêt à passer la pioche du remonte-pente sous les fesses et à se laisser traîner vers le haut par saccades.

Le garçon aux lunettes vertes se trouvait au milieu de la file, transi, avec, à côté de lui, un gros garçon qui poussait. Et pendant qu'ils étaient là passa la jeune fille au capuchon bleu ciel. Elle ne se mit pas à la queue ; elle avançait, vers le haut, le long du sentier. Et, en montant, elle déplaçait légèrement les skis, comme si elle marchait.

— Qu'est-ce qu'elle fait, celle-là ? Elle veut monter à pieds ? demanda le gros garçon qui poussait.

— Elle a des peaux de phoque, dit le garçon aux lunettes vertes.

— Je voudrais bien la voir quand elle sera là où ça devient plus raide, dit le gros.

— Elle ne peut pas faire trop la maligne, ça c'est certain !

La fille avançait d'un pas sans effort, avec un mouvement régulier de ses hauts genoux — elle avait de très longues jambes, dans des pantalons serrés, tendus sur les chevilles —, rythmiquement, en levant et baissant ses bâtons qui brillaient. Le soleil, dans l'air gelé et blanc, apparaissait parfaitement dessiné, jaune, avec tous ses rayons : sur les étendues de neige, sans une ombre, on ne distinguait les bosses, les anfractuosités et les pistes damées qu'à l'aide de son scintillement. Dans l'anorak bleu ciel, le visage de la fille blonde était d'un rose qui devenait rouge sur les joues, contre la peluche blanche à l'intérieur du capuchon. Elle riait au soleil, ouvrant à peine les yeux. Elle grimpait, légère, sur ses peaux de phoque. Les garçons du groupe de l'autocar, les oreilles gelées, les lèvres desséchées, les nez reniflant leur morve, ne parvenaient pas à détacher leurs yeux d'elle, et ils se laissèrent pousser dans la queue ; jusqu'à ce qu'elle eût dépassé un surplomb et eût disparu.

Au fur et à mesure que venait leur tour, avec quelques empêchements et faux départs, ceux du groupe commençaient à monter deux par deux, tirés sur la piste presque verticale. Le garçon aux lunettes vertes eut droit à la même pioche que le gros qui poussait. Et voilà qu'à mi-chemin, ils la revirent.

— Mais comment elle a fait pour arriver jusqu'ici, celle-là ?

A cet endroit, le parcours du remonte-pente côtoyait une sorte de petite vallée, où un sentier s'enfonçait entre deux hautes dunes de neige et quelques rares sapins frangés de broderies glacées. La fille bleu ciel avançait de son pas précis, avec cette belle poussée en avant des mains gantées, serrées sur la poignée des bâtons, sans s'essouffler.

— Ouh ! criaient-ils depuis leur siège, en montant avec les jambes raides. Elle va presque arriver avant nous !

Elle gardait aux lèvres son gentil sourire, et le garçon aux lunettes vertes demeura confus, et n'osa pas continuer dans les lazzi parce qu'elle baissait les cils, et il se sentit comme annulé.

Dès qu'il fut arrivé au sommet, il s'élança aussitôt dans la pente, avec, derrière lui, le gros, l'un et l'autre aussi lourds que deux sacs de charbon. Mais ce qu'il cherchait, en se donnant beaucoup de mal le long de la piste, c'était à repérer encore l'anorak bleu ciel, et il se lança vers le bas en ligne droite, pour faire voir qu'il était courageux et cacher en même temps sa maladresse quand il prenait les virages. « Attention ! Attention ! », criait-il inutilement, parce que le gros lui aussi et tous ceux du groupe étaient en train de descendre à tombeau ouvert en criant : « Attention ! Attention ! » et tombaient les uns après les autres sur le derrière ou sur le ventre, et lui seul fendait encore l'air plié en deux sur les skis, jusqu'au moment où il la vit. La jeune fille continuait à monter, en dehors de la piste, dans la neige fraîche. Le garçon aux lunettes vertes l'effleura en passant comme une flèche, se planta dans la neige fraîche et y disparut, la tête la première.

Mais au bas de la descente, le souffle coupé, enfariné de neige de la tête aux pieds, vas-y, fonce ! il était de nouveau là avec tous les autres en train de faire la queue pour le remonte-pente, puis de nouveau, vas-y, fonce ! puis encore jusqu'au sommet. Cette fois-ci, il la rencontra pendant qu'elle était en train de descendre elle aussi. Comment ça se passait ? Pour eux, était un champion celui qui fonçait droit comme un fou.

— Bah ! Après tout, elle n'est pas tellement champion, la blonde, s'empressa de dire le gros, avec soulagement.

La fille bleu ciel descendait bellement, prenant avec exactitude tous les virages, ou plutôt, jusqu'au dernier moment on ne savait pas si elle voulait tourner ou faire autre chose, et tout à coup ils la voyaient descendre dans la direction opposée à la précédente. Elle descendait en prenant tout son temps, aurait-on dit, s'arrêtant çà et là pour étudier le parcours, bien droite sur ses longues jambes ; et pourtant ceux de l'autocar ne parvenaient pas à la suivre. Jusqu'à ce que même le gros finisse par admettre :

— Tu parles ! Elle fonce comme un dieu !

Ils n'auraient pas pu expliquer pourquoi, mais c'était ce qui les laissait bouche bée : tous ses mouvements lui venaient comme les plus simples et les mieux adaptés à sa personne, sans qu'elle trébuche jamais sur un centimètre, sans une ombre de trouble ou d'effort, ou d'acharnement à faire quelque chose à tout prix, mais le faisant comme ça, naturellement ; et prenant même, selon l'état de la piste, certaines allures un peu incertaines, comme quelqu'un qui marche sur la pointe des pieds, ce qui était sa façon à elle de surmonter des difficultés sans laisser percevoir si elle les prenait ou pas au sérieux ; en somme, sans avoir l'air sûr de quelqu'un qui fait les choses comme il faut qu'elles soient faites, mais avec une pointe de réticence, comme si elle essayait d'imiter quelqu'un qui skie bien et qu'il lui arrivât toujours de skier mieux : voilà la façon dont la jeune fille bleu ciel avançait sur ses skis.

Alors, les uns après les autres, lourds, maladroits, arrachant les christianas, forçant en slalom dans les virages chasse-neige, ceux de l'autocar s'élancèrent tous derrière elle, essayant de la suivre, de la dépasser, en criant, se raillant mutuellement, mais tout ce qu'ils obtenaient, c'était de se précipiter en direction de la vallée, avec des mouvements désordonnés des épaules, les bras tenant les bâtons à l'avant, les skis qui se croisaient, les chaussures qui sortaient des fixations, et, partout où ils passaient, la neige s'ouvrait sur des trous faits par des coups de fesses, de hanches, des plongeons la tête la première.

A chaque chute, dès qu'ils levaient la tête, c'est elle qu'ils cherchaient du regard. Traversant leur avalanche, la jeune fille bleu ciel descendait avec ses mouvements légers, et les plis droits de ses pantalons à peine tendus faisaient souplement un angle à intervalles rythmés, et on ne comprenait pas si son sourire était de participation aux prouesses et aux contretemps de ses compagnons de descente ou bien le signe qu'elle ne les voyait même pas.

Le soleil entre-temps, au lieu de prendre plus de force en s'approchant de midi, s'engourdissait tout entier jusqu'à ce qu'il eût disparu, comme avalé par un papier buvard. L'air s'emplit de légers cristaux sans couleur qui volaient obliquement. C'était du grésil : on ne voyait rien à deux mètres. Les garçons skiaient à l'aveuglette, criant et s'appelant, et sortaient de la piste à tout bout de champ et, vas-y, fonce ! ils tombaient. L'air et la neige étaient maintenant d'une même couleur, blanc opaque, mais en ouvrant grands les yeux, pour peu qu'il y eût des zones moins denses, voilà qu'ils apercevaient l'ombre bleu ciel comme suspendue là, au milieu, en train de voler de ci de là comme sur la corde d'un violon.

Le grésil avait dispersé la queue au bas du remonte-pente. Le garçon aux lunettes vertes se retrouva sans s'en rendre compte près de la guérite de la station de départ. On ne voyait pas ses camarades. La fille au capuchon bleu ciel était déjà là. Elle attendait la pioche, qui était en train de faire le tour de la roue.

— Vite ! cria le gars du remonte-pente en s'adressant à lui, saisissant au vol la pioche et la retenant pour que la fille ne parte pas seule.

En montant en canard, il réussit à se mettre à côté de la fille juste à temps pour partir avec elle, la faisant presque tomber lorsqu'il s'agrippa à la perche. Elle fit en sorte de garder l'équilibre jusqu'à ce qu'il parvienne à se redresser, bougonnant des récriminations auxquelles elle répondit par un rire étouffé comme un gloussement de caille, étouffée par l'anorak qui remontait jusqu'à sa bouche. A présent, le capuchon bleu ciel, comme le casque d'une armure, ne laissait découverts que le nez, légèrement aquilin, les yeux, quelques boucles sur le front et les pommettes des joues. C'est ainsi que la voyait le garçon aux lunettes vertes, de profil, et il ne savait pas s'il devait être heureux de se retrouver avec elle sur la même pioche de remonte-pente ou se sentir honteux d'être là tout barbouillé de neige, les cheveux collés aux tempes, avec sa chemise qui dépassait entre le pull et la ceinture et qu'il n'osait pas, pour ne pas se déséquilibrer, remettre en place, et il lorgnait un peu vers elle et faisait aussi un peu attention à la position des skis pour qu'ils ne sortent pas du chemin aux moments de traction trop lente ou trop tendue, et c'était toujours elle qui réussissait à garder l'équilibre, en riant avec son gloussement de caille alors qu'il ne savait que dire.

Il s'était arrêté de neiger. A l'instant, même l'air brumeux se déchira et dans la déchirure apparut un ciel enfin bleu, le soleil resplendissant, une à une, les lignes nettes des montagnes glacées, empanachées seulement ici et là sur la crête par les légers lambeaux d'un nuage de neige. La fille encapuchonnée montra à nouveau sa bouche et son menton.

— Il refait beau, dit-elle, je le savais.

— Oui, dit le garçon aux lunettes vertes, il fait beau. Et la neige est bonne.

— Un peu molle.

— C'est vrai.

— Mais je l'aime comme ça, dit-elle, et même la descente dans le brouillard, c'est pas mal.

— Si on connaît la piste..., dit-il.

— Non, comme ça, dit-elle, en la devinant.

— Je l'ai déjà parcourue trois fois, dit le garçon.

— C'est bien. Moi, une seule, mais je suis montée sans remonte-pente.

— Je vous ai vue. Vous aviez mis les peaux de phoque.

— Oui. Maintenant que le soleil est là, je vais grimper jusqu'au sommet.

— Lequel ?

— Au-delà de l'arrivée du remonte-pente. Jusqu'à la crête.

— Et qu'y a-t-il là-haut ?

— On voit le glacier, on dirait qu'on va le toucher. Et les lièvres blancs.

— Les quoi ?

— Les lièvres. A cette altitude, les lièvres en hiver prennent leur fourrure blanche. Les perdrix aussi.

— Il y en a là-bas ?

— Des perdrix blanches. Avec des plumes très blanches, toutes. En été, au contraire, elles ont des plumes café au lait. D'où êtes-vous ?

— D'Italie.

— Moi je suis de Suisse.

Ils étaient arrivés. Au terminus ils s'étaient détachés du remonte-pente, lui maladroitement, elle accompagnant de la main la pioche tout le tour. Elle ôta ses skis, les mit droits, elle prit les peaux de phoque dans le petit sac qu'elle portait à la ceinture et les attacha sous les skis. Il restait à la regarder, frottant ses doigts gelés dans ses gants. Puis, quand elle commença à monter, il la suivit.

La montée à partir du remonte-pente jusqu'au sommet était dure.

Le garçon aux lunettes vertes se donnait à fond, montant un peu en canard, un peu en escalier, gravissant péniblement la pente et glissant en arrière, s'accrochant aux bâtons comme un boiteux à ses béquilles. Et elle était déjà si haut qu'il ne la voyait plus désormais.

Il arriva au sommet tout en nage, tirant la langue, à moitié aveuglé par l'étincellement qui irradiait tout autour. Là commençait le monde des glaces. La fille blonde avait ôté son anorak bleu ciel et le portait noué à la taille. Elle aussi avait mis une grosse paire de lunettes.

— Là-bas ! Vous avez vu ? Vous avez vu ?

— Qu'y a-t-il ? répondit-il, étourdi.

Un lièvre blanc avait sauté ? Une perdrix ?

— Disparu, dit-elle.

Plus loin au-dessus de la vallée voletaient les habituels oiseaux noirs des deux mille mètres qui croassaient. Le ciel de la mi-journée était maintenant devenu très clair et de là-haut le regard embrassait les pistes, les champs de neige bondés de skieurs, d'enfants avec leurs luges, le départ du remonte-pente avec la queue qui s'était reformée aussitôt, l'hôtel, les autocars arrêtés, la route qui entrait et sortait du bois noir de sapins.

La fille s'était déjà élancée dans la descente et avançait de plus en plus loin avec ses zigzags tranquilles, elle était maintenant déjà là où les pistes étaient le plus parcourues par les skieurs, mais, au milieu de toutes ces silhouettes confuses et interchangeables qui filaient, sa figure à peine dessinée comme une parenthèse oscillante ne se perdait pas, mais demeurait la seule que l'on pouvait suivre et distinguer, soustraite au hasard et au désordre. L'air était si net que le garçon aux lunettes vertes devinait sur la neige le réseau dense des empreintes des skis, droites et obliques, des sillons, des bosses, des trous, des traces de rondelles écrasées, et il lui semblait que là, dans l'embrouillamini informe de la vie, se cachât la ligne secrète, l'harmonie, que l'on ne pouvait atteindre qu'à travers la fille bleu ciel, et que ce fût son miracle à elle de choisir à chaque instant dans le chaos des mille mouvements possibles celui-là seul qui était juste et limpide et léger et nécessaire, ce geste-là et celui-là seul, parmi les mille gestes perdus, qui comptât.

L'aventure d'un automobiliste

A peine sorti de la ville, je m'aperçois qu'il fait noir. J'allume les phares. Je vais, en voiture, de A. à B., par une route à trois voies, de celles où la voie du milieu sert pour les dépassements dans les deux sens. Pour conduire de nuit, même les yeux doivent comme suspendre un dispositif qu'ils ont au-dedans d'eux et en allumer un autre, parce qu'ils n'ont plus à se forcer pour distinguer, d'entre les ombres et les couleurs atténuées du paysage du soir, la petite tache au loin des autos qui viennent à votre rencontre ou qui vous précèdent ; ils doivent en revanche contrôler une espèce de tableau noir qui demande une lecture d'un ordre différent, plus précise mais simplifiée, étant donné que l'obscurité dissimule tous les détails du tableau qui pourraient vous distraire, mettant en évidence seulement les éléments indispensables : lignes blanches sur l'asphalte, lumières jaunes des phares et feux de position rouges. C'est une façon de faire qui se déclenche automatiquement, et si ce soir je suis quant à moi porté à y réfléchir, c'est parce que, maintenant que les possibilités de distraction par l'extérieur diminuent, celles par l'intérieur prennent en moi le dessus, mes pensées circulent pour leur propre compte suivant un circuit d'alternatives et d'interrogations que je ne réussis pas à éviter ; en somme je dois faire un effort tout particulier pour me concentrer sur la conduite.

J'ai pris ma voiture à l'improviste, après une dispute au téléphone avec Y. J'habite à A., Y. habite à B. Je ne pensais pas aller la retrouver ce soir, mais, pendant notre coup de téléphone quotidien, nous nous sommes dit des choses très graves ; à la fin, poussé par le ressentiment, j'ai dit à Y. que j'avais l'intention de rompre nos relations ; Y. a répondu que cela lui était égal et qu'elle allait téléphoner à Z., mon rival. A ce moment, l'un de nous — je ne me rappelle plus si c'est elle ou moi — a coupé la communication. Il ne s'était pas passé une minute que déjà je m'étais rendu compte que l'occasion de notre dispute était peu de chose, comparée aux conséquences qu'elle provoquait. Rappeler Y. au téléphone aurait été une erreur ; la seule façon d'arranger la chose était de faire un saut jusqu'à B. et d'avoir avec Y. une explication de vive voix. Me voici par conséquent sur cette route, que j'ai faite des centaines de fois à toutes les heures et dans toutes les saisons, mais qui ne m'avait jamais paru aussi longue.

Pour mieux dire, il me semble que j'ai perdu le sens de l'espace et du temps : les cônes de lumière projetés par les phares engloutissent dans l'indistinction le profil des lieux ; les kilométrages sur les panneaux, de même que les chiffres qui se marquent au compteur, sont des faits qui ne me disent rien, qui ne répondent pas à l'urgence de mes interrogations quant à ce que Y. en ce moment même fait, ou pense. Avait-elle vraiment l'intention d'appeler Z. ou bien n'était-ce qu'une menace en l'air, pour se venger ? Et, si elle parlait sérieusement, l'aura-t-elle fait tout de suite après notre coup de téléphone ou bien aura-t-elle voulu y réfléchir un peu, laissant refroidir sa colère avant de se décider ? Z. habite, tout comme moi, à A. ; depuis des années il aime Y., sans succès ; si elle lui a téléphoné pour l'inviter à venir la voir, il se sera précipité en voiture à B., sans aucun doute ; par conséquent, lui aussi est en train de rouler sur cette route ; chaque voiture qui me dépasse, ce pourrait être la sienne, et de même chaque voiture que moi je dépasse. M'en assurer n'est pas facile : les voitures qui vont dans la même direction que moi, ce sont deux points rouges quand elles me précèdent et deux grands ronds jaunes quand je les regarde qui me suivent, dans mon rétroviseur. Au moment où on se dépasse, je ne peux guère reconnaître que, tout au plus, le type de voiture, et combien de personnes s'y trouvent, mais les autos où le conducteur se trouve seul sont la grande majorité et, quant au modèle, il ne m'apparaît pas que la voiture de Z. soit spécialement reconnaissable.

Comme si cela ne suffisait pas, il se met à pleuvoir. Le champ visuel se réduit au demi-cercle de vitre balayé par l'essuie-glace, tout le reste n'est plus qu'obscurité striée et opaque ; comme informations qui me viennent du dehors, il n'y a plus que des lueurs jaunes et rouges déformées dans le tourbillon de l'eau. Tout ce que je peux faire à propos de Z., c'est m'efforcer de le dépasser et lui interdire de me dépasser, quelle que soit sa voiture, je ne saurai jamais laquelle c'est. Pour moi, toutes les voitures sans distinctions qui vont vers B. sont des ennemies : chaque auto plus rapide que la mienne qui, non sans mal, me fait signe avec son clignotant dans mon rétroviseur pour me demander la voie libre provoque en moi un élan de jalousie ; et chaque fois que devant moi je vois diminuer la distance qui me sépare des feux arrière d'un rival, c'est comme un sursaut triomphal qui me pousse dans la voie du milieu, pour arriver chez Y. avant lui.

Quelques minutes d'avance me suffiraient : en voyant avec quelle promptitude je suis accouru vers elle, Y. oubliera aussitôt les raisons de la dispute ; tout entre nous reviendra comme avant ; en arrivant, Z. comprendra qu'il n'a été appelé que par une sorte de jeu entre nous deux ; il se sentira de trop. Même, peut-être que maintenant déjà Y. regrette tout ce qu'elle m'a dit, peut-être a-t-elle essayé de me rappeler au téléphone, ou peut-être qu'elle aussi a pensé comme moi que la meilleure chose à faire était de venir en personne, elle a pris le volant, voici qu'elle roule dans le sens contraire au mien, sur cette même route.

A présent j'ai cessé de prêter attention aux voitures qui vont dans la même direction que moi et je regarde celles qui viennent à ma rencontre et qui pour moi n'existent que par l'étoile double de leurs phares, qui se dilate jusqu'au moment où elle balaie l'obscurité de mon champ visuel pour ensuite disparaître d'un coup dans mon dos en traînant derrière elle une espèce de luminosité sous-marine. Y. a une voiture d'un modèle très commun ;

comme la mienne, du reste. Chacune de ces apparitions lumineuses, ce pourrait être elle qui roule vers moi, à chacune je sens quelque chose qui me remue le sang, comme pour une intimité destinée à demeurer secrète, le message amoureux adressé exclusivement à moi se confond avec tous les autres messages qui courent tout au long de la route, et cependant je ne saurais désirer d'elle un autre message que celui-ci.

Je m'aperçois que, roulant vers Y., ce que je désire le plus, ce n'est pas de trouver Y. au terme de mon voyage : je veux que Y. roule vers moi, voilà la réponse dont j'ai besoin ; c'est-à-dire que j'ai besoin qu'elle sache que moi je roule vers elle, mais dans le même temps j'ai besoin de savoir qu'elle roule vers moi... L'unique pensée qui me réconforte est pourtant celle-là même qui me tourmente le plus : la pensée que si en ce moment Y. roule en direction de A., elle aussi, chaque fois qu'elle verra les phares d'une auto en route vers B., se demandera si c'est moi qui roule vers elle, et désirera que ce soit moi, et ne pourra jamais en être sûre. Là, maintenant, deux voitures qui vont en sens opposé se sont trouvées pour une seconde flanc contre flanc, une flamme a illuminé les gouttes de pluie et le bruit des moteurs s'est fondu comme en un brusque souffle de vent : peut-être était-ce nous, ou si vous voulez il est certain que moi-même j'étais moi, si cela signifie quelque chose, et l'autre ce pouvait être elle, c'est-à-dire celle dont je voudrais que ce soit elle, son signe à elle où je veux le reconnaître, bien que ce soit précisément le signe même qui me la rend non reconnaissable. Rouler sur la route est la seule façon qui nous reste, à moi et à elle, pour exprimer ce que nous avons à nous dire, mais nous ne pouvons pas nous le communiquer ni non plus en recevoir communication aussi longtemps que nous roulons.

Sans doute je me suis mis au volant pour arriver chez elle le plus vite possible ; mais plus j'avance, plus je me rends compte que le moment de mon arrivée ne sera pas la véritable fin de mon voyage. Nos retrouvailles, avec tous les détails inessentiels que comporte une scène de retrouvailles, le minutieux filet de sensations significations souvenirs qui se déploiera devant moi — la pièce avec le philodendron, la lampe en opaline, les boucles d'oreilles — et les choses que je dirai, certaines à coup sûr de travers, ou équivoques, et les choses qu'elle à son tour dira, de quelque manière probablement détonantes ou qui du moins parfois ne seront pas celles à quoi je m'attendais, et tout le déroulement d'imprévisibles conséquences que chaque geste ou chaque mot comporte mettront autour des choses que nous avons à nous dire, ou, mieux, que nous voulons nous entendre dire, un nuage tapageur tel que la communication déjà difficile au téléphone s'en trouvera encore plus dérangée, étranglée, ensevelie comme sous une avalanche de sable. C'est pour cela que j'ai éprouvé le besoin, plutôt que de continuer à parler, de transformer les choses à dire en un cône de lumière lancé à cent quarante à l'heure, de me transformer moi-même en ce cône de lumière qui se déplace sur la route, parce qu'il est certain qu'un tel signal peut être reçu par elle et compris, sans se perdre dans l'équivoque désordre des vibrations secondaires, de la même façon que moi-même, pour recevoir et comprendre les choses qu'elle a à me dire, je voudrais n'être rien d'autre (même, je voudrais qu'elle ne soit rien d'autre) que ce cône de lumière que je vois s'avancer sur la route à une vitesse de (je le dis comme ça, à vue d'œil) cent dix, cent vingt. Ce qui compte, c'est de communiquer l'indispensable en laissant tomber tout le superflu, de nous réduire nous-mêmes à une communication essentielle, à un signal lumineux qui se déplace en une direction donnée, supprimant la complexité de nos personnes, situations et expressions faciales, les laissant dans cette boîte d'ombre que les phares reportent en arrière et dissimulent. La Y. que pour ma part j'aime en réalité est ce faisceau de rayons lumineux et mouvants, et tout le reste de son individu peut bien rester implicite ; et le moi qu'elle, de son côté, peut aimer, le moi qui a le pouvoir d'entrer dans ce circuit d'exaltation qu'est sa vie affective, c'est le clignotement de ce dépassement que, par amour d'elle et non sans risque, je tente maintenant.

Et pourtant, avec Z. (car je n'ai pas oublié Z.), le

rapport juste avec lui, je ne peux l'établir que s'il n'est pour moi qu'un éclair ou éblouissement qui me suit, ou des feux de position que moi-même je suis : parce que, si je commence à prendre en considération sa personne, avec — disons — tout ce qui s'y trouve de pathétique mais en même temps d'incontestablement déplaisant, encore que — je dois l'admettre — explicable, avec toute son ennuyeuse histoire qui le regarde d'un amour malheureux et sa façon de se comporter toujours un peu équivoque... bon, on ne sait plus où on finira. Au contraire, tant que tout cela continue de cette façon-ci, ça va très bien : Z. qui essaie de me dépasser ou bien qui se laisse dépasser par moi (mais quant à moi je ne sais pas si c'est bien lui), Y. qui accélère en ma direction (mais je ne sais pas si c'est bien elle) regrettant et amoureuse de nouveau, moi qui accours vers elle jaloux et anxieux (mais je ne peux pas le lui faire savoir, pas plus à elle qu'à n'importe qui).

Sans doute, si sur la route j'étais absolument seul, si je n'y voyais rouler d'autres voitures aussi bien dans un sens que dans l'autre, alors, tout serait bien plus clair, j'aurais la certitude que ni d'une part Z. ne s'est mis en mouvement pour me supplanter, ni de l'autre Y. ne s'y est mise pour me retrouver, faits que je pourrais consigner soit à l'actif soit au passif de mon bilan, mais qui en tout cas ne laisseraient pas de prise au doute. Et pourtant, s'il m'était permis de substituer à mon présent état d'incertitude une telle assurance, négative, je me refuserais sans remords au change. La condition idéale qui pourrait exclure toute espèce de doute, ce serait que dans cet endroit du monde n'existent que trois automobiles en tout : la mienne, celle de Y. et celle de Z. : alors et en ce cas aucune voiture ne pourrait aller dans le sens où je vais sinon celle de Z., et la seule voiture en route dans le sens inverse, ce serait celle de Y. Tout au contraire, d'entre les centaines de voitures que la nuit et la pluie réduisent à d'anonymes lueurs, seul un observateur immobile, et encore, placé dans une position favorable, pourrait distinguer entre une voiture et une autre et finalement reconnaître qui est dedans. Voilà la contradiction où je me trouve : si je veux recevoir un message, je dois renoncer pour ma part à être un message, mais le message que je voudrais recevoir de Y. — à savoir que Y. elle-même s'est faite message — n'a de valeur que si moi-même à mon tour je me suis fait message, et d'autre part le message que je suis devenu n'a de sens que si Y. ne se contente pas de le recevoir comme une quelconque réceptrice de messages, mais si elle est elle-même ce message que j'attends d'elle de recevoir.

Désormais, arriver à B., monter à l'appartement de Y., voir qu'elle est restée là avec son mal de crâne à ruminer les raisons de la dispute, ne me donnerait plus aucune satisfaction ; si d'ailleurs j'y trouvais en plus Z., il en sortirait une scène de vaudeville, détestable ; et si en revanche j'en arrivais à apprendre que Z. s'est bien gardé de venir ou encore que Y. n'a pas mis à exécution sa menace de lui téléphoner, j'aurais le sentiment quant à moi d'avoir joué le rôle du crétin. D'autre part, si j'étais pour ma part resté à Y., et que Y. y fût venue me demander pardon, je me serais trouvé dans une situation gênante : j'aurais vu Y. avec d'autres yeux, comme une faible femme, se raccrochant à moi, quelque chose entre nous aurait changé. Je ne suis plus en mesure d'admettre d'autre situation que cette transformation de nous-mêmes en messages de nous-mêmes. Et Z. ? Z. lui-même ne doit pas échapper à notre sort, il doit lui aussi se transformer en message de lui-même : attention, si moi je roule vers Y., jaloux de Z., et si Y. roule vers moi, repentante, afin de fuir Z., tandis que Z. n'a pas eu l'idée de sortir de chez lui…

A mi-chemin, sur la route, il y a une station-service. Je m'arrête, je cours au bar, je prends un jeton, je forme l'indicatif de B., le numéro de Y. Pas de réponse. Avec joie je reprends le jeton : il est clair que Y. n'a pas tenu d'impatience, qu'elle a pris sa voiture, qu'elle roule vers A. Me revoici maintenant sur la route, mais dans l'autre sens, je roule vers A. moi aussi. Toutes les voitures que je dépasse, ce pourrait être Y., ou encore toutes les voitures qui me dépassent. Sur l'autre voie, toutes les voitures qui vont dans le sens opposé, ce pourrait être Z., l'imbécile.

Ou encore : Y. elle aussi s'est arrêtée à une station-service, elle a téléphoné chez moi à A., ne m'y trouvant pas elle a compris que j'arrive à B., elle a repris en sens contraire. Nous roulons maintenant dans des directions opposées, nous éloignant l'un de l'autre, et la voiture que je dépasse ou bien qui me dépasse, c'est celle de Z. qui lui aussi à mi-chemin a essayé de téléphoner à Y...

Tout est encore plus incertain, mais je vois bien qu'à présent j'ai atteint un état de calme intérieur : aussi longtemps que nous pourrons nous appeler au téléphone et qu'il n'y aura personne pour répondre, nous continuerons tous trois à rouler dans un sens et dans l'autre le long de ces lignes blanches, sans points de départ ni d'arrivée qui chargeraient de sensations et significations l'univocité de notre voyage, nous sommes finalement délivrés de l'encombrante épaisseur de nos personnes voix états d'âme, réduits finalement à des signaux lumineux, seule façon d'être appropriée pour qui veut s'identifier à ce qu'il dit en évitant le ronflement déformant que notre présence propre ou celle d'autrui ajoute à ce que nous disons.

Le prix à payer sans doute est élevé, mais nous devons l'accepter : ne pas pouvoir nous distinguer des si nombreux signaux qui passent par cette route, chacun avec un sens qui demeure caché et indéchiffrable, parce que au-dehors de soi il n'y a plus personne qui soit capable de le recevoir ni de l'entendre.

On [illegible] elle aussi vers [illegible]
[illegible] que [illegible]
que elle [illegible] a [illegible]
[illegible]
[illegible] ou de [illegible] et la [illegible]
[illegible]
[illegible]

[illegible] un coup de [illegible] pour [illegible]
[illegible] les [illegible]
et qu'il y a [illegible] nous [illegible]
[illegible]
[illegible]
qu'il [illegible]
de [illegible]
[illegible]
d'[illegible]
[illegible]
[illegible]
[illegible]

Le [illegible]
[illegible]
[illegible]
[illegible]
[illegible]
[illegible]

DEUXIÈME PARTIE

La vie difficile

La fourmi argentine

Nous n'en savions rien, des fourmis, quand nous sommes venus nous installer ici. Il nous semblait que nous allions enfin connaître la tranquillité ; le ciel, le feuillage avaient des couleurs gaies, presque trop gaies pour nos soucis, à ma femme et à moi ; comment pouvions-nous imaginer cette histoire de fourmis ? A bien y réfléchir, l'oncle Gustave avait dû nous en dire un mot : « Là-bas, vous allez voir, les fourmis... elles ne sont pas comme ici, les fourmis... » ; mais c'était une parenthèse au milieu d'un autre sujet, une remarque faite en passant, peut-être à propos de fourmis qui couraient là tandis qu'on bavardait ; des fourmis ? non, pas même : une fourmi que nous avions dû voir, partie à l'aventure, une de ces grosses fourmis de chez nous (car elles me paraissent grosses aujourd'hui) ; en tout cas l'allusion de l'oncle ne modifiait en rien la description qu'il était en train de nous faire de ce pays-ci, où la vie, par quelque circonstance qu'il ne savait pas bien nous expliquer, était plus facile et les gains, sinon assurés, pour le moins probables — on le voyait assez par tous ceux (lui, l'oncle Gustave, était une exception) qui s'y étaient établis.

Pourquoi il s'était senti si bien ici, l'oncle, nous commençâmes à le deviner dès le premier soir, en voyant la transparence de l'air après souper, en songeant au plaisir de flâner par les chemins vers la campagne, de s'asseoir sur une murette de pont, comme faisaient certains, et puis surtout en découvrant une auberge qu'il avait fréquentée, avec un jardin par-derrière, et une bande de gaillards bas sur pattes, à peu près de son âge, mais braillards et hâbleurs, qui affirmaient avoir été ses compères : des gens sans métier défini, eux aussi, il me semble, hommes de peine à l'occasion — encore que l'un, pour se vanter peut-être, se soit prétendu horloger ; nous remarquâmes que, pour évoquer l'oncle Gustave, ils usaient toujours d'un surnom, repris en chœur et salué de lazzi ; derrière le comptoir, une femme, qui n'était pas jeune elle non plus, assez grasse, vêtue d'un chemisier blanc ajouré, accompagnait la scène d'un rire jaune. Nous comprîmes, ma femme et moi, combien tout cela avait dû compter pour l'oncle : un surnom, des soirées claires passées à blaguer sur les ponts, un corsage ajouré courant de la cuisine au jardinet et, le lendemain, quelques heures à décharger des sacs pour la fabrique de pâtes ; nous voyions bien pourquoi, de retour parmi les siens, il n'avait cessé de regretter ce pays-ci.

Ce sont là des choses que j'aurais su apprécier, moi aussi, si j'avais été un jeune homme libre de tous soucis, ou un chef de famille bien installé. Mais au point où nous en étions — avec le bébé à peine guéri, le travail à chercher — nous ne pouvions guère nous apercevoir de ces menus plaisirs qui avaient suffi au bonheur de l'oncle Gustave ; et même, de nous en apercevoir nous attristait plutôt, car, parmi des gens contents de leur sort, nous sentions davantage notre malchance Des riens (ou peu s'en faut) nous tracassaient, comme s'ils surgissaient là pour ajouter à notre angoisse (nous qui ne savions rien encore des fourmis) ; et Mme Mauro, en nous accablant de recommandations tandis qu'elle nous montrait la maison, nous donnait le sentiment de pénétrer dans une mer bien dangereuse. Je me souviens d'un long discours à propos du compteur à gaz : nous l'écoutions si attentivement — « Sans doute, madame Mauro. Nous y veillerons, madame Mauro. Espérons que non, madame Mauro » — que quand son regard se mit à glisser le long du mur, comme pour lire quelque chose, nous n'y prêtâmes même pas attention ; elle avança le bout des doigts, puis les secoua comme pour faire tomber des gouttes d'eau, des grains de sable ou de poussière (nous nous le rappelons très bien aujourd'hui), mais sans dire le mot « fourmi », de cela nous sommes sûrs. Sans doute parce que la présence, là, des fourmis était naturelle, comme celle des murs et du toit ; surtout il nous est resté, à ma femme et à moi, le soupçon que Mme Mauro s'ingéniait à nous la cacher jusqu'à la dernière minute, et que tous ses discours, ses conseils avaient un but précis : donner de l'importance à d'autres choses pour mieux camoufler celle-là.

Quand Mme Mauro fut partie, je transportai les matelas dans la maison ; ma femme, qui n'arrivait pas à porter la table de nuit, m'appela ; puis elle voulut sur-le-champ se mettre à nettoyer la cuisine et s'agenouilla. Je lui dis :

— Il est tard, laisse faire. Attendons demain ; maintenant, installons-nous tant bien que mal pour passer la nuit.

Le petit pleurnichait, il tombait de sommeil ; le plus urgent était de préparer son berceau et de le coucher. Dans nos campagnes, on utilise pour les enfants en bas âge une sorte de panière longue, que nous avions emportée avec nous ; nous retirâmes le linge dont nous l'avions remplie et trouvâmes un bon endroit où la mettre : une console, pas trop haute — pour le cas où elle tomberait —, et dans un coin bien sec. Notre fils s'endormit tout de suite ; nous deux, nous examinâmes ce logis (rien qu'une pièce, divisée par une cloison ; quatre murs et le toit) où se marquait peu à peu notre présence.

— Bien sûr, il faudra qu'on badigeonne, répondis-je à ma femme, en levant les yeux au plafond.

Et déjà, du coude, je la poussais dehors ; elle aurait voulu inspecter encore les cabinets : une sorte de cahute sur la gauche, mais moi j'avais envie de l'emmener faire un tour dans notre terrain ; car la maison était entourée d'un bout de terre : deux larges plates-bandes ou carrés potagers, incultes, avec au milieu un passage couvert d'une armature de fer, à présent dégarnie, comme on en met pour les plantes grimpantes, les courges ou la vigne. Mme Mauro avait offert de me donner ce lopin à cultiver — ce serait notre potager — sans nous demander de loyer parce qu'il était resté longtemps en friche ; il est vrai que, tout à l'heure, elle n'en avait pas reparlé — nous non plus, d'ailleurs, car nous avions suffisamment de pain sur la planche. En nous promenant sur ce terrain, le premier soir, nous voulions seulement nous convaincre que nous arrivions à nous familiariser avec les lieux et même, de quelque façon, à en prendre possession ; pour la première fois, la perspective d'une vie stable s'offrait à nous, avec des soirées régulières, chaque fois moins anxieuses, que nous passerions à nous promener entre nos planches de légumes. Tout cela, certes, je ne le dis pas à ma femme ; mais j'étais impatient de voir qu'elle sentait les mêmes choses et j'eus l'impression que ces quelques pas produisaient sur elle l'effet que je souhaitais : elle parlait d'une voix adoucie, avec de longues pauses, et nous avancions bras dessus bras dessous sans qu'elle se dérobe à ce geste fait pour des temps meilleurs.

Parvenus à la limite du terrain, nous vîmes, de l'autre côté de la haie, M. Reginaudo qui s'affairait, un pulvérisateur en main, autour de sa villa. Je connaissais M. Reginaudo pour l'avoir rencontré, quelques mois plus tôt, quand j'étais venu régler avec la propriétaire notre installation. Je m'approchai pour le saluer, et pour lui présenter ma femme.

— Bonsoir, monsieur Reginaudo ; je ne sais si vous vous rappelez...

— Oh ! je vous remets très bien ! répondit M. Reginaudo. Bonsoir ! Alors, vous êtes notre voisin ?

C'était un homme petit, avec des lunettes, vêtu d'un pyjama et coiffé d'un chapeau de paille.

— Eh oui, nous voici voisins... Entre voisins...

Ma femme se mit à murmurer des phrases souriantes, ou plutôt des bouts de phrases, comme on en dit pour faire plaisir ; il y avait longtemps que je ne l'avais entendue parler sur ce ton-là, qui ne me plaisait pas énormément mais que je préférais aux lamentations.

— Claudia ! appela M. Reginaudo, arrive ! Voici les nouveaux locataires de la maison à Laureri !

Moi qui n'avais jamais entendu désigner par ce nom notre logis (le nom, je l'appris ensuite, d'un ancien propriétaire), je me sentis un peu comme un intrus.

Bientôt, sur le pas de la porte, apparut Mme Reginaudo, une bonne grosse femme qui essuyait ses mains après son tablier. C'étaient des gens simples ; ils nous firent très bon visage.

— A quoi diable travaillez-vous, monsieur Reginaudo, avec votre soufflet ? demandai-je.

— Bah, c'est les fourmis... Ah ! ces fourmis...

Il riait, l'air de dire : « Ça n'est pas bien grave... »

— Des fourmis, tiens ? répéta ma femme.

Elle avait eu cette voix polie, neutre, qu'elle ne prenait qu'avec les étrangers, quand elle faisait seulement semblant de prêter l'oreille à leurs propos ; moi, autant que je me souvienne, elle ne me parla jamais sur ce ton, même quand nous nous connaissions à peine.

Après force salutations, nous prîmes congé de nos voisins. Au fond, même cela : avoir un voisinage — des personnes aimables, avec qui bavarder gentiment —, c'était encore un plaisir que nous avions du mal à goûter complètement.

Sitôt rentrés, nous décidâmes de nous coucher.

— Tu entends ? me dit ma femme.

Je tendis l'oreille : on reconnaissait le chuintement du pulvérisateur de M. Reginaudo. Ma femme alla jusqu'à l'évier remplir un verre.

— Porte-m'en un, veux-tu ? lui demandai-je en ôtant ma chemise.

— Viens, viens vite ! s'écria-t-elle.

Elle avait vu les fourmis sur le robinet : leur longue caravane s'étirait sur le mur.

Nous allumâmes l'électricité (une seule ampoule pour les deux pièces) : les fourmis formaient une file compacte, d'une extrémité du mur à l'autre, elles partaient du chambranle de la porte, arrivées Dieu sait d'où ; déjà nous en avions nos mains couvertes : nous les tenions écartées à la hauteur des yeux, pour voir un peu comment elles étaient faites, ces fourmis, et nous bougions les poignets sans relâche, de peur qu'elles ne nous glissent le long des bras. C'étaient des fourmis microscopiques, impalpables, qui grouillaient, grouillaient, comme poussées par cette même démangeaison sournoise qu'elles nous causaient. Le nom ne me vint à l'esprit qu'à ce moment-là : les « fourmis argentines » (plus exactement, on disait : « la fourmi argentine ») ; j'avais bien dû l'entendre raconter une fois ou l'autre, que ce pays était celui de la « fourmi argentine » ; mais, seulement à présent, je savais à quelle sensation ces mots correspondaient : un chatouillement exaspérant, qui se propageait dans toutes les directions et qu'on n'arrivait jamais, même en serrant les poings, ou en frottant une main contre l'autre, à éliminer complètement, parce qu'il restait toujours quelque minuscule fourmi égarée, qui vous courait sur le bras ou sous les vêtements. Quand on les écrasait, les fourmis devenaient des points noirâtres — on aurait dit du sable — et les doigts conservaient longtemps une odeur acide, picotante, une odeur de fourmi.

— C'est la fourmi argentine, tu sais... Ça vient d'Amérique...

J'avais eu, malgré moi, en parlant à ma femme, l'intonation que je prenais pour lui expliquer quelque chose ; aussitôt, je m'en repentis, car je savais que ce ton lui était insupportable, et même, la rendait agressive ; sans doute devinait-elle que je n'étais pas si sûr de moi.

Mais, cette fois, elle n'eut pas l'air de m'entendre : elle était prise d'une frénésie d'anéantir, de disperser à tout le moins, ce cortège de fourmis, là, sur le mur ; elle raclait avec le tranchant de sa main, sans autre résultat que d'en avoir partout sur elle, et d'en répandre tout autour ; alors elle collait sa main sous le robinet, tâchant de faire gicler l'eau aussi haut que possible ; mais les fourmis continuaient d'avancer, même aux endroits mouillés, et ma femme avait beau tremper ses doigts dans l'eau elle n'arrivait plus à s'en défaire.

— Dire que nous avons des fourmis plein la maison ! gémissait-elle. Dire qu'elles étaient là et que nous ne les avions pas vues !

(Comme si de les voir aurait changé grand-chose...)

— Allons, allons ! lançai-je, pour deux ou trois fourmis ! Mettons-nous au lit ; demain, nous verrons bien !

Je crus bon d'ajouter :

— Allons, pour un peu de fourmi argentine !

Car j'espérais, en les appelant par le nom que leur donnaient les gens d'ici, suggérer que l'événement était connu, presque naturel.

Seulement, le visage apaisé que ma femme avait eu, tandis que nous nous promenions dehors, avait bel et bien disparu ; elle était redevenue méfiante, butée, les traits tirés comme à l'ordinaire. Dormir pour la première fois dans notre nouvelle maison ne fut pas ce que j'avais rêvé ; nous n'avions plus le soulagement d'inaugurer une existence différente et nous retrouvions l'habitude de vivre au jour le jour, sans cesse en butte à de nouveaux déboires. « Et tout ça pour quelques fourmis ! », pensais-je ou pensais-je penser, car au fond je n'étais pas sûr qu'il en allât de la sorte.

La fatigue fut plus forte que l'énervement et nous finîmes par dormir. Au milieu de la nuit, le petit se mit à pleurer et nous, dans notre lit (nous espérions toujours qu'il allait se taire et se rendormir, mais c'est qu'il n'arrêtait pas), à nous demander : « Qu'est-ce qu'il a ? Qu'est-ce qu'il peut avoir ? » Depuis qu'il était guéri, il avait cessé de crier la nuit.

— Il a les fourmis après lui ! s'écria ma femme qui s'était levée pour le bercer.

Je sortis du lit ; on vida, pêle-mêle, le contenu de la panière, on déshabilla le petit ; seulement, avec nos yeux encore bouffis de sommeil, pour arriver à les voir, ces fourmis, et à l'en débarrasser, il nous fallut le mettre sous la petite lampe, en plein dans le courant d'air qui venait de la porte, et ma femme se lamentait : « Maintenant, il va prendre froid ! » ; sans compter que, de tripoter cette peau qui au moindre frottement devenait rouge, cela faisait mal au cœur. Une file de fourmis était montée sur lui. Nous examinâmes chaque petit drap, jusqu'à ce qu'il n'en restât plus une seule.

— Et à présent, où le coucher ?

Dans notre lit, nous étions déjà à l'étroit, il se serait étouffé. Finalement, je tirai la commode à l'écart du mur, après l'avoir inspectée avec soin (non, les fourmis n'étaient pas arrivées là) ; j'ouvris un tiroir et j'y arrangeai tant bien que mal la couche du petit ; il dormait déjà quand nous l'y installâmes. Nous, il ne nous restait plus qu'à nous jeter sur notre lit, le sommeil reviendrait vite ; auparavant, ma femme voulut donner un coup d'œil aux provisions.

— Viens voir, viens voir ! Dieu du ciel ! Il y en a partout ! C'en est noir ! Au secours !

Que pouvait-on faire ? Je la pris par l'épaule :

— Allez, on y réfléchira demain ; à cette heure-ci on ne voit rien. Demain, on s'organisera, on mettra tout à l'abri ; viens te coucher !

— Mais les provisions ! Elles sont perdues !

— Hé ! tant pis pour les provisions ! C'est trop tard, maintenant. Demain, ne te tourmente pas, on détruira la fourmilière...

Pourtant, dans notre lit, à la pensée de cette vermine répandue partout, dans la nourriture, sur nos habits, nous n'étions pas tranquilles : qui sait si, en ce moment même, elles ne grimpaient pas, le long des pieds de la commode, jusque dans le tiroir...

Les coqs chantaient quand le sommeil finit par nous reprendre, pour peu de temps ; bientôt, nous recommencions à nous agiter, à nous gratter, persuadés que nous avions des fourmis dans le lit — montées jusque-là, ou restées sur nous après ce grand remuement que nous en avions fait. Si bien que ces premières heures du matin ne nous furent pas d'un grand repos ; nous nous levâmes tôt, en proie au souci de tant de choses à faire, sans parler de la bataille qu'il allait falloir engager contre l'ennemi imperceptible, qui s'était rendu maître de la maison.

La première pensée de ma femme fut pour le petit : voir si les bêtes ne l'avaient pas mordu (heureusement, il ne semblait pas), l'habiller, lui préparer à manger, tout cela au milieu de la maison enfourmillée. Je devinais quelle violence elle devait se faire pour ne pas pousser des cris à chaque instant en voyant les bourrelets de fourmis sur le bord des tasses restées dans l'évier, ou sur le bavoir, ou sur les fruits. Quand elle découvrit le lait, elle ne put se retenir :

— Il est noir !

Le lait disparaissait sous une nappe d'insectes, noyés ou qui nageaient.

— C'est le dessus, simplement ; donne-moi une cuiller.

Malgré tout, il avait un drôle de goût, et nous le bûmes à contrecœur. J'observais la caravane de fourmis, sur les murs, tâchant de voir d'où elles provenaient. Ma femme se peignait, s'habillait, avec de temps en temps un sursaut de colère vite réprimé.

— Pas question d'installer nos meubles tant qu'on n'aura pas chassé cette engeance !

— Du calme. Tu vas voir que tout s'arrange. Je vais aller chez M. Reginaudo, lui emprunter de son produit ; on saupoudre l'entrée de la fourmilière — j'ai repéré l'endroit — et en un rien de temps on est débarrassés. Seulement, patientons un peu ; on dérange peut-être, en allant chez eux d'aussi bonne heure.

Ma femme était un peu tranquillisée ; pas moi. L'entrée de la fourmilière, c'était pour la rassurer que je disais l'avoir découverte : en réalité, plus je regardais, plus je découvrais de directions au va-et-vient des fourmis, au point que les murs de cette maison, que je croyais durs et lisses comme un dé, m'apparaissaient maintenant poreux, sillonnés de fissures et de crevasses.

Pour me donner du courage, je sortis sur le pas de la porte et je regardai le frais soleil qui commençait à descendre sur les arbres ; le fouillis de mauvaises herbes qui infestait notre lopin faisait presque plaisir à voir : l'envie me prenait de me mettre vite à l'ouvrage, de nettoyer tout de fond en comble, de retourner la terre, de semer, de transplanter.

— Viens, fiston, tu vas moisir, là-dedans.

Je pris l'enfant dans mes bras et l'emmenai dans le « jardin » ; et même, pour le plaisir d'inaugurer l'habitude d'appeler ainsi nos quelques mètres carrés de terre, je répétai, pour ma femme :

— J'emmène le petit dans le jardin.

Et aussitôt je corrigeai :

— Au jardin.

La tournure me semblait plus possessive, familière.

L'enfant avait l'air heureux, au soleil.

— Ça, c'est un caroubier. Ça, c'est l'arbre à kakis...

Je le soulevai jusqu'à hauteur des branches.

— Attends, papa va t'apprendre à grimper...

Il se mit à pleurer.

— Qu'est-ce qu'il y a ? Qu'est-ce qui t'a fait peur ?

Soudain, je vis les fourmis dont le tronc poisseux de l'arbre était recouvert. J'écartai l'enfant.

— Hou, les petites fourmis...

Une inquiétude me prenait. A suivre du regard ce cordon de fourmis qui sinuait du haut du tronc jusqu'aux racines, je me rendis compte que le grouillement silencieux et presque invisible se prolongeait au ras du sol, dans toutes les directions, parmi la mauvaise herbe. Et je me demandais : « Comment pourrons-nous jamais les chasser de notre maison ? » Sur toute l'étendue de ce terrain — qui m'avait semblé, hier, trop petit et qui, à présent, à cause des fourmis, me paraissait démesuré — traînait une nappe ininterrompue de vermine jaillie, sans doute, de mille et mille fourmilières souterraines, engraissée par la nature gluante, comme mielleuse, de la terre et de la végétation ; au premier coup d'œil, je ne distinguais rien, et j'en étais déjà ragaillardi ; puis, dès que je regardais mieux, j'apercevais une fourmi qui s'avançait ; avant, après, je découvrais une longue file qui se croisait avec d'autres ; chacune des fourmis ou presque charriait des miettes, des brins de matière, minuscules certes, mais plus gros qu'elle, et, en certains points où traînaient des grumeaux de sève ou des déchets d'animal, il y avait une couronne de fourmis agglutinées, soudées ensemble, formant comme l'escarre d'une plaie.

Serrant le petit dans mes bras, je retournai près de ma femme ; pour un peu, j'aurais couru : je sentais les fourmis me grimper sur les pieds.

— Voilà, tu l'as fait pleurer. Qu'est-ce qu'il a ?

— Rien, rien, me hâtai-je de la rassurer, il a vu deux

fourmis sur un arbre, il est sous l'impression de cette nuit, il doit sentir encore un peu de démangeaison.

— Quelle croix. Il ne manquait plus que ça !

Elle surveillait le passage des fourmis sur le mur, s'acharnant à les écraser, une par une, avec la pointe du doigt. Moi qui avais toujours sous les yeux les millions d'insectes qui grouillaient dans le terrain devenu soudain trop vaste, je me mis en colère :

— Tu es folle ? Que fais-tu ? Ça ne sert à rien, à rien !

Elle eut un geste rageur :

— Mais l'oncle Gustave ! L'oncle Gustave, il s'est bien gardé de rien nous dire ! Et nous, pauvres imbéciles, on était là, à l'écouter, ce vieux menteur !

Au fond, qu'est-ce qu'il aurait pu nous dire ? Pour nous, le mot « fourmi », dans ce temps-là, ne pouvait exprimer l'angoisse de notre situation présente. Nous en eût-il parlé — et peut-être qu'un jour il l'avait fait, je ne sais pas — que, nous autres, nous aurions cru avoir à affronter un ennemi concret, dénombrable, avec un corps, un poids. Plus je m'efforçais de penser aux fourmis des contrées d'où nous venions, plus je me les représentais comme des bestioles, ma foi, pas du tout négligeables, que l'on peut toucher, soulever, comme les chats ou les lapins. Ici, nous trouvions en face de nous un adversaire pareil au sable ou au brouillard, contre qui la force était vaine.

Notre voisin, M. Reginaudo, se tenait dans sa cuisine, occupé à transvaser un liquide avec un entonnoir. Je l'avais appelé de dehors, puis j'étais arrivé, tout essoufflé, jusqu'à la porte-fenêtre.

— Oh ! voici notre voisin ! s'écria Reginaudo. Entrez, monsieur, entrez ! Excusez-moi, je suis dans mes mixtures ! Claudia, une chaise pour notre voisin !

Sans attendre, j'expliquai :

— Je suis venu, pardon de vous déranger, mais j'ai vu que vous aviez une poudre, c'est que nous, toute la nuit, avec les fourmis...

— Ha, ha, ha ! Les fourmis !

Mme Reginaudo, en entrant, s'était mise à rire, et son mari (avec un léger retard, me sembla-t-il, mais plus bruyamment encore) l'imita.

— Ha, ha, ha ! Les fourmis, eux aussi ! Ha, ha, ha !

Bien malgré moi, ma bouche dessina un sourire, le sourire piteux d'un homme qui mesure parfaitement le comique de la situation, mais ne sait comment y remédier ; réaction qui, du reste, correspondait à la réalité : ne venais-je pas les trouver pour leur demander de m'aider ?

— Les fourmis, cher voisin ! A qui le dites-vous !

M. Reginaudo levait les bras au ciel, en s'esclaffant. Sa femme lui faisait écho :

— A qui le dites-vous, monsieur, à qui le dites-vous !

Elle joignait ses mains sur sa poitrine, sans pour autant cesser de rire aussi fort que son mari.

— Mais voyons... Vous, il me semblait... Vous n'avez pas un produit ?

On aurait pu croire que ce qui rendait ma voix chevrotante, c'était l'envie de rire, et non le grand découragement que j'éprouvais soudain.

— Un produit ! Ha, ha, ha ! Un produit !

Les Reginaudo riaient de plus belle.

— Si nous avons un produit ? Nous en avons vingt, cent ! Tous meilleurs les uns que les autres !

Alors, ils me conduisirent dans une pièce où, par dizaines, s'empilaient sur les meubles des récipients en carton ou en fer-blanc, couverts d'étiquettes criardes.

— Voulez-vous du Prophosphan ? Voulez-vous du Myrmynex ? Préférez-vous le Cuproflit ? L'Arsenipan en poudre ou en solution ?

Ils se passaient de main en main des pinceaux, des soufflets, des vaporisateurs à piston, soulevant à l'occasion un nuage de poudre jaunâtre, une brume de gouttelettes microscopiques, dans un vague relent de pharmacie et de comices agricoles, sans arrêter de rire comme des fous.

Je leur demandai si, dans tout ça, il y avait quelque chose d'efficace.

Ils cessèrent de rire.

— Non, rien du tout.

M. Reginaudo me donna une tape sur l'épaule ; sa femme écarta les volets ; le soleil inonda la pièce. Les voisins me firent visiter la maison.

Lui portait un maillot de corps, des pantalons de pyjama à rayures roses noués sur un petit ventre rebondi ; un canotier coiffait sa tête chauve. Elle s'enveloppait dans un peignoir déteint qui découvrait parfois les bretelles de sa combinaison ; elle avait une grosse figure rougeaude qu'entourait une tignasse blonde, frisottée n'importe comment. Ils étaient tous les deux pétulants, expansifs ; chaque recoin de leur villa avait son histoire, qu'ils me racontaient, se chipant les phrases, répétant les gestes, les exclamations, comme si tous ces épisodes étaient du plus haut comique. A tel endroit, ils avaient versé de l'Arfanax en solution à deux pour mille : les fourmis, deux jours durant, avaient fui ; mais le troisième jour, elles étaient revenues ; alors, lui avait forcé la dose : dix pour mille ! Les fourmis, au lieu de passer par là, faisaient le tour par la corniche. Ailleurs, ils avaient isolé une encoignure en se servant du Crisotan, une poudre que le moindre coup de vent balayait ; il en avait fallu jusqu'à trois kilos par jour. Sur cette marche, là, ils avaient fait l'essai du Petroxid, un produit qui avait l'air de tuer les fourmis d'un coup et se contentait de les endormir. Dans ce recoin, ils avaient vaporisé du Formikill : les sales bêtes continuaient à circuler et le lendemain matin, en revanche, ils avaient trouvé un rat empoisonné. Là où le mari avait répandu du Zimophos, ingrédient qui constituait un barrage efficace, la femme avait versé de l'Italmac, qui servait d'antidote et en avait annulé les effets.

Pour nos voisins, la maison, le jardin étaient un champ de bataille où ils s'acharnaient à tracer des frontières que les fourmis ne devaient pas franchir, à repérer les chemins nouveaux qu'elles empruntaient, à essayer des mixtures, des poudres inédites, dont chacune était liée, dans leur mémoire, à quelque épisode ancien, à quelque expérience bizarre ; il suffisait maintenant d'un nom : « Vitamor ! Crépophos ! » pour qu'ils se plient en deux, se lancent des clins d'œil et des phrases chargées de sous-entendus.

Quant à détruire les fourmis — à supposer qu'ils l'eussent vraiment tenté —, ils y avaient renoncé, jugeant que pareille entreprise était vaine ; ils tâchaient seulement de leur barrer certains passages, de les dérouter, de leur faire peur, de les tenir sous bonne garde. De là un labyrinthe sans cesse recommencé, une succession d'arabesques tracées avec des drogues compliquées qu'ils préparaient au jour le jour ; un passe-temps où les fourmis représentaient l'indispensable partenaire.

— Il n'y a rien d'autre à faire contre ces bêtes, disaient-ils, non, rien d'autre... A moins de procéder comme le capitaine...

— Eh ! bien sûr, tous ces produits nous coûtent un argent fou... La méthode du capitaine, il faut le reconnaître, est plus économique...

— Naturellement, la fourmi argentine, nous ne prétendons pas l'avoir vaincue ; mais après tout, le capitaine, vous croyez qu'il est sur la bonne voie ? Hum, j'en doute...

— Pardon, qui est ce capitaine ? demandai-je.

— Vous ne connaissez pas le capitaine Brauni ? J'oubliais, vous n'êtes ici que depuis hier ! C'est notre voisin de droite, il habite la petite maison blanche... Un grand inventeur... (là-dessus, ils ricanèrent) il a inventé un système pour exterminer la fourmi argentine... Quantité de systèmes. Il les perfectionne tous les jours. Allez donc lui rendre visite.

Debout au milieu de ces quelques mètres carrés de jardin barbouillés de stries et de flaques sombres de liquides, poudrés de farines verdâtres, encombrés d'arrosoirs, de sulfateuses, de bacs en ciment où mijotaient des préparations indigo, avec, par-ci, par-là, dans les plates-bandes mal tenues, quelque maigre tige de rosier couverte d'insecticides de la racine à la pointe des feuilles, les Reginaudo, replets et sarcastiques, levaient les yeux vers le ciel limpide, satisfaits, guillerets même. Et moi, de parler avec eux m'avait, bon gré mal gré, rendu un peu de courage : non que les fourmis fussent, comme eux faisaient semblant de le croire, une chose divertissante ; mais elles ne devaient pas non plus être chose si redoutable, à s'en arracher les cheveux. Et je me disais : « Bon, les fourmis ! Et puis après ? Ça n'a jamais tué personne, une poignée de fourmis dans la maison... »

Sur ce thème, je préparais tout un petit discours tandis que je traversais notre bout de terrain, les bras chargés des boîtes et des bidons que m'avaient donnés nos voisins (choisis, ainsi que je l'avais demandé, parmi les moins nocifs, à cause du petit qui fourrait n'importe quoi dans sa bouche). Ma femme se tenait sur le pas de la porte, serrant l'enfant dans ses bras ; elle avait les yeux ternes, les joues creusées de rides : tout de suite je compris qu'elle avait lutté de toutes ses forces, puis, en découvrant de quelle quantité infinie d'insectes nous étions environnés, avait renoncé ; alors je ne me sentis plus l'envie de sourire, de plaisanter.

— Enfin, te revoilà...

Elle parlait d'une voix douce qui m'atteignit plus douloureusement encore que l'accent de colère à quoi je m'étais attendu.

— Je ne savais plus... si tu voyais... je ne savais vraiment plus...

— Attends, on va essayer ça... ça... et puis ça...

En parlant, je disposais mes récipients sur une dalle devant notre maison, et je me mis à expliquer, en toute hâte, la manière dont il fallait s'en servir : comme si je redoutais de voir ses yeux briller d'une attente illusoire que je ne me sentirais pas le cœur, ensuite, de décevoir. A présent, j'avais une autre idée en tête : je voulais sur-le-champ consulter le capitaine Brauni.

— Fais ce que je t'ai dit ; je reviens tout à l'heure.

— Tu t'en vas encore ? Où vas-tu ?

— Chez un autre voisin. Il a un système. Il faut que je voie.

Je courus vers le fil de fer couvert d'un lierre touffu qui bordait, sur la droite, notre terrain. Le soleil était caché par un nuage. Je regardai, par-dessus le grillage, la petite maison blanche entourée d'un jardin pas très vaste, bien entretenu, avec d'étroites allées de gravillon clair s'enroulant autour des plates-bandes et des bordures basses de fer battu peintes en vert, comme on en voit dans les jardins publics ; au centre de chaque plate-bande se dressait la touffe noire d'un mandarinier ou d'un citronnier.

Partout le silence, la pénombre, l'immobilité. J'hésitais, j'étais sur le point de m'éloigner quand je vis surgir, de derrière une haie bien taillée, une tête coiffée d'un chapeau de plage en toile blanche tout déformé, dont les bords rabaissés se terminaient en gouttière, puis une paire de lunettes à monture d'acier, un nez cartilagineux, et là-dessous encore le sourire tranchant d'une bouche étincelante de fausses dents, en acier elles aussi. L'homme, maigre et ligneux, était vêtu d'un pull-over, de pantalons serrés aux chevilles par des pinces de cycliste ; les pieds étaient chaussés de sandales. Il s'avançait, les yeux fixés sur le tronc d'un mandarinier, silencieux, sur ses gardes, et toujours souriant de son sourire crispé. De derrière la haie de plantes grimpantes, je demandai :

— Pardon, vous êtes bien le capitaine Brauni ?

L'homme dressa la tête, brusquement ; le sourire avait fait place à un regard glacé. Il fit signe que oui.

— Vous savez sans doute ? Je suis votre nouveau voisin, je loge dans la maison à Laureri... Je me permets de vous importuner, c'est à cause de votre système. On m'a dit...

Le capitaine, le doigt pointé, m'invitait à m'approcher ; je trouvai un endroit où le grillage s'était affaissé et sautai de l'autre côté. Le capitaine gardait toujours son doigt en l'air et, de l'autre main, montrait le point qu'il surveillait. Je vis que, contre l'arbre, courait, perpendiculairement au tronc, un morceau de fil de fer, lequel portait à son extrémité quelque chose comme des arêtes de poisson et formait à mi-chemin un angle très aigu vers le bas ; sur le tronc, sur le fil de fer, un grand chassé-croisé de fourmis ; plus bas, à la verticale du fil, était accroché un petit pot pareil à ceux qui contiennent des rillettes.

— Les fourmis, m'expliqua le capitaine, alléchées par l'odeur du poisson, s'avancent sur le fil de fer : ainsi que vous pouvez le voir, elles circulent sans encombre dans un sens et dans l'autre ; pas de risque qu'elles se heurtent. C'est le passage en V qui est dangereux ! Quand une fourmi qui monte et une qui descend viennent à se croiser ici, à la pointe du V, elles s'arrêtent, les émanations du pétrole que renferme le petit vase les étourdissent, elles tentent de poursuivre leur route, elles se bousculent, tombent et vont finir dans le pétrole. Pif, pif !

Ce « pif, pif ! » annonçait la chute de deux fourmis.

— Pif, pif ! Pif, pif ! Pif, pif ! continuait le capitaine en souriant de son sourire figé, métallique.

Chaque « pif ! » saluait le plongeon d'une fourmi, et déjà, dans le petit vase, au-dessus de deux doigts de pétrole, flottait une pellicule noirâtre de corps d'insectes, informes et agglutinés.

— En moyenne, quarante fourmis à la minute, soit deux mille quatre cents à l'heure. A condition, naturellement, de bien nettoyer le pétrole, sinon les mortes le recouvrent et celles qui tombent ensuite arrivent à s'en tirer.

J'avais du mal à détacher mes yeux de ce suintement léger, discontinu et perpétuel : nombre de fourmis franchissaient le passage dangereux et s'en revenaient, traînant entre leurs mandibules d'infimes débris de poisson ; mais immanquablement il s'en trouvait une qui à cet endroit s'arrêtait, remuait ses antennes et basculait. Le capitaine Brauni, son regard braqué à l'abri des lunettes, épiait le moindre déplacement des insectes ; à chaque fourmi tombée, un petit frisson irrépressible le secouait et les coins tendus de sa bouche mince, presque sans lèvres, palpitaient. Souvent il ne pouvait s'empêcher d'allonger les mains, pour modifier l'inclinaison du fil de fer, remuer le pétrole du gobelet, repousser contre le bord les grumeaux de fourmis noyées, ou même imprimer au dispositif une très légère secousse, pour hâter la chute des victimes. Mais ce dernier geste devait constituer une infraction à sa méthode : vite, il retirait sa main et me regardait, comme s'il eût senti le besoin de se justifier.

— Ceci est un modèle plus perfectionné...

Il m'avait conduit au pied d'un autre arbre sur le tronc

duquel courait un fil de fer muni, cette fois, à la pointe du V, d'un crin de cheval ; les fourmis croyaient trouver refuge sur le crin, mais le relent du pétrole et la soudaine exiguïté du support les affolaient au point de les faire choir instantanément. Le procédé du crin de cheval ou du fil de soie était utilisé dans plusieurs autres pièges que le capitaine me fit voir : à la tige de fer se substituait tout à coup un poil ténu et les fourmis, déconcertées par le changement, perdaient l'équilibre ; il y avait même — c'était le résultat de longues recherches — un trébuchet dans lequel, pour parvenir jusqu'à l'appât, force était de franchir un passage truqué : un crin de cheval coupé en son milieu, qui, sous le poids de la fourmi, s'écartait, la laissant choir dans le pétrole. Dans ce jardin silencieux et ordonné, pas un arbre, pas une canalisation, pas une colonne de balustrade qui ne portât, installés avec une précision rigoureuse, plusieurs de ces engins, chacun ayant en dessous sa petite écuelle de pétrole ; de sorte que les massifs de rosiers taillés avec un si grand soin et les haies de plantes grimpantes paraissaient n'être que le minutieux camouflage d'une exposition de supplices.

— Aglaé ! appela le capitaine en se dirigeant vers la porte de service.

Et, tourné vers moi :

— Je m'en vais vous montrer la prise de ces derniers jours.

Une femme s'avança sur le seuil : pâle et sèche, une allure de grand cheval, des yeux effarouchés et soupçonneux, un foulard noué autour des tempes.

— Fais voir les sacs à notre voisin.

Je compris que ce n'était pas une servante, mais l'épouse du capitaine ; je la saluai d'un signe de tête et bredouillai quelques mots, mais elle ne répondit pas. Elle disparut, et revint, traînant un sac très lourd ; les tendons de ses bras saillaient, révélant une force bien plus grande que je n'avais d'abord imaginé. Derrière la porte entrebâillée, on apercevait, à l'intérieur, une pile de sacs semblables ; la femme, sans mot dire, s'était éclipsée.

Le capitaine desserra le haut du sac, où il semblait qu'il y eût du terreau ou de l'engrais chimique, puis il y plongea le bras et ramena une poignée de quelque chose comme du marc de café, qu'il fit couler dans son autre main : des fourmis mortes, un sable léger, noir-rougeâtre, de fourmis séchées, recroquevillées, réduites à des granules où l'on ne distinguait plus tête ni pattes. Il s'en dégageait toujours la même odeur aigre, picotante. Dans la maison, il y en avait des quintaux, une pyramide de sacs comme celui-ci, tous bourrés.

— C'est formidable... Vous les détruirez toutes, à force...

— Non, objecta tranquillement le capitaine, détruire les ouvrières ne mène à rien. Il y a des fourmilières dans tous les coins, avec des reines qui en pondent par millions.

— Mais alors ?

Je m'accroupis à côté du sac ; Brauni s'était assis, une marche plus bas ; quand il me parlait, il levait le visage, le bord déformé de son chapeau de toile blanche cachait son front et la moitié de ses lunettes rondes.

— Il faut réduire les reines à la famine. Si on limite au minimum le nombre des ouvrières qui approvisionnent la fourmilière, un jour les reines resteront à jeun. Alors, je vous assure, on les verra sortir en plein été et se traîner pour chercher leur pitance avec leurs propres pattes... Ça sera le commencement de la fin...

D'un geste rageur, il boucla le sac et se leva. Je me levai moi aussi.

— Seulement, vous avez des gens qui croient arriver à un résultat en leur faisant peur... (il lança un coup d'œil vers la villa des Reginaudo, tandis qu'un rire de mépris découvrait sa denture d'acier)... et d'autres qui préfèrent les engraisser... Chacun sa méthode, n'est-ce pas ?

J'avais mal compris la seconde allusion.

— Qui ? demandai-je. Pourquoi veut-on les engraisser ?

— Vous n'avez pas eu la visite de l'homme des fourmis ?

De quel homme parlait-il ?

— Je ne sais pas... ça m'étonnerait...

— Il passera vous voir, soyez tranquille. Il fait sa tournée le jeudi, d'habitude ; s'il n'est pas venu ce matin, il viendra cet après-midi. Distribuer le fortifiant aux fourmis, ha, ha !

Je souris, mais pour lui faire plaisir, car je ne me sentais plus l'envie de suivre une piste nouvelle. Et, puisque après tout j'étais venu pour ça, je dis :

— Certes, un système meilleur que le vôtre est impossible... Pensez-vous que, chez moi aussi, je pourrais essayer ?...

— Dites-moi d'abord quel modèle vous préférez.

Là-dessus, Brauni me promena de nouveau dans son jardin, me faisant admirer plusieurs inventions que je ne connaissais pas encore. L'idée que, pour une opération tellement simple : écraser une fourmi, il fallût déployer autant d'ingéniosité et de patience, je l'admettais difficilement, mais je comprenais que l'important était d'agir avec méthode, et sans relâche ; alors le découragement me prenait : car personne au monde, à mon avis, ne pourrait égaler le formidable acharnement du capitaine.

Comme je lui expliquais que, pour nous, quelqu'un des modèles les plus simples conviendrait mieux, Brauni eut un petit reniflement d'approbation ou de dédain.

— Bon, je vais y réfléchir, je vous ferai quelques schémas.

A présent, il ne me restait plus qu'à le remercier et à prendre congé. Je sautai par-dessus la clôture ; je ne sais ce que j'éprouvai, à ne plus sentir ce petit gravillon crisser sous mes semelles : notre maison, tout enverminée qu'elle fût, me faisait l'effet d'une vraie maison, d'un endroit où l'on revient en se disant : « Enfin ! »

A la maison, je trouvai le petit barbouillé d'insecticide et ma femme dans tous ses états.

— Ne t'inquiète pas, ça n'est pas toxique ! lui dis-je, à peine entré.

Non, ça n'était pas toxique, mais pas non plus bon à manger ; notre fils hurlait, tant il avait mal. Il fallut le faire vomir ; il vomit dans la cuisine, que ma femme venait juste de nettoyer et qui, de nouveau, fut pleine de fourmis. Nous lavâmes par terre et consolâmes le bébé avant de le coucher dans la panière que nous isolâmes soigneusement, en traçant tout autour des cercles d'insecticide et en la recouvrant d'une moustiquaire qu'il fallut encore fixer, de peur qu'il ne se lève pour manger quelque autre saleté.

Ma femme avait fait les provisions ; seulement, le cabas n'était pas demeuré hors d'atteinte de l'invasion ; il ne nous restait plus qu'à tout laver, y compris le fromage et les sardines à l'huile, et à enlever l'une après l'autre les fourmis collées par-ci, par-là. J'aidai ma femme de mon mieux, je cassai le bois, j'installai le fourneau, je réglai le tirage de la cheminée, pendant qu'elle nettoyait les légumes. Mais nous n'arrivions pas à tenir en place ; à chaque instant, elle ou moi, nous sursautions : « Aïe ! ça me pique ! » et nous n'arrêtions guère de nous gratter, de nous éfourmiller, de passer un bras ou une jambe sous le robinet. Nous nous demandions où dresser la table : dans la maison ? nous y attirerions un peu plus de fourmis ; dehors ? nous en serions immédiatement couverts. Nous mangeâmes debout, en marchant, et tout ce que nous avalions avait un arrière-goût de fourmi, soit qu'il y en eût encore dans les aliments, soit que nos mains fussent comme imprégnées de cette odeur.

Le repas fini, je fis un tour dans le terrain, en fumant une cigarette. De chez les Reginaudo parvenait un tintement de vaisselle ; m'étant approché, je les vis tous deux à table, sous un grand parasol, pimpants et débonnaires, la serviette à carreaux nouée autour du cou, en train de déguster du boudin à la crème et de petits verres de vin clairet. Je leur souhaitai bon appétit, ils m'invitèrent. Mais je les voyais entourés de sachets et de bidons ; chaque plat disparaissait sous une couche de poudres jaunes ou blanchâtres, ou sous des rayures bitumineuses ; à mes narines, je ne sentais monter que relents de produits chimiques. Je répondis que c'était très aimable à eux, mais que je n'avais plus le moindre appétit, et je ne mentais pas. Leur radio jouait, discrètement, tandis qu'ils chantonnaient d'une voix pointue, en faisant le geste de trinquer.

De l'escalier où j'étais monté pour leur dire bonjour, je voyais aussi une partie du jardin des Brauni. Le capitaine, lui, avait déjà terminé son repas : il sortit de sa villa, tenant soucoupe et tasse de café, sirotant et jetant des regards de côté et d'autre, pour s'assurer, probablement, du bon fonctionnement de ses engins, et que l'agonie des fourmis suivait son cours habituel. Puis j'aperçus un hamac blanc suspendu entre deux arbres et je me doutai bien que, là-dedans, devait être allongée la grande carcasse de Mme Aglaé, mais seuls dépassaient un poignet et une main au bout de laquelle tremblait un éventail à longues branches. Les cordes du hamac étaient attachées à un étrange système d'anneaux qui, sans aucun doute, devait la protéger des fourmis ; ou alors ce hamac n'était rien d'autre qu'un nouveau piège à fourmis, et l'épouse du capitaine y tenait lieu d'appât.

Aux Reginaudo, j'évitai de parler de ma visite à la villa Brauni puisque aussi bien je savais qu'ils la commenteraient sur ce ton d'ironie vaniteuse dont usaient nos voisins, chaque fois qu'ils se comparaient l'un à l'autre. Je regardai vers le jardin de Mme Mauro, là-haut, bien au-dessus de nous, vers sa villa surmontée d'un coq tournant au gré du vent.

— Savoir si Mme Mauro en a, chez elle, des fourmis... demandai-je.

Sans doute M. et Mme Reginaudo, quand ils étaient à table, étaient-ils moins démonstratifs ; ils rirent, d'un rire très réservé, et se contentèrent de répondre :

— Si, si, si... elle en a certainement... Si, si, elle en a, c'est sûr... Elle en a, elle en a sa part...

Ma femme m'appela ; elle voulait mettre le matelas sur la table et s'allonger pour dormir un moment ; le sommier à même le sol, il n'était pas question d'empêcher les fourmis d'y grimper, tandis qu'il suffirait d'isoler les quatre pieds de la table : les fourmis, au moins pour un temps, ne pourraient pas venir. Ma femme s'étendit, moi je sortis, avec l'idée de rencontrer des personnes susceptibles de m'indiquer un travail, mais en réalité parce que j'avais grand besoin de bouger et de changer le cours de mes réflexions.

Tandis que je marchais, pourtant, j'avais des lieux une autre image que la veille : dans chaque jardin, dans chaque habitation, je croyais voir des files de fourmis montant le long des murs, couvrant les arbres fruitiers, poussant leurs antennes vers toute chose grasse ou sucrée ; et mes yeux à l'affût avaient tôt fait de noter la literie qu'on sortait pour la secouer, parce que les fourmis s'y étaient nichées, et le pulvérisateur qu'une vieille tenait à la main, et la soucoupe de poison, et parfois même la lente caravane qui progressait, imperturbable, le long d'une corniche.

N'empêche que pour l'oncle Gustave, c'était le pays rêvé : qu'importaient les fourmis, à un homme comme lui ? Il déchargeait des sacs, pour un patron ou pour un autre, s'asseyait pour manger sur le banc d'une auberge, flânait le soir dans les endroits où il y avait de la gaieté et de l'accordéon, et trouvait toujours pour dormir un coin frais et douillet.

Je tâchais de me figurer que j'étais l'oncle Gustave, de marcher comme il eût marché, lui, par un après-midi comme celui-ci, sur une de ces routes. Naturellement, être l'oncle Gustave, ça voulait dire d'abord être lui au physique : pas très grand, râblé, des bras de chimpanzé qui se déployaient dans des gesticulations excessives et restaient ensuite à moitié écartés, des jambes courtes qui faisaient un pas de travers quand il se tournait pour regarder une femme, et une petite voix aiguë qui, dans le feu de la conversation, commençait à répéter coléreusement un mot grossier du patois d'ici, qu'il déformait avec son accent d'ailleurs. En lui, corps et âme ne faisaient qu'un ; je pouvais toujours essayer, moi, avec ma lourdeur, ma tête bourrée de soucis, d'imiter les allures et les reparties de l'oncle ! Je pouvais bien, mentalement, me persuader que j'étais lui, m'écrier dans mon for intérieur : « Crénom ! le bon roupillon que j'vais m'taper dans c'te grange ! Crénom ! la ventrée d'boudin et le coup d'picolo que j'vais m'offrir dans c't' auberge ! » ; et, à tous les chats que je voyais, imaginer que j'esquissais une caresse, pour leur crier aussitôt : « Houou ! » et les faire fuir, terrorisés ; et les servantes : « Eh, eh ! mademoiselle, vous voulez un petit coup de main ? » Mais non, ce n'était pas un jeu pour moi : plus je comprenais combien il était facile à mon oncle de vivre ici, plus je découvrais de différences entre nous ; il n'était pas homme à s'encombrer des soucis que j'avais, moi : mon ménage à monter, un travail régulier à trouver, un enfant maladif, une femme continuellement maussade, un lit, une cuisine envahis par les fourmis.

J'entrai dans cette auberge où nous étions déjà venus et demandai à la dame en corsage blanc si les hommes avec qui j'avais causé la veille n'étaient pas repassés. La salle, sombre et fraîche, était peut-être un endroit sans fourmis ? Je m'assis en attendant les autres, ainsi que la patronne me le conseillait, et je lançai d'une voix que je voulais désinvolte :

— Des fourmis, vous n'en avez pas, ici ?

La femme frottait le comptoir avec une serpillière.

— Ici, les gens vont et viennent, personne n'y prête attention.

— Mais vous, qui êtes tout le temps dans la maison ?

Elle haussa les épaules :

— Grosse comme je suis, vous voudriez que j'aie peur des fourmis ?

Moi, ces airs de ne pas vouloir entendre parler des fourmis, comme si c'était une chose honteuse, m'agaçaient de plus en plus, aussi j'insistai :

— Vous mettez du poison, sans doute ?

— Le meilleur poison contre les fourmis, fit un gaillard assis à une table (je crus reconnaître un des camarades de l'oncle avec lesquels j'avais parlé le soir précédent), le voici !

Là-dessus, il leva son verre et le vida d'un trait.

Bientôt les autres arrivèrent et ils voulurent que je trinque avec eux ; quant au travail, ils n'avaient aucun renseignement à me donner. On en vint à parler encore une fois de l'oncle et quelqu'un demanda :

— Qu'est-ce qu'il devient là-bas, ce grand escogriffe ?

Pour les gens du pays, « escogriffe » c'est comme qui dirait vagabond et forban tout ensemble ; la tablée entière parut applaudir à cette appellation. Moi, cette réputation attribuée à une personne que je savais, dans le fond, scrupuleuse et modeste, en dépit de sa manière de vivre désordonnée, ne me faisait guère plaisir ; mais peut-être ne fallait-il voir là que la manie de se vanter, d'exagérer, commune aux gens d'ici : et soudain j'eus l'impression, une impression vague, que tout ceci avait pour cause les fourmis ; qu'imaginer autour de soi un monde mouvementé, aventureux, était un moyen comme un autre de se protéger contre les petits ennuis quotidiens. L'obstacle qui m'empêchait d'adopter leur mentalité — me disais-je en retournant à la maison — c'était ma femme, ennemie jurée des rêveries ; du coup, je mesurais combien elle avait marqué mon existence, puisque à présent je n'étais plus capable de me griser de mots et de pensées ; aussitôt me revenaient en mémoire son visage, son regard, sa présence : une présence chère, pourtant, indispensable.

La voilà qui sortait de la maison, venant à ma rencontre, avec une mine soucieuse :

— Tu sais, il y a un arpenteur.

J'avais encore dans l'oreille le ton de supériorité des gaillards de l'auberge et je répondis, presque sans faire attention :

— Un arpenteur ? Eh bien, quoi, pour un arpenteur...

— Oui, il y a un arpenteur chez nous, il mesure partout...

Je ne comprenais pas.

— Voyons ! Que me chantes-tu là ? C'est le capitaine !

Le capitaine Brauni, déroulant un mètre jaune, prenait des mesures, afin d'installer ses pièges dans notre maison ; je lui présentai ma femme et le remerciai de son empressement.

— Il fallait que j'examine un peu les ressources de votre

logement... Tout doit être fait suivant des critères mathématiques.

Il mesura même la panière où dormait notre fils, qui se réveilla et, effrayé de voir cette ligne jaune tendue au-dessus de sa tête, commença à pleurer. Ma femme fit de son mieux pour le consoler. Les cris de l'enfant énervaient le capitaine que je tâchais vainement de distraire. Par bonheur, son épouse l'appela et il sortit. Mme Aglaé, penchée par-dessus la clôture, lui faisait signe de ses longs bras maigres et blancs en criant :

— Arrive ! arrive ! Nous avons quelqu'un ! Oui, l'homme des fourmis !

Brauni tourna vers moi un regard et un sourire pincé qui en disaient long et s'excusa de devoir partir si vite :

— Il viendra chez vous tout à l'heure, il viendra.

Le capitaine indiquait le point où était censé se trouver ce mystérieux « homme des fourmis ». Je n'avais nulle envie de le voir surgir à l'improviste, sans qu'on m'ait dit qui il était ni ce qu'il venait faire ; je grimpai vite le petit escalier qui donnait sur le jardin des Reginaudo ; notre voisin rentrait à ce moment précis, habillé d'un costume blanc, coiffé d'un canotier, chargé de sachets et de bidons ; je lui demandai :

— Le monsieur des fourmis est-il déjà passé chez vous ?

— Je ne sais pas, répondit Reginaudo, je reviens de faire des courses ; mais c'est fort possible, je vois de la mélasse un peu partout. Claudia !

Mme Reginaudo se mit à sa fenêtre :

— Oui, oui, il passera aussi chez Laureri ; mais n'espérez pas que cela serve à quelque chose !

Comme si j'espérais quoi que ce fût ! Je m'informais, simplement.

— Mais ce monsieur, qui est-ce qui l'envoie ?

— Et qui voulez-vous qui l'envoie ? Cet homme est l'employé de l'Organisation pour la lutte contre la fourmi argentine ; il est chargé de déposer de la mélasse dans chqque jardin. Vous voyez ces petites assiettes, là ?

— De la mélasse empoisonnée..., ajouta Mme Reginaudo, et elle fit entendre le rire de qui en sait long.

— Et ça les fait mourir ?

C'était un jeu exténuant, de poser toutes ces questions ; ne le savais-je pas déjà que, lorsque les choses semblaient sur le point de s'arranger, aussitôt des difficultés nouvelles surgissaient ?

M. Reginaudo secoua la tête, comme si je venais de prononcer une phrase choquante :

— Allons donc ! Du poison, mais par doses infimes, naturellement... De la véritable confiture, dont les insectes raffolent. En principe, les fourmis ouvrières devraient revenir à la fourmilière, nourrir avec ces doses insignifiantes de poison les reines, et ces dernières devraient, tôt ou tard, périr intoxiquées.

Je ne cherchai pas à savoir si, tôt ou tard, elles périraient vraiment. Je voyais que M. Reginaudo prenait, pour me mettre au courant d'un procédé pareil, le ton d'une personne qui soutient, pour sa part, des théories différentes, mais se fait un devoir d'exposer objectivement, respectueusement, le point de vue des autorités. Sa femme, elle, avec l'intolérance propre au sexe faible, ne se privait pas de manifester son hostilité à la méthode de la mélasse, soulignant les propos de son mari par des ricanements vengeurs, des exclamations ironiques : une attitude que certainement l'homme jugeait déplacée, imprudente, puisqu'il s'efforçait d'imposer silence à sa compagne, d'atténuer au moins ces manifestations de défaitisme, sans pour autant aller jusqu'à la contredire — en privé, il disait sans doute les mêmes choses, et peut-être de pires —, mais en lui donnant de petites leçons d'impartialité ; par exemple :

— Là, tu exagères, Claudia... Entendu, ça n'est pas très efficace, mais quand même, ça peut servir... Et puis, ils le font gratis... Il faut patienter quelques années avant de juger...

— Quelques années ? Voilà vingt ans qu'ils mettent de ce machin, et, des fourmis, il y en a de plus en plus !

M. Reginaudo, plutôt que de lui infliger un démenti, préféra orienter la conversation vers d'autres initiatives bénéfiques de l'Organisation ; il loua fort le système des caissettes de fumier que ces messieurs des fourmis plaçaient dans les jardins afin que les reines y vinssent pondre leurs œufs et qu'ils ramassaient ensuite pour les brûler. L'idée me vint que le ton employé par Reginaudo était celui qui conviendrait le mieux pour expliquer ces choses à ma femme, défiante et pessimiste par nature ; aussi, de retour chez nous, refis-je son discours, en me gardant bien de présenter cette méthode comme un remède miraculeux, ou même rapide, mais en m'abstenant, en tout cas, des petits commentaires narquois de Mme Claudia. Ma femme est de ces personnes qui, lorsqu'elles montent dans le train, se figurent que tout — horaires, disposition des wagons, requêtes des contrôleurs — n'est qu'un amas d'incohérences, de choses faites de travers, de chinoiseries injustifiables, mais qui en prennent leur parti par lassitude, non sans rancœur : de sorte que, tout en tenant pour une complication absurde et inutile cette histoire de mélasse — et je ne pouvais guère lui donner tort —, elle se prépara à recevoir la visite de l'homme des fourmis — lequel s'appelait, je venais juste de l'apprendre, M. Baudino — sans l'accabler de récriminations ou de vaines prières.

L'homme pénétra dans notre enclos sans en demander la permission ; nous étions encore en train de parler de lui quand nous le vîmes là, devant nous, ce qui provoqua un instant de gêne désagréable. Il avait dans les cinquante ans, il portait un costume noir usagé et déteint, ses cheveux, d'un brun foncé, étaient partagés par une raie, comme chez un enfant, et sa figure était un peu avinée. Les paupières mi-closes, une certaine onction dans le sourire, une pigmentation rougeâtre autour des yeux et aux ailes du nez annonçaient le ton de la voix : légèrement éraillée, non sans quelque chose d'ecclésiastique et marquée d'un rude accent dialectal. Un tic nerveux faisait frémir les rides aux coins de la bouche et du nez.

Si je décris ainsi en détail ce M. Baudino, c'est parce que j'essaie de traduire l'impression étrange qu'il produisit sur nous ; ou plutôt non, pas étrange du tout : car, entre mille personnes, nous eussions deviné que l'homme des fourmis, c'était lui. Il avait de larges mains velues ; dans l'une, il serrait une sorte de cafetière, dans l'autre, une pile de soucoupes en terre cuite. Tandis qu'il nous parlait de cette mélasse qu'il était chargé de répandre, sa voix trahissait une indifférence nonchalante de bureaucrate, et la manière même, molle et traînarde, dont il articulait le mot « mélasse » disait assez avec quelle méfiance endurcie, quel souverain mépris de nos misères cet homme s'acquittait de sa tâche. Je m'aperçus qu'en présence de ce bonhomme-là, c'était ma femme qui donnait l'exemple de la sérénité, lui indiquant les endroits où les fourmis passaient le plus souvent ; quant à moi, rien qu'à le voir se déplacer avec mille précautions pour répéter des gestes aussi simples que remplir l'une après l'autre les soucoupes, en y versant le brouet contenu dans la cafetière, et les poser sans les renverser, je me sentais à bout de patience. A force de l'observer, je découvris soudain la cause de cette drôle d'impression qu'il m'avait faite, à son arrivée : il ressemblait à une fourmi. J'aurais du mal à expliquer pourquoi, mais la ressemblance était là : peut-être était-ce la couleur noir opaque de sa silhouette, peut-être certaines disproportions de ce bout de corps, ou alors ce frémissement aux commissures des lèvres, qui faisait penser aux vibrations continuelles des antennes ou des pattes des insectes. En revanche, il y avait une qualité des fourmis que lui ne possédait pas : leur affairement, cette bougeotte qui les agite sans relâche ; M. Baudino se déplaçait avec lenteur et maladresse, brandissant son petit pinceau enduit de mélasse et barbouillant stupidement notre maison.

Alors que je suivais, de plus en plus horripilé, toutes les allées et venues de Baudino, je vis que ma femme n'était plus à côté de moi ; je la cherchai du regard et l'aperçus, dans un coin de notre jardin, à l'endroit où la clôture de la villa Reginaudo rejoignait celle des Brauni ; Mme Claudia et Mme Aglaé, penchées par-dessus leurs haies respectives, tenaient un conciliabule, et ma femme, au milieu, les écoutait. Je vins auprès d'elles ; Baudino s'occupait à présent d'un renfoncement, derrière la maison ; là, il pouvait embrener tout à son aise, je n'avais plus besoin de le surveiller. J'entendis Mme Brauni qui faisait une harangue accompagnée de petits gestes pointus :

— Le fortifiant, c'est ça qu'il vient distribuer aux fourmis, cet animal-là ! En fait de poison, du fortifiant !

Et Mme Reginaudo de renchérir, mielleuse :

— Le jour où il n'y aurait plus les fourmis, que deviendraient les gens de l'Organisation ? Alors, que voulez-vous qu'ils fassent, ma pauvre dame ?

— Ils les engraissent, ils ne sont bons qu'à ça ! conclut Mme Aglaé, furieuse.

Ma femme, à qui s'adressaient les discours des deux voisines, écoutait sans rien dire, mais je voyais, à la façon dont ses narines se dilataient, dont ses lèvres se pinçaient, que la rage, la révolte devant la tromperie qu'elle était obligée de subir la rongeaient. Et moi-même, je dois l'avouer, j'étais bien près de croire que ce n'étaient pas là simples racontars de commères.

— Et les caissettes de fumier pour les œufs ? poursuivait la Reginaudo. Ils les ramassent, oui, mais pensez-vous qu'ils les brûlent ?

On entendit soudain la voix du mari :

— Claudia ! Claudia !

Les excès de langage de sa femme mettaient notre voisin dans ses petits souliers. Mme Reginaudo nous quitta sur un « Excusez-moi » où vibrait une note de mépris à l'égard du conformisme de son époux ; dans la direction opposée, il me sembla entendre, en écho, un ricanement sardonique, et je vis, marchant dans les allées bien gravillonnées, le capitaine Brauni qui rectifiait l'inclinaison de ses pièges. A ses pieds traînait une des soucoupes que M. Baudino venait de remplir ; elle était renversée et brisée par un coup de pied involontaire ou délibéré...

Je ne sais trop quelles violences ma femme machinait contre l'homme des fourmis, pendant que nous revenions vers la maison ; ce qui est certain, c'est qu'à ce moment-là je n'aurais rien tenté pour la retenir et que même je l'aurais, en cas de besoin, aidée. Mais, en jetant un coup d'œil dans la maison et tout autour, nous découvrîmes que M. Baudino avait disparu ; il m'avait bien semblé, en venant, entendre le grincement du petit portail qu'on refermait. Il venait donc juste de sortir, sans nous saluer, laissant derrière lui des traînées de mélasse poisseuse et rougeâtre qui répandaient une vilaine odeur fade, totalement différente de l'odeur des fourmis, et qui pourtant, je ne sais pas comment, la rappelait.

Le petit dormait ; c'était, pensions-nous, le meilleur moment pour monter jusqu'à la maison de Mme Mauro. Nous devions demander à notre propriétaire les clés d'une remise, et puis lui faire une visite de politesse ; mais les raisons qui nous faisaient hâter cette visite étaient autres : nous entendions lui marquer notre mécontentement de nous trouver installés dans un logement envahi de fourmis, sans avoir été le moins du monde prévenus ; et puis — surtout — nous étions curieux de voir comment Mme Mauro s'y prenait, elle, pour se défendre du fléau.

Sa villa était entourée d'un jardin assez vaste, en pente raide, où des palmiers dressaient très haut leurs éventails de feuilles jaunies. Un chemin en lacets menait jusqu'à un édifice où l'on ne voyait que vérandas, portes vitrées et fenêtres mansardées ; au sommet du toit, un coq girouettait péniblement sur son pivot, en grinçant, avec toujours un temps de retard sur les longues palmes que le plus petit souffle de vent faisait gémir.

Ma femme et moi, nous gravîmes cette allée ; en contrebas de la balustrade, nous apercevions la maisonnette où nous habitions, qui nous était encore si peu familière, la pièce de terre inculte, embroussaillée, le jardin des Reginaudo, pareil à la cour d'un entrepôt, le jardin des Brauni, d'une netteté de cimetière ; et voici qu'enfin nous pouvions oublier que tous ces lieux étaient noirs de fourmis, voici que nous pouvions les voir tels qu'ils auraient dû être sans cette calamité à laquelle nous ne pouvions nous soustraire, fût-ce pour un instant ; voici que, grâce à l'éloignement, ils prenaient des allures de paradis ! Et plus nous les contemplions de loin, plus nous prenait un sentiment de pitié pour notre existence, là-bas : car il nous semblait qu'à vivre dans un espace aussi mesquin, aussi infime, on ne pouvait que se trouver aux prises avec des problèmes tout aussi infimes et mesquins.

Mme Mauro était une vieille personne grande et maigre. Elle nous reçut dans une pièce à l'abri de la lumière ; elle se tenait assise sur un siège à haut dossier, à côté d'une petite table à couvercle, qui renfermait de quoi coudre et de quoi écrire. Elle portait des vêtements noirs, à l'exception d'une sorte de faux col masculin ; son visage osseux était imperceptiblement poudré ; sa coiffure, sévère. Elle nous tendit la clé que, la veille, elle avait promis de nous remettre, mais elle ne nous demanda pas si nous nous trouvions bien dans sa maison — et ceci, à nos yeux, prouvait que, dès ce moment-là, elle s'attendait à des récriminations.

— Mais, madame, si vous voyiez les fourmis qu'il y a, là-bas..., dit alors ma femme, sur un ton que, pour une fois, j'aurais souhaité moins résigné, moins soumis.

Ma femme, qui était pourtant une personne énergique et souvent batailleuse, avait dans certaines occasions de ces accès de timidité, et moi, de la voir ainsi, cela me mettait mal à l'aise.

Je vins à la rescousse, en m'appliquant à bien marquer mon mécontentement :

— Vous nous avez loué une maison, madame, franchement, si nous avions su qu'il y avait tant de vermine...

Je n'en dis pas plus, estimant que j'avais été assez clair. Mme Mauro ne leva même pas les sourcils.

— Ce logement est resté vide très longtemps. Qu'il y ait un peu de fourmi argentine, c'est compréhensible, il y en a partout... partout où l'on ne tient pas bien propre. Vous (c'était à moi qu'elle parlait), vous m'avez laissée quatre mois pleins dans l'attente d'une réponse. Si vous étiez venu vous installer plus vite, vous n'auriez pas de fourmis à présent.

Nous regardions la grande pièce plongée dans la pénombre, rideaux tirés, persiennes à demi closes, les hauts murs recouverts de tapisseries anciennes, les meubles sombres marquetés, au-dessus desquels des carafes et des théières d'argent jetaient de brèves lueurs, et l'idée nous venait que cette obscurité, cet ameublement imposant servaient à dissimuler la présence de torrents de fourmis qui parcouraient toute la vieille maison, des fondations aux combles.

— Parce que vous, ici (la voix de ma femme était, cette fois, insinuante, presque ironique), vous n'en avez pas, de fourmis ?

Mme Mauro serra les lèvres et dit, sèchement :

— Non.

Et puis, se rendant compte, sans doute, qu'on pourrait ne pas la croire, elle expliqua :

— Nous tenons la maison propre comme un miroir ; sitôt qu'une fourmi arrive du jardin, nous nous en apercevons et prenons nos précautions.

— Lesquelles ?

La question nous était venue sur les lèvres en même temps, à ma femme et à moi ; nous étions maintenant pleins de curiosité et d'espoir.

— Comme ça, fit la dame en haussant les épaules : on la pousse dehors, avec le balai.

A ce moment précis, son impassibilité étudiée s'altéra, comme sous l'élancement d'une douleur physique, et nous nous aperçûmes que, sans bouger de son fauteuil, elle déplaçait vivement le poids de son corps d'un côté, en cambrant les reins. Si cela n'eût pas été en contradiction avec les paroles qu'à l'instant même elle prononçait, j'aurais juré que quelque fourmi argentine, glissée sous ses vêtements, venait de la piquer ; et qui sait, plusieurs peut-être, qui se promenaient sur sa peau, la chatouillant : car, elle avait beau demeurer collée à son siège, il était clair qu'elle ne réussissait pas à retrouver son calme et sa dignité de tout à l'heure, qu'elle était crispée des pieds à la tête, cependant que sur son visage un pli de souffrance de plus en plus profond se marquait.

— Nous avons devant notre porte ce terrain qui en est noir, de fourmis, dis-je bien vite, et même si nous tenons notre maison astiquée, il en entrera toujours par milliers...

— Évidemment, répliqua Mme Mauro, sa main fine agrippée aux bras du fauteuil, évidemment. Le terrain est en friche, et ce sont ces endroits-là qui sont cause que les fourmis pullulent. Voici quatre mois que je projette de le faire nettoyer, ce bout de terre. J'ai attendu et à présent vous subissez les conséquences ; ou plutôt tout le monde les subit, parce que les fourmis se propagent...

— Elles se propageraient jusque chez vous ? demanda ma femme avec un demi-sourire.

— Chez moi, non !

Mme Mauro était devenue pâle et, tout en gardant sa main fine serrée sur le bras du siège, elle entreprit de frotter son coude contre sa hanche, avec de courtes rotations de l'omoplate. Je ne doutai plus que la pénombre, les ornements, les pièces spacieuses et l'orgueil ne fussent les ressources de cette dame dans son combat contre les fourmis et les raisons pour lesquelles elle était plus forte que nous ; et cependant tout ce que nous voyions autour de nous, à commencer par ce corps assis, là, devait être rongé par des fourmis plus terribles encore que les nôtres, pareilles aux termites africains, qui détruisent toute chose, n'en laissant subsister que l'enveloppe ; si bien que, de cette maison, il ne devait rester que les tapisseries fanées, l'étoffe des rideaux, comme désagrégée, le tout prêt à tomber en poussière, là, sous nos yeux.

— Nous venions justement vous demander si vous pourriez nous donner un conseil, pour nous délivrer de cette plaie, dit ma femme qui avait repris une attitude dégagée.

— Tenir la maison propre et travailler la terre. Il n'y a pas d'autre solution. Le travail, tout est là.

Elle se mit debout. Sa décision de couper court à l'entretien coïncida avec un sursaut incontrôlé de son corps qui n'en pouvait plus d'être immobile. Elle se domina, puis sur sa figure pâle glissa comme une ombre de soulagement.

Nous redescendions le jardin, et ma femme s'inquiétait :

— Pourvu qu'il ne se soit pas réveillé...

Moi aussi, je pensais au petit. Nous l'entendîmes pleurer avant même d'être à la maison. On eut beau se dépêcher, le prendre dans nos bras, le cajoler, il continuait à pousser des cris très forts, perçants. Une fourmi lui était entrée dans l'oreille ; mais il nous fallut du temps avant de nous en apercevoir : il pleurait à fendre l'âme, sans montrer où il avait mal. Ma femme, immédiatement, avait déclaré :

— Ce seront les fourmis.

Pourtant, moi, je ne comprenais pas pourquoi il n'arrêtait pas de pleurer si fort, puisque, des fourmis, nous n'en trouvions pas la moindre sur lui, pas plus que des traces de piqûre ou d'irritation — et nous l'avions mis nu, bien regardé partout. J'en découvris quand même quelqu'une au fond de la panière : dire que je me figurais l'avoir isolée parfaitement ! Mais voilà, nous n'avions pas pris garde aux coups de pinceau de l'homme-fourmi ; une des ridicules bavures laissées par M. Baudino paraissait être mise là exprès pour guider les bêtes du carrelage jusqu'au berceau du petit.

Le bébé qui pleurait, ma femme qui poussait des cris, la maison fut bientôt envahie par les femmes du voisinage : la Reginaudo, toujours aimable, et qui nous fut d'un grand secours ; la Brauni, qui, il faut le reconnaître, fit de son mieux pour nous aider ; et puis d'autres, que nous n'avions jamais vues. Elles étaient là à s'agiter, à donner des conseils : versez-lui de l'huile tiède dans l'oreille, tenez-lui la bouche ouverte, mouchez-lui le nez, que sais-je encore. A force de piailler, elles devenaient plus gênantes qu'utiles, bien que, sur le moment, leur présence nous eût réconfortés ; en fait, tout ce remue-ménage autour du bébé aboutissait seulement à soulever l'animosité générale contre l'homme des fourmis. Ma femme n'avait-elle pas dit à qui voulait l'entendre que c'était sa faute à lui, Baudino ? Les voisines criaient toutes ensemble que ce type-là méritait qu'on lui règle son compte, une bonne fois, qu'il faisait tout son possible pour que la fourmi profite, sans quoi il perdrait sa place, et qu'il était très capable de l'avoir fait exprès, parce que maintenant chacun savait qu'il était du côté des fourmis, jamais du côté des humains. Elles exagéraient, assurément ; mais dans une agitation pareille, avec le petit qui pleurait, je faisais chorus, et, si j'avais eu ce Baudino sous la main, je ne sais trop quel parti je lui aurais fait.

Grâce à l'huile tiède, la fourmi sortit enfin. Notre fils, étourdi d'avoir tant crié, empoigna un joujou de celluloïd, le secoua, se mit à le sucer et ne s'occupa plus de nous. Je me sentais à peu près comme lui : j'avais envie de rester dans mon coin, le temps que mes nerfs se calment ; mais les voisines continuaient leur diatribe contre Baudino et expliquaient à ma femme que le gaillard devait être rentré dans l'enclos, là, tout près, où il avait son magasin ; alors elle annonça :

— Eh bien, moi j'y vais, j'y vais de ce pas, il aura ce qu'il mérite !

Un petit cortège se forma, avec ma femme en tête, et moi, naturellement, à ses côtés, quoique je ne me fusse pas prononcé sur l'utilité de l'entreprise, et puis les voisines qui venaient derrière, toujours à exciter ma femme, quelquefois la précédant afin d'indiquer le chemin. Mme Claudia s'offrit à garder le petit et, de la porte du jardin, nous adressa un salut ; je m'aperçus ensuite que Mme Aglaé non plus ne se trouvait pas avec nous, elle qui pourtant s'était montrée l'ennemie la plus acharnée de Baudino ; nous étions accompagnés par un petit groupe de femmes que nous ne connaissions pas. Nous avancions à travers une sorte d'impasse, flanquée de bicoques en planches, de poulaillers et de potagers encombrés de balayures ; de temps en temps, l'une ou l'autre de ces commères qui criaient si fort, arrivée devant chez elle, s'arrêtait sur le seuil, faisait un geste véhément pour nous montrer où nous devions aller, puis se retirait en criant après les marmots crasseux qui jouaient par terre ou bien filait donner à manger à ses poules. Deux ou trois seulement nous escortèrent jusqu'à l'enclos de Baudino, et puis, quand ma femme eut frappé plusieurs coups et qu'une porte s'ouvrit, nous fûmes seuls, elle et moi, à entrer, suivis, il est vrai, par les regards de ces femmes à leur fenêtre ou dans leur poulailler, ou bien passant sur le chemin avec leur balai, et qui semblaient continuer à nous encourager, mais à voix très basse et sans s'exposer le moins du monde.

L'homme des fourmis était au milieu de son magasin : une remise aux trois quarts démolie où l'on voyait, placardée sur l'unique paroi de planches restée debout, une affiche jaunie, avec de grosses majuscules :

ORGANISATION POUR LA DESTRUCTION
DE LA FOURMI ARGENTINE

A l'intérieur, des piles et des piles de soucoupes pour mettre la mélasse, des caissettes et des bidons de toute sorte, et puis quelque chose comme une immense poubelle remplie de cornets de papier contenant des arêtes de poisson et autres détritus ; il vous venait aussitôt la pensée que cette baraque constituait le grand réservoir à fourmis de la contrée. M. Baudino, debout en face de nous, avait un demi-sourire irritant, interrogateur, qui découvrait les vides de sa denture.

— Ah vous (ma femme, tout d'abord décontenancée, s'était ressaisie et se jetait presque sur lui) ! Vous n'avez pas honte ! Vous venez chez nous, vous embrenez partout ! Et la fourmi, le pauvre petit, c'est vous qui la lui avez fourrée dans l'oreille avec votre mélasse !

Elle avançait les mains contre la figure de Baudino, qui, sans quitter son sourire ébréché, se contorsionnait comme un animal sauvage pour se ménager une issue, haussait les épaules, lançait autour de lui (c'est-à-dire vers moi, car il n'y avait personne d'autre dans l'enclos) des regards, des plissements de paupières, comme pour dire : « Elle est folle », tandis que sa voix ne faisait que marmonner des protestations évasives, mal assurées :

— Que non... que non... allons donc...

Ma femme vociférait :

— Mais puisque tous les gens le disent, que vous distribuez du fortifiant aux fourmis au lieu de les empoisonner !

Lui, se faufilant par la petite porte, gagna l'impasse, et ma femme, alors, se mit à le poursuivre en l'injuriant. A présent, c'était aux bonnes femmes des bicoques environnantes que les haussements d'épaules, les clins d'œil de Baudino s'adressaient : et il me sembla que ces commères se livraient à quelque double jeu subtil, acceptant que Baudino les prît à témoin des sottises que ma femme lui criait et puis, quand ma femme, à son tour, les regardait, l'encourageant, par des hochements de tête rageurs ou bien en brandissant leurs balais, à rosser l'homme des fourmis. Je n'intervenais pas : pour quoi faire ? Injurier moi aussi, porter les mains sur ce bout d'homme fuyant ? Certes pas : la colère de ma femme se déchaînait déjà suffisamment contre lui ; quant à la retenir, je n'en avais aucune envie, ne voulant pas paraître prendre la défense de Baudino. A la fin, ma femme, dans un redoublement de fureur, le saisit au collet, en criant : « Vous avez fait du mal à mon petit ! », et le secoua, à lui arracher ses habits. J'allais m'élancer pour les séparer, mais lui ne la toucha pas : il se tortilla sur lui-même, avec des mouvements de plus en plus fourmillesques, tant et si bien qu'il s'échappa ; il fit quelques mètres en courant gauchement, remit ses vêtements en ordre et s'éloigna en haussant les épaules et grommelant des phrases comme : « Mais a-t-on idée... Mais qui a bien pu... », et puis faisant des gestes pour dire : « Elle est toquée », tourné vers le public des baraques. De ce public, il s'était élevé, à l'instant où ma femme se jetait sur Baudino, une rumeur puissante mais imprécise, qui se tut sitôt que l'homme se fut libéré, et qui maintenant grondait de nouveau derrière lui, faite non pas tant de cris de révolte ou de menace que de phrases plaintives, presque des prières pour implorer miséricorde, mais lancées sur le ton de proclamations orgueilleuses :

— Ah ! les fourmis nous mangeront tout vifs... Dans notre lit, dans notre assiette, fourmis le jour, fourmis la nuit... On n'a pas grand-chose à manger et c'est encore elles qui le prennent...

Je tenais ma femme par le bras ; de temps en temps, elle se débattait, s'écriait :

— Mais ça n'est pas fini ! Nous savons qui nous trompe ! Nous le savons, à qui nous devons dire merci !

Ses phrases de menace ne trouvaient plus aucun écho : sur notre passage, portes et fenêtres des masures se refermaient ; derrière, il y avait des hommes et des femmes qui retrouvaient leur existence de misère dans la société des fourmis.

Le retour fut triste, et comment ne l'eût-il pas été ? Mais moi, ce qui me fâchait plus que le reste, c'était d'avoir vu la façon dont ces bonnes femmes se comportaient. Il me venait un grand dégoût pour les gens qui passent le temps à pleurnicher : les fourmis ceci, les fourmis cela (quant à moi, jamais plus on ne m'y prendrait !), et j'avais envie de m'enfermer dans un orgueil douloureux, suivant l'exemple de Mme Mauro ; seulement elle était riche, et nous n'avions rien ; je cherchais en vain une issue, un moyen de continuer à vivre dans ce pays, et il me semblait que personne, parmi ceux que je connaissais et que j'avais jugés jusque-là si habiles, ne l'avait trouvé, ce moyen, et n'était sur le point de le trouver.

Nous étions devant chez nous : le petit suçait son jouet de celluloïd, ma femme s'était installée sur une chaise, je promenais mes regards sur le terrain infesté, sur les clôtures, je voyais monter du jardin de M. Reginaudo quelques flocons de poudre insecticide et là, à droite, le jardin du capitaine, silencieux et plein d'ombre, avec son perpétuel égouttement de victimes. C'était cela, mon nouveau pays. J'appelai ma femme et mon fils, je dis :

— Allons donc faire un tour, allons voir la mer.

Le soir tombait. Nous parcourûmes des avenues, puis des rues en escaliers. Les rayons du soleil illuminaient un coin de la vieille ville, des murs de pierre grise et poreuse, les encadrements des fenêtres chaulés et les toitures vertes de mousse. Vers l'intérieur des terres, la ville s'ouvrait en éventail, ondulait au gré des versants de collines ; d'un versant à l'autre flottait un air limpide, couleur de cuivre dans le couchant. Notre fils ouvrait des yeux ébahis et voulait tout voir ; nous partagions de notre mieux son émerveillement, et c'était pour nous un moyen de retrouver à l'existence une certaine douceur, qu'elle a par moments, et de nous réentraîner à la course des journées.

Nous rencontrâmes de vieilles femmes qui portaient, en équilibre sur leur tête, de grands couffins posés sur un bourrelet (elles avançaient, immobiles, le torse bien droit, les yeux à terre) ; dans un jardin de religieuses, un groupe de jeunes filles qui causaient s'élança vers une balustrade pour voir un crapaud dans le bassin, en s'écriant : « Oh, quelle horreur ! » ; derrière une grille, sous une glycine, des fillettes habillées de blanc faisaient jouer un petit aveugle avec un ballon de plage ; un garçon à demi nu, barbu, les cheveux longs sur les épaules, cueillait avec une gaule fendue en entonnoir les figues de barbarie d'un vieil arbre hérissé de grandes épines blanches ; à la fenêtre d'une belle maison, des enfants moroses et lunetteux soufflaient des bulles de savon ; c'était l'heure où sonnait le couvre-feu pour les vieillards de l'hospice qu'on voyait l'un derrière l'autre gravir les escaliers, leur canne à la main, le canotier sur la tête, chacun se parlant à lui-même ; alors, un des employés du téléphone, celui qui tenait l'échelle, dit à son compagnon debout à la hauteur des fils, à contre-jour : « Descends, il est l'heure, on terminera demain. »

Ainsi nous arrivâmes au port ; c'était la mer. Il y avait une rangée de palmiers, des bancs de pierre ; ma femme et moi, nous nous assîmes ; le petit se tenait bien sage. Ma femme dit :

— Ici, on n'en voit pas, des fourmis.

Moi, je dis :

— Et puis il fait frais, on est bien.

La mer battait contre les rochers du môle, balançant les barques que des hommes à la peau brune emplissaient de filets rouges et de nasses, pour la pêche de la nuit. L'eau était immobile, avec seulement un continuel changement de couleurs, du bleu au noir, de plus en plus rapide à mesure qu'on regardait plus loin. Je pensais aux vastes étendues d'eau, au poudroiement infini des grains de sable, tout au fond, là où les courants viennent déposer de blancs coquillages que les vagues ont polis.

Le nuage de smog

C'est dans un de ces moments où rien, ce qui s'appelle rien, n'avait d'importance pour moi que je vins m'établir dans cette ville. M'établir n'est pas le mot. La stabilité était bien le dernier de mes soucis ; je souhaitais qu'autour de moi toute chose demeure mouvante, provisoire : c'était l'unique façon de sauvegarder une autre stabilité, intérieure, qu'au vrai j'aurais été bien en peine de définir. Lorsque, à travers toute une chaîne de recommandations, me fut offerte une place de rédacteur à la revue *Salubrité,* j'arrivai donc ici et me mis en quête d'un logis.

Pour qui vient juste de débarquer du train, c'est connu, la ville entière est une gare ; on tourne, on vire, on est toujours dans les mêmes rues mornes, parmi les dépôts, les docks, les bistrots aux comptoirs de zinc, les camions qui vous jettent en pleine figure leur fumée nauséabonde ; on passe sans arrêt la valise d'une main dans l'autre, on a les doigts gonflés, poisseux, le linge collé à la peau, les nerfs à vif, et tout ce qu'on voit est sur les nerfs, disloqué. La chambre meublée qui faisait mon affaire, je la trouvai dans une de ces rues ; de part et d'autre d'un portail, pendaient deux grappes d'étiquettes, des bouts de cartons à chaussures accrochés à des ficelles avec, en lettres maladroites, la mention des pièces à louer, et le timbre fiscal dans un coin. De temps en temps je faisais halte pour changer de main la valise : j'aperçus les cartons et j'entrai. Dans chaque escalier, à chaque étage de la bâtisse, il y avait deux ou trois logeuses ; je sonnai dans l'escalier C, premier palier.

C'était une chambre quelconque, un peu sombre, car la

porte-fenêtre donnait sur la cour ; on entrait de ce côté-là, par un balcon à la rampe toute rouillée, de sorte que la pièce était indépendante du reste de l'appartement ; il fallait toutefois franchir d'abord une série de grilles fermées à double tour : la propriétaire, Mlle Margariti, était dure d'oreille et redoutait, non sans raison, les cambrioleurs. Pas de salle de bains ; les cabinets étaient sur le balcon, dans un cagibi de planches ; la chambre avait un lavabo, avec l'eau courante, froide seulement. Après tout, que demandais-je ? Le loyer me convenait, ou plutôt je n'avais pas le choix : je ne pouvais dépenser davantage et ne trouverais rien à meilleur compte. Et puis, tout devait rester provisoire, et je voulais que là-dessus il n'y eût pour moi aucun doute.

— Bon, bon, je la prends.

Mlle Margariti crut que je demandais si la pièce était froide et me montra le calorifère. J'avais visité les lieux ; ce que je voulais à présent, c'était laisser là mes bagages et sortir. Auparavant, je m'approchai du lavabo, passai les mains sous le robinet ; depuis que j'étais arrivé, j'avais envie de me laver les mains ; mais je me contentai de les rincer, ça m'ennuyait de défaire ma valise à la recherche du savon.

— Oh ! il fallait me le dire ! Une seconde, je vous apporte une serviette ! s'écria Mlle Margariti.

Elle sortit en courant et revint avec un essuie-mains bien repassé qu'elle déposa sur le dossier de la chaise. Je me mouillai un peu la figure, histoire de me rafraîchir ; j'étais gêné de me sentir malpropre ; rapidement, je me frictionnai avec la serviette. A ce geste, la logeuse comprit enfin que j'avais l'intention de louer la chambre.

— Ah ! vous la gardez, vous la gardez ! Vous allez vouloir vous changer, ouvrir votre valise, mettez-vous à votre aise, ici vous avez un portemanteau, donnez donc votre pardessus !

Je ne me laissai pas retirer mon manteau ; je voulais sortir sur-le-champ. Je pris simplement soin de dire que j'aurais besoin d'un rayonnage : je devais recevoir une caisse de livres, un semblant de bibliothèque que j'avais réussi à conserver dans la dispersion d'une existence à vau-l'eau. J'eus du mal à me faire comprendre de ma sourde ; finalement, elle me conduisit dans une de ses pièces à elle, devant une petite étagère où elle rangeait ses corbeilles à ouvrage, ses boîtes de bobines, des affaires à rafistoler, des modèles de broderie ; elle me promit de la vider et de la transporter dans ma chambre. Je sortis.

La revue *Salubrité* était le bulletin d'une organisation où je devais me présenter pour mettre au point mes attributions. Un travail nouveau, une ville inconnue : avec quelques années en moins, un peu plus de confiance dans la vie, j'eusse été plein d'élan, heureux comme un roi ; à présent, non, je ne savais voir autre chose que la grisaille et la misère qui m'environnaient, je m'y vautrais, moins parce que j'en avais pris mon parti que par plaisir, véritablement : j'en tirais la certitude que la vie n'était que cela. Jusqu'aux rues où je passais : je les choisissais exprès parmi les plus détournées, les plus étroites, les plus anonymes, alors qu'il m'aurait été facile d'en emprunter d'autres, avec de belles vitrines et de grands cafés ; je tenais bien trop à cet air usé que je trouvais à chaque passant, à l'apparence étriquée des restaurants à bon marché, à l'odeur de ranci des échoppes, au tapage des rues étroites : les trams, les coups de freins des triporteurs, le crépitement des chalumeaux dans les petits ateliers au fond des cours ; toute cette usure, ces grincements extérieurs m'empêchaient d'accorder trop d'importance à ce quelque chose d'usagé, de grinçant que je sentais au-dedans de moi.

Mais ce jour-là, pour me rendre à l'adresse indiquée, je dus traverser un quartier tout à fait différent, un quartier élégant, plein de verdure, un peu vieillot, avec des rues secondaires où ne passaient presque pas de voitures, des avenues et des contre-allées assez vastes pour que la circulation pût s'écouler sans vacarme ni embouteillages. C'était l'automne ; les arbres se doraient. Le trottoir ne longeait plus des murs de maisons, mais des grilles derrière lesquelles il y avait des haies, des plates-bandes, des allées de gravillon entourant des constructions entre l'immeuble et la villa. J'éprouvais un dépaysement d'une autre sorte, à ne plus avoir sous les yeux des images où j'eusse pu me reconnaître ou bien déchiffrer l'avenir (ce n'est pas que je croie aux signes, mais pour quelqu'un qui a les nerfs à vif, dans un cadre inconnu, la moindre chose devient signe).

J'étais donc assez désorienté au moment de pénétrer dans les bureaux de l'Organisation, des bureaux différents de ce que j'avais imaginé : c'étaient les salons d'une résidence aristocratique, avec des glaces, des consoles, des cheminées de marbre, des tentures et des tapis (en revanche, on y avait mis du mobilier de série comme on en voit dans les bureaux et un éclairage du genre le plus moderne, fluorescent). Bref, j'étais soudain intimidé à l'idée d'avoir choisi une chambre si laide, si sombre, surtout quand on me fit entrer dans le cabinet du président, l'ingénieur Cordà, qui me reçut avec une exubérance exagérée, comme d'égal à égal, et pas seulement sur le plan de la considération sociale ou de la hiérarchie — ce qui déjà rendait ma position difficile —, mais sur celui de la compétence et de l'intérêt pour les problèmes dont s'occupaient l'Organisation et son périodique, *Salubrité*. Moi qui, à parler franc, me figurais que tout cela était une histoire montée de toutes pièces, à raconter en clignant de l'œil, il me fallut tenir le rôle de l'homme qui, sa vie durant, n'a pensé à rien d'autre.

L'ingénieur Cordà était le type même du quinquagénaire à l'allure jeune et à la moustache noire, un spécimen de cette génération qui sut garder, quoi qu'il advînt, allure jeune et moustache noire, bref, un genre de personnage avec qui je n'ai jamais rien eu à voir. Tout chez lui : les propos, l'aspect extérieur — costume gris, impeccable, chemise blanche immaculée —, les gestes — sa façon de bouger la main, une cigarette entre les doigts —, respirait la maîtrise, l'aisance, l'optimisme, la largeur de vues. Il me montra les numéros de *Salubrité* parus jusqu'à ce jour, composés par lui (il en était le rédacteur en chef) et par le responsable du bureau de presse de l'Organisation,

M. Avandero, qu'il me présenta : de ces personnes dont on dirait que les propos ont été écrits à la machine. Les numéros, peu nombreux, étaient maigres, et l'on voyait vite que ce n'était pas l'ouvrage de gens du métier. Avec le peu que je pouvais savoir sur la manière de fabriquer un journal, je trouvai moyen de lui exposer — sans me permettre des critiques, bien sûr — comment je m'y serais pris, quelles modifications techniques j'envisageais. En parlant, je me surpris à employer moi aussi un ton efficient, assuré ; et j'eus la satisfaction de voir que nous nous entendions à merveille. La satisfaction, oui : car plus j'étais là à jouer le manager et l'optimiste, plus je songeais à ma piteuse chambre meublée, aux ruelles maussades, à cette impression de rouillé, de poisseux, dont je n'arrivais pas à me défaire, au fait que tout ça m'était égal, et j'avais le sentiment de me livrer à un tour de passe-passe, de réduire en miettes, là, sous les yeux de l'ingénieur Cordà et du « dottore » Avandero, toute leur productivité technico-industrielle. Mais eux ne se doutaient de rien, et Cordà, même, hochait la tête avec enthousiasme.

— Parfait, parfait, alors, vous, c'est d'accord, demain, disait-il. En attendant, pour que vous soyez tout à fait au courant…

Et il voulait me donner à lire les procès-verbaux de leur dernier congrès.

— Tenez.

Il me conduisit devant un rayonnage où étaient rangées, en quantité de piles, les copies ronéotypées des communications :

— Vous voyez ? Prenez celle-là, celle-là, celle-ci, vous l'avez déjà. Bon, tenez, comptez si elles y sont toutes.

C'est alors que je vis s'élever des feuillets qu'il serrait entre ses mains une fine volute de poussière et, sur leur surface à peine effleurée, se dessiner des empreintes de doigts. L'ingénieur, en soulevant les cahiers, tâchait de leur imprimer une très, très légère secousse, comme s'il refusait d'admettre qu'ils fussent poussiéreux, et soufflait dessus du bout des lèvres. Il prenait garde d'appuyer les doigts sur la première page d'une communication, mais il suffisait qu'il la frôlât de la pointe d'un ongle pour qu'un petit serpenteau blanc demeurât tracé sur la feuille qui, dès lors, composait un fond bistre, recouverte qu'elle était d'un impalpable dépôt de poussière. Il n'en avait pas les doigts moins sales, évidemment, et il s'évertuait à les nettoyer en les repliant contre la paume et en frottant le bout des phalanges, sans autre résultat que de se barbouiller de poussière toute la main. Alors, d'un geste machinal, il abaissait les bras vers les poches de son pantalon de flanelle grise, se reprenait juste à temps pour les lever de nouveau, et nous étions là, tous les deux, à gesticuler les doigts en l'air, en nous passant ces belles communications que chacun saisissait bien délicatement par le bord, comme autant de feuilles d'orties, et cela sans nous arrêter de sourire, de hocher la tête d'un air satisfait, en répétant : « Oui, un congrès intéressant... Oui, un travail efficace ! » Je me rendais bien compte que l'ingénieur perdait peu à peu son calme et son assurance, qu'il ne parvenait pas à soutenir mon regard triomphant, mon regard triomphant et désespéré, à présent que tout promettait d'être tel que je l'avais imaginé.

J'avais du mal à m'endormir. Jusqu'à cette chambre, apparemment tranquille, arrivaient, la nuit, des rumeurs que je n'appris à déchiffrer que peu à peu. Par saccades, on entendait monter, déformée par un haut-parleur, une voix qui lançait de brèves injonctions incompréhensibles. Il m'arrivait de m'assoupir et puis de m'éveiller soudain avec le sentiment d'être dans un train ; ce timbre, ce rythme étaient pareils à ceux des haut-parleurs des gares qui viennent agiter le demi-sommeil du voyageur. Mon oreille s'accoutumant, je parvins à saisir des bribes de phrases : « Deux raviolis au jus... Et ma grillade... ? Une côtelette, une... » Ma chambre se trouvait juste au-dessus de la brasserie Urbano Rattazzi, où l'on servait des plats chauds jusqu'après minuit ; du bar, les garçons passaient les commandes aux gens des cuisines, à travers un interphone. Maintes fois, il s'élevait de la salle une rumeur et, de temps à autre, un refrain repris en chœur par quelque allègre compagnie. Mais c'était un endroit bien, un peu cher, le public n'était pas vulgaire : rares étaient les nuits où quelque ivrogne faisait du scandale et renversait les tables encombrées de verres. Dans mon lit, le vacarme de ces soirées ne me parvenait qu'assourdi, comme au travers d'un brouillard, sans éclat ni couleur ; et la voix dans le haut-parleur, articulant : « Une portion de pommes sautées... Et mes raviolis, ça marche ? », était d'une tristesse nasale, résignée.

Sur le coup de deux heures et demie, la brasserie baissait son rideau de fer ; les serveurs, le col du pardessus relevé sur le gilet de leur uniforme tyrolien, sortaient par la porte des cuisines et traversaient la cour en bavardant. Vers les trois heures, un énorme fracas de ferraille envahissait cette même cour : les plongeurs roulaient dehors les grands fûts de bière vides, en les faisant pivoter sur un bord puis sur l'autre, puis les laissaient pesamment retomber ; après quoi, ils se mettaient à les rincer. Ces bougres de plongeurs, ils se la coulaient douce, ils étaient payés à l'heure, apparemment, car ils travaillaient avec décontraction, sifflotant au milieu du tintamarre des futailles de tôle, des heures durant. Aux alentours de six heures, arrivait le camion qui livrait les fûts pleins de bière et remportait les vides ; mais déjà, dans la salle du café, avait commencé le remue-ménage des femmes de peine astiquant les parquets pour une nouvelle journée.

Il y avait des instants de silence. Mais alors, au beau milieu de la nuit, des chambres de Mlle Margariti, là tout près, jaillissait un papotage obstiné, entrecoupé de petits rires, de questions et de réponses ; la voix était toujours la même : une voix de femme pointue comme un fausset. La sourde ne pouvait pas séparer la pensée du discours à haute voix : à toute heure du jour, voire quand elle s'éveillait en pleine nuit, pour peu que l'agite un tracas, un souvenir, un remords, elle se prenait à causer toute seule, modulant les répliques d'un dialogue. Par chance, de tels soliloques, menés sur un rythme passionné, demeuraient incompréhensibles ; on n'en éprouvait pas moins le malaise d'être fait tout à coup témoin d'une intimité indiscrète.

Dans la journée, lorsque j'allais dans la cuisine demander un peu d'eau chaude pour me raser (à quoi bon frapper, elle n'entendait pas, il me fallait passer dans son champ visuel pour qu'elle s'aperçût de ma présence), il m'arrivait de la surprendre parlant à son miroir avec force sourires et manières, ou alors assise sur un tabouret, le regard dans le vide, qui se racontait quelque belle histoire ; elle changeait brusquement d'attitude et disait : « Oh ! je parlais à mon chat ! » ou encore : « Pardon, je ne vous avais pas vu, je faisais ma prière ! » (elle était très dévote) ; mais, la plupart du temps, elle ne se rendait pas compte qu'on l'avait entendue.

Il est vrai que nombre de ses causettes étaient réservées au chat. Elle était capable de lui tenir un discours pendant des heures et, certains soirs, je l'entendais qui continuait à susurrer des « pss... pss... minou, minou, minou » à sa fenêtre, en attendant que le matou revînt de ses randonnées sur les balcons, les toitures et les terrasses. C'était un chat efflanqué et sauvage, dont le poil, tirant sur le noir, semblait, à chaque retour de promenade, devenu gris, à croire qu'il avait absorbé la poussière et la fumée de tout le quartier. Du plus loin qu'il m'apercevait, il filait se tapir sous quelque meuble, comme si je l'avais rossé pour le moins, alors que je ne lui prêtais guère attention. En revanche, dès que j'étais sorti, il devait bien s'introduire dans ma chambre : la chemise blanche repassée, que ma logeuse déposait sur le marbre de la commode, portait immanquablement à mon retour, sur l'encolure et le devant, les marques noirâtres de ses griffes. Je poussais des imprécations et puis, comme la sourde ne risquait pas de les entendre, sans plus de cris j'allais chez elle lui faire constater le désastre. Elle se désolait, voulait attraper le chat pour le corriger ; elle m'expliquait que, probablement, il l'avait suivie sans qu'elle s'en aperçût quand elle avait porté la chemise dans ma chambre, si bien qu'elle l'avait enfermé dedans et que la pauvre bête avait passé sa rage à bondir sur la commode.

Je possédais, en tout et pour tout, trois chemises, que je n'arrêtais pas de donner au lavage : était-ce l'existence encore mal organisée que je menais, le bureau qu'il fallait mettre en ordre, je ne sais, toujours est-il qu'au bout d'une demi-journée elles étaient déjà crasseuses. Si bien que plus d'une fois je fus obligé de me rendre au travail avec, sur mon col, les empreintes de ce matou.

Des empreintes, il m'arrivait d'en découvrir jusque sur l'oreiller. Le chat avait dû rester bouclé après avoir escorté Mlle Margariti quand elle venait préparer mon lit pour la nuit.

Que cette bête fût aussi malpropre n'avait rien d'étonnant. Il suffisait d'appuyer une main sur la rampe du balcon pour la retirer barrée de noir. Chaque fois que je rentrais chez moi, à ferrailler avec mon trousseau de clefs dans les quatre serrures ou verrous, puis à enfoncer les doigts entres les lames des persiennes pour ouvrir et refermer la porte-fenêtre, je m'encrassais les mains au point qu'en entrant il me fallait les tenir à bonne hauteur, pour ne pas laisser de traces, et aller droit au lavabo.

Mes mains dûment lavées et essuyées, je me sentais mieux, j'avais l'impression d'en avoir recouvré l'usage, je me mettais à manipuler et à changer de place les objets que je trouvais autour de moi. Mlle Margariti, je dois le reconnaître, tenait la pièce assez propre ; pour épousseter, elle époussetait tous les jours ; pourtant, m'arrivait-il d'aventurer les mains en des endroits trop hauts pour elle, qui était de fort petite taille et courte de bras, je les ramenais toutes veloutées de moutons et j'étais forcé de retourner au robinet.

C'étaient les livres, le gros problème. Je les avais soigneusement rangés sur l'étagère, ils étaient la seule chose qui me donnât le sentiment de me trouver chez moi dans cette maison ; le bureau me laissait du temps libre et j'aurais volontiers passé une ou deux heures dans ma chambre, à lire. Or les livres sont, comme chacun sait, de vrais nids à poussière : j'en choisissais un sur le rayon, mais, avant de l'ouvrir, je devais le frotter tout autour avec un chiffon, sur la tranche, et puis le battre soigneusement :

il en sortait un épais nuage. De là, une nouvelle station au lavabo, avant de m'allonger sur le lit avec mon livre. A mesure que je le feuilletais, rien à faire, je sentais à la pointe des doigts une pellicule qui devenait de plus en plus épaisse et moelleuse, et c'en était fini de mon envie de lire. Je me mettais debout, revenais au lavabo, me rinçais les mains une fois encore, j'avais l'impression désormais d'avoir de la poussière jusque sur ma chemise, sur mes habits. J'aurais bien aimé me replonger dans ma lecture, mais maintenant que j'avais les mains propres, ça m'ennuyait de les noircir de nouveau. Alors, je décidais se sortir.

Bien entendu, chacune des manœuvres du départ : la persienne, la rampe, les serrures et les verrous, me laissait les mains plus crasseuses que jamais, mais que faire, sinon les garder dans cet état jusqu'à ce que je fusse arrivé au bureau ? Là, à peine entré, je me précipitais aux toilettes afin de me nettoyer ; l'essuie-mains était tout maculé d'empreintes noires, je voulais m'essuyer et je n'arrivais qu'à me resalir.

Mes premières journées de travail à l'Organisation, je les employai à mettre un peu d'ordre sur ma table. De fait, la place qu'on m'avait assignée était un véritable bric-à-brac : feuilles de papier, correspondance, dossiers, vieux journaux ; bref, mon bureau avait été jusqu'alors une manière de dépotoir où l'on reléguait tout ce qui n'avait point un emplacement défini. Mon premier mouvement fut de faire table rase, mais par la suite je m'aperçus qu'il se trouvait, dans ce fatras, des choses utiles pour la revue, de la documentation qui devait bien présenter quelque intérêt et que je me promis d'examiner plus à loisir. Si bien que pour finir, au lieu d'éliminer quoi que ce soit, j'ajoutai une quantité de choses, mais pas n'importe comment. Je cherchai au contraire à mettre tout en ordre. On devine que les paperasses qui traînaient depuis longtemps étaient fort poussiéreuses, et leur malpropreté contaminait les papiers de plus fraîche date. Moi, en outre, jaloux de mes rangements, j'avais donné consigne aux femmes de ménage de ne toucher à rien, et il en résultait qu'un peu de poussière, chaque jour, venait se déposer sur mes papiers, spécialement sur les fournitures de secrétariat, blocs de papier à lettres, enveloppes à en-tête, et cætera, qui en moins d'une semaine prenaient un aspect vieux, malpropre, et qu'on n'avait plus envie de manipuler.

Les tiroirs, n'en parlons pas, la même histoire ! A l'intérieur il s'était opéré une sédimentation de liasses poussiéreuses datant de plusieurs décennies, qui témoignait des longs états de service du meuble dans toutes sortes d'administrations publiques et privées. Au bout de cinq minutes passées à ce bureau, quoi que je fisse, j'éprouvais le besoin de sortir me laver les mains.

Mon collègue Avandero, lui, avait toujours les mains propres — des mains petites, frêles, mais non dépourvues d'une certaine vigueur nerveuse —, bien soignées, avec des ongles brillants, nets, aux pointes régulières.

— Dites, excusez-moi, me risquai-je à demander, ne trouvez-vous pas, en un instant, quand on reste ici, les mains, vous avez vu comme on se les noircit ?

— Mon cher collègue, répondit le dottore Avandero de son air le plus compassé, il est probable que vous avez manipulé quelque accessoire ou dossier imparfaitement dépoussiéré. Si vous me permettez un conseil, mieux vaut garder toujours le dessus de votre table entièrement dégagé.

Le fait est que la table d'Avandero demeurait toujours nette, propre, luisante, il n'y avait, dessus, que le dossier qu'il était en train d'étudier et le crayon à bille.

— C'est là, ajouta-t-il, une habitude de travail à quoi notre président tient beaucoup.

L'ingénieur Cordà me l'avait dit à moi aussi : un chef de service qui veille à ce que son bureau ne soit pas encombré est celui qui ne laisse jamais une affaire en sommeil, qui d'emblée l'achemine vers sa solution. Oui, mais Cordà ne venait guère au bureau, ou, s'il y venait, il n'y restait pas plus d'un quart d'heure ; il se faisait porter de grandes feuilles bourrées de graphiques, de statistiques, donnait à ses subordonnés des instructions hâtives et générales, distribuait les tâches entre l'un et l'autre sans se préoccuper du degré de difficulté de chacune, dictait en vitesse un bout de lettre à la sténo, signait le courrier en instance, et hop ! le voilà parti.

Avandero, c'était tout le contraire. Avandero était à son poste le matin et l'après-midi, il avait l'air d'abattre un travail énorme et de donner un travail énorme aux sténos, aux dactylos — pourtant, il arrivait à ne garder jamais plus de dix minutes un bout de papier sur son bureau. Ce système-là, j'avais du mal à l'avaler ; je me mis à surveiller mon homme et m'aperçus que ces papiers qui faisaient si bref séjour sur sa table s'allaient bien vite déposer d'un côté ou de l'autre. Un beau jour, je le pris sur le fait, tenant à la main des lettres dont il ne savait comment se débarrasser : il s'approcha de mon bureau à moi (je m'étais absenté deux minutes pour me laver les mains) et les y laissa, dissimulées sous un dossier. Après quoi, d'un geste prompt, il tira sa pochette, se frotta les doigts et retourna s'asseoir à sa table où le crayon à bille était placé parallèlement au bord d'une feuille toute blanche.

J'aurais pu entrer à l'improviste, il aurait eu l'air bien attrapé. Mais j'avais vu, et cela me suffisait ; je savais maintenant comment se passaient les choses.

Comme j'accédais à ma chambre par le balcon, le reste de l'appartement de Mlle Margariti demeurait pour moi terre vierge. La demoiselle vivait là toute seule, louant les deux chambres qui donnaient sur la cour : la mienne et une autre juste à côté. De mon voisin, je ne connaissais rien, sinon, le soir très tard et aux petites heures du matin, la démarche pesante (c'était, je l'appris ensuite, un gradé de la police : on ne le voyait pas de la journée). Le reste de l'appartement, qui devait être assez spacieux, était pour elle.

Il advint, quelquefois, que je dus la chercher, parce qu'on la demandait au téléphone : elle n'entendait pas la sonnerie et, pour en finir, j'allais moi-même répondre. Le récepteur collé à l'oreille, en revanche, elle entendait passablement ; et ces interminables entretiens téléphoniques avec les bonnes dames de la paroisse étaient sa grande distraction.

— Le téléphone ! Mademoiselle Margariti ! On vous demande au téléphone !

J'appelais en vain à travers tout l'appartement, je frappais à chaque porte. Au cours de ces incursions, je fis la découverte d'une enfilade de salles de séjour, de salons, de boudoirs, tout encombrés d'un mobilier désuet et prétentieux : abat-jour, bibelots, tableautins, statuettes, calendriers, et pas une de ces pièces-là qui ne fût parfaitement en ordre, nette, luisante de cire fraîche, sans le moindre granule de poussière, avec, sur les fauteuils, des housses de dentelle immaculées.

Au fond de l'une ou l'autre de ces pièces, je finissais par dénicher Mlle Margariti, occupée à frotter le parquet ou à faire briller ses meubles, vêtue d'un vieux peignoir déteint, un foulard noué autour de la tête. Je gesticulais dans la direction du téléphone, énergiquement ; la sourde trottinait et entamait là-bas une de ses interminables causettes, avec des intonations assez semblables à celles de ses entretiens avec le chat.

De retour dans ma chambre, à voir la plaque du lavabo ou l'abat-jour avec dessus un doigt de poussière, il me prenait une colère. Cette bonne femme passait sa journée à faire briller comme des miroirs les pièces de son appartement, et chez moi ça l'aurait fatiguée de donner un petit coup de chiffon ! J'allais là-bas bien résolu à lui faire une scène, à grand renfort de gestes et de grimaces ; et je la trouvais dans sa cuisine, une cuisine plus mal tenue encore que ma chambre : sur la table, une toile cirée, râpée et couverte de taches, des tasses pas lavées sur le bord du buffet, les carreaux du dallage noircis et descellés. Et je demeurais bouche bée, car je me rendais compte que cette cuisine était le seul endroit de la maison où la pauvre femme vécût vraiment, que tout le reste, les belles pièces continuellement époussetées et encaustiquées, représentait une manière d'œuvre d'art où elle reportait tout son rêve tenace de beauté ; pour garder à ces lieux leur éblouissante apparence, elle se réduisait à n'y jamais vivre, à n'y pénétrer jamais en maîtresse de maison, mais simplement comme une femme de charge, et le reste du jour, à le passer dans la graisse et la poussière.

Salubrité était un bulletin bimensuel portant en sous-titre : « Contre la pollution de l'atmosphère par les Fumées, les Émanations chimiques et les Résidus de Combustion. » C'était l'organe de l'OSAUCI (Organisation pour la salubrité de l'atmosphère urbaine des centres industriels). L'OSAUCI était en liaison avec les organismes correspondants d'autres pays, qui lui adressaient leurs bulletins et prospectus. Souvent se tenaient des congrès internationaux, en particulier sur l'urgent problème du *smog*[1].

Jamais je n'avais eu à m'occuper de questions de ce genre, mais ce que je savais, c'est que faire un journal traitant de sujets spécialisés est moins ardu qu'il ne semble. On suit les publications étrangères, on traduit un article de temps en temps. On prend un abonnement à l'*Argus* et la revue de presse est bientôt fabriquée. Puis il y a toujours deux ou trois collaborateurs techniques qui ne manquent jamais d'envoyer leur contribution ; l'Organisme, de son côté, pour peu qu'il marche, a toujours en réserve quelque communiqué, quelque ordre du jour à imprimer en caractères gras ; sans compter le fabricant qui vous prie de bien vouloir publier sous forme d'article la description de son dernier brevet. Chaque fois que se tient un congrès, il y a de quoi garnir un numéro, de la première ligne à la dernière, et il reste encore un certain nombre de communications, de comptes rendus à écouler dans les bulletins suivants, pour peu qu'on ait trois ou quatre colonnes qu'on ne sait trop comment remplir.

L'article de fond était, en principe, l'affaire du prési-

1. Ce mot anglais désigne le mélange de la fumée industrielle et du brouillard (*smoke* et *fog*).

dent. Mais l'ingénieur Cordà, trop occupé (il était administrateur général de toute une série d'entreprises et ne pouvait consacrer à l'OSAUCI que des bribes de son temps), en vint à me confier la mission de rédiger l'éditorial, suivant des thèmes qu'il m'indiqua avec clarté et énergie. Je n'aurais qu'à lui soumettre mon texte à son retour de voyage. Car il voyageait énormément, Cordà, ses entreprises étant éparpillées dans tous les coins du pays ; toutefois, parmi tant d'activités, la présidence de l'OSAUCI, purement honorifique, était celle, à ce qu'il me dit, qui lui procurait le plus de satisfactions, « parce qu'il s'agissait d'un combat pour des idéaux ».

Quant à moi, des « idéaux », je n'en avais pas et ne me souciais pas d'en avoir ; tout ce que je voulais, c'était lui confectionner un article de son goût, pour ne pas perdre cette place, qui en valait bien une autre, pour continuer cette existence, qui valait bien toutes les autres. Les théories de Cordà, je les connaissais par cœur : « Si chacun suivait notre exemple, la pollution atmosphérique serait depuis longtemps... » ; et aussi ses formules préférées : « Entendons-nous bien, nous ne sommes pas des utopistes, nous avons les pieds sur le sol... » ; et j'étais capable d'écrire, mot pour mot, ce qu'il souhaitait. Et qu'écrire d'autre ? Mon avis à moi sur la question ? C'est pour le coup qu'on aurait lu un bel article, je vous jure ! Une belle évocation bien optimiste d'un univers tout à fait fonctionnel et productif ! Mais il me suffisait de prendre cette disposition d'esprit par son envers (et cela ne m'était pas difficile, c'était une façon de me retourner contre moi-même) pour trouver l'élan nécessaire et fabriquer un éditorial en tout point conforme aux vues du président.

« Nous voici désormais à la veille de trouver une solution au problème des scories volatiles, écrivis-je, une solution qui manifestera d'autant plus vite sa pleine efficacité (et déjà je voyais la mine épanouie de l'ingénieur) qu'à l'impulsion toujours vigoureuse fournie à la Recherche par l'Initiative privée viendra s'associer l'encouragement éclairé (l'ingénieur, à cet endroit, ne manquerait pas de lever la main pour souligner les termes) des Pouvoirs publics, déjà si fort préoccupés... »

Ce morceau, je le lus à haute voix au dottore Avandero. Ses petites mains propres bien à plat sur la feuille blanche au milieu de son bureau, il me fixait avec cette courtoisie figée qu'il ne quittait guère.

— Eh bien, vous n'êtes pas d'accord ?

— Tout à fait, tout à fait..., s'empressa-t-il d'approuver.

— Écoutez la conclusion : « A l'encontre des prévisions les plus catastrophiques touchant l'avenir de la civilisation industrielle, nous réaffirmons qu'il n'y a jamais eu, et qu'il ne saurait y avoir, d'incompatibilité entre une économie qui suit le libre cours de son expansion naturelle et l'hygiène nécessaire à l'organisme humain (de temps en temps, je jetais un coup d'œil vers Avandero, mais lui ne levait pas le nez de sa feuille blanche) — entre la fumée de nos laborieuses usines et les verts, les bleus de nos incomparables beautés naturelles... » Alors, qu'en pensez-vous ?

Avandero resta un moment, lèvres pincées, à me fixer de son œil atone.

— Ma foi, effectivement, votre article exprime fort bien... disons, la substance, la limite extrême des objectifs que notre organisation, bien sûr, s'efforce d'atteindre, au prix de quels efforts...

— Hum..., grognai-je.

Je dois l'avouer, d'un personnage aussi poli que mon collègue, j'escomptais une approbation plus directe.

Je soumis mon article à l'ingénieur Cordà quand celui-ci fut de retour, deux ou trois jours plus tard. Il le lut attentivement, en ma présence. Sa lecture achevée, il remit les feuillets en ordre, il semblait vouloir recommencer à lire depuis le début, mais non, il dit :

— Bon.

Il réfléchit un petit moment et répéta :

— Bon.

Nouvelle pause, et puis :

— Vous êtes jeune.

Il arrêta une objection que je ne songeais pas à faire :

— Non, ce n'est pas une critique, laissez-moi dire. Vous êtes jeune, plein de confiance, vous voyez les choses de haut. Seulement, laissez-moi vous dire, la situation est sérieuse, oui, plus sérieuse que votre article ne le laisserait supposer. Parlons d'homme à homme : le risque de pollution de l'atmosphère dans les grandes agglomérations est considérable, nous avons les analyses, la situation est sérieuse. Et, pour y remédier, il y a nous. Si nous n'y remédions pas, nos cités seront à leur tour asphyxiées sous le smog.

Il s'était levé et marchait de long en large.

— Nous ne nous dissimulons pas les difficultés. Nous ne sommes pas comme tant d'autres, et dans les milieux, précisément, où l'on devrait se montrer le plus vigilant, où au contraire l'on s'en moque. Quand, même, on ne nous met pas des bâtons dans les roues !

Il se planta en face de moi, baissa la voix.

— Parce que vous êtes jeune, vous vous imaginez sans doute que tout le monde est d'accord avec nous. Mais non. Nous sommes une minorité. Une minorité attaquée de toutes parts. Oui, monsieur. D'un côté comme de l'autre. Et pourtant nous ne désarmons pas. Nous parlons haut. Nous agissons. Nous apportons des solutions. Voilà ce que je voudrais sentir davantage dans votre éditorial, comprenez-vous ?

J'avais parfaitement compris. Dans mon acharnement à feindre des opinions contraires aux miennes, j'étais allé un peu trop loin ; mais, à présent, je saurais nuancer mon article à la perfection. Je devais le représenter à l'ingénieur d'ici trois jours. Je le récrivis de fond en comble. J'en consacrai les deux tiers à brosser le plus sombre tableau des grandes villes d'Europe dévorées par le smog et j'y opposai, pour finir, l'image d'une cité modèle, la nôtre, une ville pimpante, riche en oxygène, où la concentration rationnelle des moyens de production allait toujours de pair avec... etc.

Afin de me concentrer davantage, je rédigeai l'article chez moi, allongé sur mon lit. Un rayon de soleil qui tombait, oblique, dans la cour profonde comme un puits traversait la vitre ; je voyais danser dans l'air de ma chambre des myriades de granules impalpables. Le dessus-de-lit devait en être envahi ; encore un peu de temps et il se recouvrirait d'une pellicule noirâtre, comme les lamelles des persiennes ou la rampe du balcon.

Le dottore Avandero à qui je fis lire ma nouvelle rédaction n'en parut pas mécontent.

— Ce contraste entre notre ville et les autres est assez bien venu. Vous aurez suivi, je suppose, les indications du président ?

— Pas du tout, l'ingénieur ne m'a rien suggéré, c'est une idée à moi ! me récriai-je, un peu fâché, quoique j'en eusse, qu'on ne me crût capable d'aucune initiative.

Ce qui me surprit fort, ce fut la réaction de Cordà. Il posa les feuilles dactylographiées sur sa table et secoua la tête.

— Nous ne nous sommes pas compris, pas compris du tout ! dit-il d'entrée de jeu.

Et de me débiter des chiffres, sur la production industrielle de la ville, les quantités de charbon, de mazout qu'on y brûlait journellement, la densité des moteurs à explosion. Après quoi, il passa aux données météorologiques, avant d'esquisser, sur chacun de ces points, un parallèle avec les plus grandes villes de l'Europe septentrionale.

— C'est une grande et brumeuse cité industrielle que la nôtre, vous comprenez. Par conséquent, du smog, nous en avons aussi ; il n'y en a pas moins chez nous qu'ailleurs. Impossible de soutenir, comme on essaie de le faire dans d'autres villes, qu'il y a moins de smog chez nous que chez eux. Ça, vous pouvez l'écrire, en toutes lettres, dans votre article ! Que dis-je : vous *devez* l'écrire ! Nous sommes ici dans une des villes où la situation atmosphérique est la plus sérieuse, mais c'est celle, en même temps, où l'on fait le maximum pour être à la hauteur de la situation. En même temps, vous comprenez ?

Je comprenais ; je comprenais, entre autres choses, que nous ne nous comprendrions jamais. Ces immeubles aux façades enfumées, ces fenêtres aux carreaux opaques, ces balcons auxquels on ne pouvait pas s'accouder, ces visages humains comme estompés et ce brouillard qui, à mesure qu'on avançait dans l'automne, abandonnait son humide senteur d'averse pour devenir comme une qualité des objets et des êtres, à croire que chaque chose perdait, jour après jour, de sa forme, de son sens et de sa valeur, cela qui, à mes yeux, devenait la substance d'une misère collective, pour des hommes de son acabit devait être indice de prospérité, de suprématie, de puissance, autant que de péril, de destruction, de tragédie — bref, un moyen de se sentir investi, à demeurer là, en alerte, d'une grandeur héroïque.

Je fis une troisième mouture de mon article. Ça allait, cette fois ! Il n'y eut que la conclusion : « Nous voici donc confrontés à un problème angoissant pour l'avenir de la société. Le résoudrons-nous ? », où Cordà trouva à reprendre :

— Un peu dubitatif, vous ne trouvez pas ? Ne risquez-vous pas de démoraliser ?

Le plus simple était de supprimer la tournure interrogative : « Nous le résoudrons. » Sans point d'exclamation : une assurance tranquille.

— Justement, cela ne va-t-il pas sembler bien inoffensif ? Du style expédition des affaires courantes ?

Nous tombâmes d'accord pour répéter la phrase. Tournure interrogative d'abord, tournure affirmative ensuite : « Le résoudrons-nous ? Nous le résoudrons. »

Mais n'était-ce pas renvoyer la solution aux calendes ? Nous essayâmes de tout mettre au présent : « Le résolvons-nous ? Nous le résolvons. » Ça sonnait mal.

Chacun sait ce qui se passe quand on écrit : on commence par changer une virgule, ensuite il faut changer un mot, puis la construction d'une phrase, et à la fin tout est par terre. Le débat prit une demi-heure. Je suggérai de mettre question et réponse à des temps différents : « Le résoudrons-nous ? Nous sommes en train de le résoudre. » Le président fut enchanté ; à compter de ce jour, sa confiance en mes aptitudes ne devait plus se démentir.

Une nuit, le téléphone m'éveilla. C'était la sonnerie prolongée de l'interurbain. J'allumai : près de trois heures. Avant que je me fusse décidé à sortir du lit, à foncer dans le corridor, à empoigner le récepteur en tâtonnant dans le noir, avant même, à mon premier sursaut dans le sommeil, je le savais, c'était Claudia.

Sa voix à présent clapotait dans l'écouteur, on l'aurait crue venue de quelque autre planète, et moi, au fond de mes yeux à peine ouverts, j'avais comme une sensation de scintillations, de taches lumineuses, qui n'étaient rien autre que les modulations de cette voix intarissable, cette agitation dramatique qu'elle mettait à dire quoi que ce fût, qui venait me surprendre jusqu'ici, au fond d'un affreux couloir, chez Mlle Margariti. Je m'en rendais compte à présent, je n'avais jamais douté que Claudia finirait par me retrouver, ou plutôt je ne m'étais, pendant tout ce temps, attendu à rien d'autre.

Elle ne songeait nullement à me demander ce que j'étais devenu jusque-là, comment j'avais échoué ici, et ne m'expliqua pas comment elle avait retrouvé ma trace. Elle avait une montagne de choses à me raconter, de ces choses détaillées à l'extrême et pourtant toujours imprécises dont elle avait le secret, qui se passaient dans un univers inconnu de moi, hors de ma portée.

— J'ai besoin de toi, vite, immédiatement. Viens par le premier train...

— Tu sais, ici j'ai mon travail... l'Organisation...

— Tiens, tu dois voir le commandeur... dis-lui...

— Non, tu sais, moi je suis simplement...

— Mon chéri, tu pars tout de suite, c'est d'accord ?

Comment lui dire que je répondais d'un endroit plein de poussière, que les lames de mes persiennes disparaissaient sous une croûte noire, grumeleuse, que je portais sur le col de ma chemise les traces d'un chat, et que ce monde-ci était pour moi le seul, le seul possible au monde, et que son monde à elle, il fallait une illusion d'optique pour qu'il me parût exister ? Elle ne m'aurait même pas écouté, elle avait bien trop l'habitude de voir les choses de haut ; comment les contingences mesquines dont ma vie était tissée ne lui eussent-elles pas échappé ? Tout, dans ses rapports avec moi, n'était-il pas le fruit de cette distraction dédaigneuse, en vertu de laquelle elle n'avait jamais voulu réaliser que je n'étais qu'un pauvre publiciste de province sans avenir ni ambition et s'obstinait à me traiter comme si je faisais partie de cette haute société de gens titrés, de richards et d'artistes où elle évoluait depuis toujours et où, un été, à la faveur d'une banale rencontre de plage, je lui avais été présenté ? L'admettre, pas question, ç'eût été reconnaître qu'elle s'était fourvoyée : elle persistait donc à m'attribuer des dons, des compétences, des goûts que j'étais loin de posséder ; en définitive, qui j'étais vraiment, question de détail, et ce n'est pas sur un détail qu'elle eût accepté d'être démentie.

A présent, sa voix était tendre, affectueuse : voici venu le moment que j'attendais, sans trop me l'avouer, le moment d'abandon où tout ce qui nous faisait différents disparaissait, où nous nous retrouvions simplement nous deux, sans plus nous demander qui nous étions. A peine avions-nous entamé un échange de mots câlins que, dans mon dos, derrière la porte vitrée, l'électricité s'alluma et que l'on entendit un toussotement sec. La porte du colocataire, le sous-officier de gendarmerie, était juste là, contre le téléphone. Je baissai aussitôt la voix, repris la phrase inachevée, mais à présent que je me savais écouté une pudeur naturelle me forçait à atténuer l'ardeur de mes propos, tant et si bien que mon discours se perdit dans un murmure de phrases plates et mal compréhensibles. La lumière s'éteignit dans la chambre à côté, mais à l'autre bout du fil commencèrent les récriminations :

— Que dis-tu ? Parle donc plus fort ! C'est tout ce que tu as à me dire ?

— Tu sais, je ne suis pas seul...

— Comment ? Avec qui es-tu ?

— Non, écoute, ici, tu comprends, je réveille les locataires, il est tard...

La voilà fâchée ; ce n'étaient pas des explications qu'elle

voulait : elle voulait obtenir de moi une réaction, une marque de chaleur, quelque mouvement capable d'abolir la distance qui nous séparait. Or mes réponses étaient devenues cauteleuses, geignardes, apaisantes.

— Non, vois-tu, Claudia, ne commence pas, je t'assure, je t'en supplie, Claudia, je...

Dans la chambre du sous-officier, la lumière s'était rallumée. Et mes protestations d'amour ne furent plus que pépiements, lèvres collées au récepteur.

Dans la cour, les plongeurs roulaient les fûts de bière. Mlle Margariti, dans l'obscurité de sa chambre, entama un interminable papotage coupé de brefs éclats de rire, comme si elle avait des visites. Le colocataire lança une imprécation méridionale. J'étais pieds nus sur le carrelage du corridor, tandis qu'à l'autre bout de la ligne la voix ardente de Claudia frémissait comme une main tendue, et j'aurais voulu courir vers elle, de tout mon pauvre bafouillis, mais chaque fois que nous allions lancer un pont entre nous, en moins de rien le choc des réalités écrasait et démentait nos paroles d'amour, l'une après l'autre.

Dès lors, le téléphone sonna à toute heure du jour et de la nuit : la voix de Claudia faisait irruption, fauve et tigrée, dans l'étroit corridor, avec l'élan souple du léopard qui, sans le savoir, se précipite dans une trappe et, toujours sans le savoir, du même élan qui l'a amené, trouve un passage pour s'enfuir : sans se douter de rien. Moi, j'éprouvais de la peine, et de l'amour, et de la joie, et de la cruauté, à la voir se mêler à ce décor de laideur et de misère, au haut-parleur de la brasserie Rattazzi débitant ses « Bouillon de vermicelle, une portion », aux couverts malpropres dans l'évier de Mlle Margariti, et il me semblait que, désormais, l'image même que j'avais d'elle en resterait marquée. Mais non : l'image de Claudia courait le long du fil, immuable, sans se douter de rien, et chaque fois je restais seul avec le vide qui suivait son effacement.

Certains jours, Claudia était enjouée, insouciante, elle

éclatait de rire, elle disait, pour me taquiner, des choses sans queue ni tête ; moi, cette belle humeur finissait par me gagner ; mais bientôt la vue de la cour, la poussière me rendaient d'autant plus triste que j'avais imaginé un instant que la vie pût être autre chose. D'autres jours, Claudia était en proie à une anxiété fébrile, et cette anxiété venait s'ajouter à la laideur du lieu où j'habitais, à mes besognes de rédacteur à *Salubrité;* dès lors, je ne pouvais plus me délivrer, je vivais dans l'attente d'un nouveau coup de téléphone plus dramatique encore qui me réveillerait en pleine nuit : sa voix me parvenait imprévisiblement changée, allègre ou tendre, comme si, de l'angoisse de la veille, elle n'avait même plus souvenance, et moi, plutôt que délivré, je me sentais désemparé, perdu.

— J'ai bien entendu ! C'est de Taormina que tu me téléphones ?

— Oui. Je suis ici avec des amis, c'est une splendeur, arrive vite, prends l'avion !

Claudia ne me téléphonait jamais de la même ville ; mais, à tous coups, qu'elle fût en proie à la dépression ou à la joie de vivre, elle prétendait que je vinsse la rejoindre sur-le-champ, afin de partager la disposition de son âme. Je m'évertuais à expliquer pour quelle raison précise j'étais dans l'impossibilité absolue d'entreprendre un voyage, mais je n'avais pas placé deux mots que Claudia, sans souloir m'entendre, avait déjà donné un autre tour à la conversation : la plupart du temps, c'était un réquisitoire, parfois aussi un compliment inattendu, pour une expression employée par mégarde et qu'elle avait jugée abominable ou adorable.

Lorsque déjà le temps de la communication s'achevait et que la dame du central annonçait qu'elle allait devoir couper, Claudia lançait un : « Alors, tu arrives à quelle heure ? », comme si tout était décidé ; je répondais en bredouillant, et l'on finissait par renvoyer les ultimes dispositions à un autre coup de téléphone que je devais donner ou qu'elle me donnerait à moi. J'étais sûr que, entre-temps, Claudia aurait changé tout son programme ;

mon voyage serait toujours aussi urgent, bien entendu, mais dans des conditions nouvelles, qui justifieraient de nouveaux délais. N'empêche que je traînais avec moi une espèce de remords : l'impossibilité pour moi de partir n'était pas si absolue, j'aurais pu, par exemple, demander une avance sur mon salaire et la permission de m'absenter trois ou quatre jours sous un prétexte quelconque ; cette irrésolution me rongeait.

Mlle Margariti n'entendait rien. Si, traversant le corridor, elle m'apercevait au téléphone, elle me saluait d'un hochement de tête, sans soupçonner quelles tempêtes m'agitaient. Le voisin, c'était autre chose. De sa chambre, il entendait tout et ne pouvait se retenir d'appliquer son flair de gendarme au plus léger de mes sursauts. Par bonheur, il n'était presque jamais là : certaines de mes conversations pouvaient donc être tout à fait libres, primesautières et, pour peu que Claudia se trouvât dans une disposition analogue, il nous était donné d'accéder à un climat d'harmonie amoureuse où la moindre parole se chargeait de ferveur, d'intimité, de secrètes résonances. D'autres fois, en revanche, elle était d'excellente humeur, mais moi je me sentais inhibé, je répondais par monosyllabes ou bien mes phrases étaient réticentes, évasives : il y avait mon sous-officier, là, derrière les carreaux, à un mètre. Une nuit, il poussa la porte, glissa dehors une face moustachue et noiraude, me dévisagea. C'était un petit homme qui, en d'autres circonstances, j'en suis sûr, ne m'eût fait aucune impression ; mais là, au milieu de la nuit, rien qu'à nous voir pour la première fois nez à nez, dans ce logis de pauvres diables, moi qui donnais ou recevais de galantes communications interurbaines d'une demi-heure, lui qui rentrait de son service, tous les deux en pyjama, nous ne pouvions que nous détester.

Dans la conversation de Claudia revenaient fréquemment des noms célèbres, les noms de ceux qu'elle fréquentait. Moi, d'abord, je ne connais personne ; deuxièmement, j'ai horreur d'attirer l'attention ; aussi, quand je ne pouvais faire autrement que de répondre, j'essayais de ne pas prononcer de noms, j'usais de circonlocutions : elle ne comprenait pas pourquoi et s'emportait. Quant à la politique, je m'en suis toujours tenu à l'écart, parce que justement je n'aime guère me faire remarquer ; et, à présent que je dépendais d'un organisme semi-officiel, je m'étais imposé comme règle de ne vouloir entendre parler ni des uns ni des autres. Or, voilà que Claudia, un soir, piquée par quelle mouche, me questionne au sujet de certains députés. Il fallait lui répondre quelque chose, illico, avec le sous-officier, là, derrière la porte.

— Le premier dont tu parlais, oui, le premier...

— Lequel ? Qui veux-tu dire ?

— Celui-là, oui, le gros, non, le petit...

Bref, je l'aimais. Et j'en souffrais. Mais comment eût-elle deviné la raison de cette souffrance ? Il y a des gens qui se condamnent à la grisaille d'une vie parfaitement médiocre parce qu'ils ont eu un chagrin, un coup de malchance ; et puis il en est d'autres qui le font parce qu'ils ont reçu de la chance plus qu'ils ne pouvaient supporter.

Je prenais mes repas dans de petits restaurants à prix fixe ; ils sont tous, ici, tenus par des familles toscanes, apparentées entre elles, et toutes les serveuses sont originaires d'un pays qui s'appelle Altopascio. Elles passent ici leur jeunesse, mais sans quitter d'une pensée Altopascio, ne se mêlant pas au reste de la ville, ne sortant le soir qu'avec des jeunes gens d'Altopascio qui travaillent dans les cuisines ou dans des entreprises industrielles, à condition de rester toujours près des restaurants qui sont comme les faubourgs du village natal. Jeunes gens et jeunes filles se marient, quelques-uns s'en retournent à Altopascio, d'autres se fixent ici, travaillent dans les établissements de parents ou de compatriotes et mettent de côté de quoi ouvrir un jour un restaurant pour leur compte.

Les gens qui mangent là, on les connaît d'avance : mis à part la clientèle de passage, qui varie tous les jours, les habitués sont des employés de bureau célibataires, quelques vieilles filles aussi, des étudiants, des militaires. Au bout de peu de temps, ces clients se connaissent tous, font la conversation d'une table à l'autre ; vient le moment où toutes ces personnes se groupent en tables communes ; ceux qui au début étaient des étrangers finissent par prendre l'habitude de manger toujours ensemble.

Avec les petites serveuses toscanes aussi, tout le monde plaisantait — des plaisanteries gentilles, s'entend : on s'informait de leur promis, on lançait de bons mots et, quand on n'avait plus rien à dire, on partait sur le chapitre de la télévision, jugeant sympathiques ou antipathiques tous ceux qu'on avait vus récemment sur le petit écran.

Moi, je n'ouvrais la bouche que pour passer ma commande, toujours la même du reste — spaghetti au beurre, viande bouillie et légumes verts, car j'étais au régime —, et j'évitais d'appeler les filles par leurs prénoms, que pourtant je connaissais par cœur moi aussi ; je préférais dire toujours « mademoiselle », pour écarter tout soupçon de familiarité ; ce restaurant, je m'y trouvais par hasard, je n'étais qu'un client occasionnel, peut-être continuerais-je d'y venir chaque jour pendant Dieu sait combien de temps, mais je voulais m'y sentir un client de passage, aujourd'hui ici, demain ailleurs ; autrement, j'aurais été sur les nerfs.

Non que ces gens me fussent antipathiques, loin de là : le personnel aussi bien que les clients étaient braves, sympathiques, ça me faisait plaisir de sentir cette ambiance cordiale et dans le fond, sans cela autour de moi, quelque chose peut-être m'eût manqué. Néanmoins, je préférais être le spectateur qui s'abstient d'intervenir. J'évitais d'engager la conversation avec les autres consommateurs, de les saluer, même, parce que ces relations, comme chacun sait, au début ça n'a l'air de rien, et puis on s'en trouve embarrassé ; quelqu'un lance : « Que fait-on ce soir ? », et l'on se retrouve tous ensemble devant la télévision, au cinéma, et à partir de cette soirée on est pris dans un groupe de gens dont on n'a rien à faire, obligé de raconter ses histoires et d'écouter celles des autres.

Je tâchais de m'asseoir à une table inoccupée, je dépliais mon journal, celui du matin ou celui du soir (je l'achetais en me rendant au bureau mais ne parcourais alors que les titres, j'attendais pour le lire d'être au restaurant), et je me mettais à l'éplucher de la première à la dernière ligne. Le journal m'était en particulier précieux quand, faute d'autre place, j'étais forcé de m'installer à une table où il y avait déjà quelqu'un ; je m'enfonçais dans ma lecture et personne ne m'adressait la parole. Mais, en principe, je tâchais d'avoir une table pour moi tout seul : je faisais en sorte de retarder le plus possible l'heure de mes repas, de manière à arriver au moment où le gros de la clientèle avait déjà vidé les lieux.

Il y avait un inconvénient : les miettes. La plupart du temps, je devais m'installer à une table qu'un client venait juste de quitter, toute parsemée de croûtons. Aussi j'évitais de poser mes regards sur la table, en attendant que la serveuse enlève assiettes et verres sales, brosse les débris épars et change le protège-nappe. Parfois, l'opération était faite un peu vite, il restait entre le papier et la nappe de grosses miettes de pain, et cela me contrariait.

La solution, pour le déjeuner en tout cas, c'était de calculer le moment où les serveuses, estimant qu'à présent il ne viendra plus de clients, font un nettoyage en règle et préparent les tables pour le repas du soir, après quoi toute la maisonnée : patrons, filles de salle, cuisiniers et plongeurs, dresse une grande table et peut enfin s'asseoir pour manger à son tour. A ce moment, moi j'entrais en disant :

— Oh, il est sans doute trop tard, vous ne pourrez pas me servir !

— Mais si, mais si ! Installez-vous où vous voudrez ! Lisa, tiens, va prendre la commande de monsieur.

Je m'asseyais à l'une de ces jolies petites tables bien propres, un des cuisiniers retournait à ses casseroles, je lisais mon journal, je mangeais tranquillement, j'écoutais la tablée, ses éclats de rire, ses plaisanteries, ses histoires d'Altopascio. Entre deux plats, il me fallait parfois patienter un quart d'heure, les petites serveuses étaient là-bas assises, à manger et à jacasser, alors je finissais par appeler :

— Mademoiselle, une orange…

Et elles :

— Tout de suite ! Anna, vas-y, toi ! Toi, Lisa !

Mais pour moi les choses allaient bien de la sorte, j'étais content.

J'achevais mon repas ; je sortais, le journal roulé à la main, je rentrais chez moi, grimpais dans ma chambre, jetais le journal sur le lit, me lavais les mains. Mlle Margariti épiait l'instant de mon arrivée et celui de ma sortie, car sitôt que j'étais dehors elle s'introduisait dans ma chambre, pour y prendre le journal. N'osant me le demander, elle s'en emparait en cachette, pour en cachette le remettre sur mon lit avant que je revienne. Il semblait qu'elle en éprouvât de la honte, comme d'une curiosité un peu frivole ; en réalité, elle n'y lisait guère qu'une chose : les avis d'obsèques.

Certain jour qu'en rentrant je la surpris, le journal à la main, elle parut honteuse et crut devoir plaider sa cause :

— Je vous le prends, de temps en temps, c'est pour regarder les morts, vous savez, je m'excuse, parce qu'il y a des fois, vous savez, où moi, dans tous ces morts, j'y ai des gens de connaissance…

Avec cette manie de retarder le moment des repas, par exemple le soir en allant au cinéma, il m'arrivait de laisser passer l'heure : je sortais du film la tête un peu lourde, il se formait déjà, autour des enseignes lumineuses, un cerne épais de brume automnale, de cette brume qui dépouillait la cité de ses dimensions. Je regardais ma montre, je me disais qu'à présent, dans les petits restaurants, je ne trouverais plus à dîner, et puis de toute façon j'étais sorti de mon horaire, plus question de le rattraper, alors je décidais de faire un casse-croûte au bar du Rattazzi, là, juste en dessous de chez moi.

Pénétrer dans la salle en venant de la rue, c'était bien autre chose qu'un passage de l'obscurité à la lumière : le monde changeait de consistance ; au-dehors : défait, évanescent, épars ; là-dedans : rempli de formes franches, de volumes compacts, pesants, de surfaces aux couleurs vives — rouge du jambon qu'on débitait sur le comptoir, vert du gilet tyrolien des garçons, or de la bière. La brasserie était pleine de monde, et moi qui, en chemin, m'étais accoutumé à ne voir dans les passants qu'ombres sans visages, à me voir moi-même comme une ombre sans visage parmi tant d'autres, voici qu'à l'improviste je redécouvrais un enchevêtrement de figures d'hommes et de femmes colorées comme des fruits, toutes diverses et toutes inconnues. Un bref instant, j'espérais encore préserver au milieu d'elles mon invisibilité de spectre, mais il fallait me rendre compte que j'étais devenu, moi aussi, une image si précise que les miroirs la renvoyaient, sans omettre le moindre poil de la barbe d'une journée ; et à cela point de recours : même la fumée des cigarettes allumées, qui montait vers le plafond en volutes denses, était une chose à part, avec son contour et son épaisseur, et n'altérait pas la substance des autres choses.

Je me faisais une place au bar toujours assiégé, j'avais dans mon dos la salle bruyante, à chaque table, de rires et de bavardages ; je guettais le premier tabouret libre et, une fois assis, m'appliquais à capter l'attention du serveur qui finissait par poser devant moi le rond de carton, le bock de bière et la carte. J'avais grand mal à me faire servir à cet Urbano Rattazzi que je surveillais nuit après nuit, dont je connaissais la vie heure par heure, dans son moindre remue-ménage, alors que cette rumeur où se perdait ma voix était celle-là même que j'entendais chaque soir s'élever le long des rampes de fer rouillées.

— Des gnocchi au beurre, s'il vous plaît !

Je réitérais ma commande, le barman finissait par entendre et, la bouche sur l'interphone, articulait : « Gnocchi au beurre, une ! » ; moi, j'entendais son appel cadencé, nasillé là-bas par le haut-parleur de la cuisine, et j'avais l'impression de me trouver en même temps ici, à ce comptoir, et allongé là-haut dans ma chambre ; tous ces mots qui fusaient entre des groupes de gens réjouis en train de manger et de boire, le tintement des verres et des assiettes, j'essayais en moi-même de les fragmenter, de les assourdir, jusqu'à retrouver la rumeur familière de mes soirées.

En transparence, par-delà les lignes et les couleurs de cette moitié du monde, j'allais ainsi peu à peu discernant l'image de son envers, du seul lieu où j'eusse le sentiment d'habiter. Mais, qui sait, le véritable envers était peut-être ici, de ce côté plein de lumières et d'yeux écarquillés, tandis que la seule face qui comptât, en toute chose, c'était l'autre, plongée là-bas dans l'ombre ; peut-être la brasserie Rattazzi existait-elle seulement pour faire entendre cette voix nasillarde criant dans le noir : « Gnocchi au beurre, une ! », et ce ferraillement de fûts vides pour que, dans le brouillard de la rue, surgissent le halo de l'enseigne et les panneaux de verre embués sur lesquels se profilaient de vagues silhouettes humaines.

Un matin je fus éveillé par un coup de téléphone de Claudia ; cette fois, ce n'était pas une communication interurbaine : elle était ici, à la gare, elle arrivait à l'instant même ; en descendant du wagon-lit, elle avait égaré l'une de ses innombrables valises.

Je la rejoignis juste à point pour la voir sortir de la gare à la tête d'une cohorte de porteurs. De l'agitation qu'elle m'avait à l'instant encore fait partager par son coup de téléphone, son sourire ne gardait aucune trace. C'était une belle femme, très élégante ; chaque fois que je la revoyais, j'en restais ébahi, comme si j'en avais perdu le souvenir. Contre toute attente, elle se déclarait enthousiasmée par la ville, m'approuvait fort d'être venu y habiter. Le ciel, ce jour-là, était de plomb : Claudia exaltait la lumière, la couleur des rues.

Elle loua un appartement dans un grand hôtel. Pour moi, entrer dans le hall, m'adresser au portier, me faire annoncer au téléphone, suivre le groom dans l'ascenseur étaient autant d'occasions d'embarras. Que Claudia fût venue passer ici quelques jours, pour je ne sais quelles affaires, mais peut-être tout simplement pour me voir, j'en étais très touché, mais j'étais aussi mal à l'aise parce que je voyais s'ouvrir devant moi l'abîme qui séparait nos deux modes de vie. Malgré tout, je sus me débrouiller, tant bien que mal, au long de cette matinée mouvementée ; je pus même faire un saut jusqu'au bureau et obtenir une avance sur ma prochaine paye : il fallait être prêt à affronter les journées exceptionnelles qui m'étaient réservées. Il y avait, entre autres, le problème des dîners : je n'étais pas très ferré sur le chapitre des restaurants de luxe et des établissements typiques. Pour un début, je me dis que le mieux serait de la conduire sur les collines.

Je pris un taxi. A présent seulement, je m'apercevais que, dans cette ville où il ne se trouvait personne, à partir d'un certain salaire, qui ne possédât sa voiture (et mon confrère Avandero avait la sienne), moi, je n'en avais pas ; du reste, je n'aurais même pas su conduire. Je ne m'en étais jamais soucié ; mais ce jour-là, devant Claudia, je me sentais pris en faute. Elle, en revanche, trouvait la chose naturelle : à l'en croire, une voiture entre mes mains, c'était la catastrophe assurée ; sans crainte de me vexer, elle affectait de mettre en doute mes capacités pratiques et de fonder son estime pour moi sur de tout autres mérites dont on voyait mal, pourtant, en quoi ils pouvaient consister.

Bref, nous prîmes un taxi : comme par hasard une guimbarde, conduite par un vieillard. Cet aspect déglingué, cet air marché-aux-puces que la vie prenait immanquablement autour de moi, je m'ingéniais à le pousser jusqu'à la caricature, mais elle n'en souffrait nullement, ce genre de détails ne pouvait la toucher, et je ne savais trop si je devais m'en sentir soulagé ou bien plutôt abandonné sans recours à mon destin.

Nous montions à travers le verdoyant dossier de collines qui enveloppe la ville au levant. Le ciel s'était éclairci, répandant une lumière automnale, dorée, et les couleurs de la campagne prenaient aussi des tons d'or. Pendant le trajet, je serrai Claudia dans mes bras ; m'abandonner à l'amour qu'elle m'offrait, peut-être était-ce m'ouvrir cette existence vert et or qui fuyait en images indistinctes (pour embrasser Claudia, j'avais ôté mes lunettes), de part et d'autre du chemin.

Avant d'aller au restaurant, je demandai au vieux chauffeur de nous conduire un peu plus haut, là où l'on découvrait le panorama. Nous descendîmes de voiture. Claudia, coiffée d'un grand chapeau noir, tourna sur elle-même, faisant voler tous les plis de sa robe. Moi, je sautais, de-ci, de-là, indiquant les points où dans le ciel émergeait la crête blanchâtre des Alpes (je désignais les sommets au hasard, étant bien incapable de les reconnaître), plus près le relief bondissant, irrégulier, des collines, avec des villages, des routes, des rivières, et, à nos pieds, la ville, semblable à un réseau de menues écailles ternes ou scintillantes, alignées méticuleusement. J'éprouvais là ce que c'est que l'ampleur — était-ce le chapeau de Claudia, sa jupe, ou bien le paysage ? L'air d'automne était encore assez limpide et dégagé, mais déjà traversé par des vapeurs de toutes sortes : fins brouillards à la base des montagnes, traînées de brume au-dessus des rivières, chapelets de nuages poussés au hasard par le vent. Nous restions là, accoudés à une murette ; moi, le bras passé autour de la taille de Claudia, à contempler la diversité du paysage, pris soudain d'un besoin d'analyse et aussitôt mécontent de moi-même qui ne disposais pas d'une nomenclature rigoureuse des lieux et des phénomènes naturels ; elle, au contraire, prompte toujours à transformer ses sensations en autant de sautes d'humeur, d'élans, de remarques sans rime ni raison. C'est alors que je distinguai cette chose. Je saisis le poignet de Claudia et le serrai.

— Regarde ! Regarde, là-bas !

— Quoi ?

— Là-bas ! Regarde-le : il bouge !

— Mais qu'y a-t-il ? Qu'as-tu vu ?

Comment lui expliquer ? Parmi tous les nuages et les brouillards qui, suivant la façon dont l'humanité se condense dans les couches froides de l'atmosphère, sont gris, ou bleutés, ou blanchâtres, ou même noirs, rien ne distinguait celui-ci sinon sa couleur indéfinissable : dans les marron ou dans les bitumeux, je ne sais ; mieux : il s'agissait d'une ombre de cette couleur qui semblait s'épaissir tantôt sur les bords, tantôt au centre du nuage, une ombre de crasse, en somme, qui le ternissait tout entier et en modifiait jusqu'à la consistance (en cela aussi, il se distinguait de tous les autres) : il restait lourd, au ras du sol, mal décollé de l'étendue mouchetée de la ville au-dessus de laquelle, pourtant, il glissait lentement, l'effaçant d'un côté tandis qu'il la dévoilait de l'autre, abandonnant derrière lui une molle traînée de filaments sales, longs à n'en plus finir.

— Le smog ! criai-je à Claudia. Tu vois ce nuage ? C'est un nuage de smog !

Mais elle ne m'entendait pas, tout absorbée par quelque chose qu'elle venait de voir voler, une nichée d'oiseaux, et je restai là accoudé, considérant pour la première fois de l'extérieur la nuée qui m'environnait à chaque instant, la nuée que j'habitais, qui m'habitait, et je compris que, de tout ce monde bigarré qui s'étendait autour de moi, ne m'importait plus désormais que ce nuage.

Le soir, j'emmenai Claudia dîner à la brasserie Rattazzi. En dehors des restaurants à prix fixe, je ne connaissais nul autre endroit et je craignais de tomber sur un établissement trop dispendieux. Entrer chez Rattazzi avec une femme comme Claudia, ça changeait tout : les garçons en gilet tyrolien accoururent, ils nous installèrent à la meilleure table et firent rouler vers nous les chariots de spécialités. Je cherchais à prendre un air dégagé, galant, mais je me sentais repéré comme le locataire de la chambre sur la cour, le consommateur de casse-croûte hâtifs au comptoir. Cet état d'âme me rendit balourd, niais dans mes propos, et Claudia ne tarda guère à se fâcher. La dispute monta, du tac au tac. La rumeur de la salle couvrait nos voix ; seulement, nous avions, posés sur nous, outre les regards des serveurs guettant le moindre signal de Claudia, ceux des clients, intrigués de voir une aussi belle femme, élégante et sûre d'elle-même, en compagnie d'un homme aussi insignifiant. Je me rendais bien compte que les phases de notre querelle étaient suivies de tout ce monde, d'autant que Claudia, avec son mépris souverain de ce qui l'entourait, ne se donnait nulle peine pour dissimuler son humeur. Il me semblait que ces curieux ne guettaient qu'une chose : l'instant où Claudia, exaspérée, se lèverait et me planterait là, me faisant redevenir l'être anonyme que j'avais toujours été et qu'on ne remarque pas plus qu'une tache d'humidité sur un mur.

Au lieu de cela, notre fâcherie fut suivie, comme à l'ordinaire, d'un mouvement de complicité amoureuse. Le repas s'achevait et Claudia, sachant que je logeais à deux pas, me dit :

— Je monte chez toi.

Or, si je l'avais menée à la brasserie, c'était seulement faute de connaître un autre endroit, et pas du tout parce qu'elle se trouvait à côté de mon gîte. J'étais sur des épines à la simple idée qu'elle pût, en jetant un coup d'œil à travers le portail, se rendre compte de ce qu'était la maison où je vivais, et je ne trouvais pour me rassurer que sa distraction sans bornes.

Eh bien, non, elle voulut monter. J'exagérai dans mes descriptions la misère des lieux, afin de prêter à la visite un air de farce. Elle, au contraire, en grimpant l'escalier, en longeant le balcon, n'y découvrit que des beautés : l'architecture ancienne et point dépourvue de noblesse, la manière rationnelle dont étaient disposés ces appartements d'autrefois. Nous entrâmes dans ma chambre :

— Mais qu'est-ce que tu racontes ? C'est une très jolie pièce ! Mais que veux-tu de mieux ?

Avant même de l'aider à retirer son manteau, je m'approchai du lavabo : car, naturellement, j'avais les mains toutes salies. Elle, non, elle circulait avec ses doigts qui voletaient comme des plumes parmi les vieux meubles poudreux.

La pièce fut bientôt envahie d'une foule de choses inhabituelles : le chapeau et sa voilette, le renard, le tailleur de velours, la jupe d'organza, les souliers de satin, les bas de soie ; je m'évertuais à les faire toutes tenir dans l'armoire, dans les tiroirs, ne doutant pas que, à rester là, elles ne dussent se couvrir d'empreintes fuligineuses.

Claudia était allongée de tout son beau corps blanc sur mon lit, ce lit d'où la moindre tape eût fait monter un tourbillon de poussière ; elle tendit la main vers l'étagère, y prit un livre.

— Fais attention, il doit être sale !

Mais elle déjà l'avait ouvert et le feuilletait, avant de le laisser retomber. Je regardais ses seins, des seins de jeune fille encore, aux pointes roses dressées, et un trouble me vint à l'idée que, des pages du livre, un peu de poussière pourrait s'y être déposée. J'allongeai la main en un geste qui semblait une caresse, mais n'était qu'une tentative pour enlever les quelques grains qui devaient s'être blottis là.

Mais non, sa peau était lisse, fraîche, intacte ; alors, moi qui entrevoyais, voltigeant dans le cône de lumière, une pluie de granules microscopiques dont lentement allait se recouvrir le corps de Claudia, je me laissai tomber sur elle en une étreinte où je mis surtout mon désir de la recouvrir, de la protéger, de prendre sur moi toute cette poussière afin qu'elle en fût, elle au moins, préservée.

Après que Claudia m'eut quitté (vaguement déçue et désenchantée de ma compagnie, malgré son imperturbable obstination à projeter sur son entourage un éclat qui rayonnait d'elle seule), je me plongeai dans mes travaux de rédaction avec une ardeur renouvelée : sa visite m'avait fait perdre pas mal d'heures et je me trouvais fort en retard dans la préparation du bulletin ; et puis, je voulais ne plus penser à elle ; sans compter que le sujet traité par *Salubrité* ne m'était plus indifférent comme au début.

Il me manquait l'article de fond ; et, cette fois, l'ingénieur Cordà ne m'avait point laissé de directives : « Choisissez vous-même. Je vous fais confiance. »

Je commençai à rédiger un des morceaux de rhétorique habituels et voilà que, petit à petit, un mot entraînant l'autre, j'en vins à décrire le nuage de smog tel que je l'avais surpris, se frottant sournoisement sur notre cité ; et puis la vie telle qu'elle se déroulait à l'intérieur de la nuée : les vieilles demeures aux façades pleines de creux et de saillies où s'accumulait un dépôt noirâtre, les murs des immeubles neufs, lisses, monochromes, sur lesquels peu à peu grandissaient des taches sombres, estompées, les mêmes que sur les cols blancs du personnel, sales en moins d'une demi-journée. Certes, poursuivais-je, il existait encore quelques privilégiés qui vivaient hors du nuage de smog, et, qui sait ? il en existerait peut-être toujours ; des êtres capables de le traverser, de s'arrêter au beau milieu et puis d'en ressortir, sans que le moindre souffle de fumée, la moindre trace de charbon effleurât leur corps, dérangeât le rythme particulier de leur vie, ternît leur beauté venue d'ailleurs. N'importe, ce qui comptait, c'était ce qui se trouvait pris dans le smog, et non ce qui restait au-dehors : s'engloutir au cœur de la nuée, respirer l'air ouaté de certaines matinées (l'hiver, à présent, noyait les rues sous une brume opaque) était l'unique façon d'atteindre la vérité jusqu'en son fond, et de se libérer peut-être. Tout ce discours était une polémique à l'adresse de Claudia ; je ne tardai pas à m'en rendre compte et déchirai l'article, sans même l'avoir fait lire à Avandero.

Le dottore Avandero était un homme que je n'avais pas encore dû bien comprendre. Un lundi matin, en arrivant au bureau, devinez comment je le retrouve ? Bronzé ! Oui, au lieu de sa figure habituelle, blanche comme poisson bouilli, il avait une mine entre le brun et l'écarlate, avec, sur le front et les pommettes, quelques traces de coup de soleil.

— Mais qu'est-ce qui t'arrive ? demandai-je.

(Dans les derniers temps, nous nous étions mis à nous tutoyer.)

— Je suis allé faire du ski. La première neige. Formidable, poudreuse. Tu m'accompagnes, dimanche prochain ?

A compter de ce jour, Avandero me prit pour confident de sa passion. Je dis bien : pour confident. Car, lorsqu'il m'en parlait, il y mettait quelque chose de plus que de l'emballement pour une adresse technicienne, pour une exactitude de mouvements qui tenait de la géométrie, pour un équipement fonctionnel ou pour un paysage réduit à n'être que page blanche ; non, il manifestait, lui, le bureaucrate irréprochable et docile, une secrète hargne à l'égard de son travail, une hargne qui perçait en de petits rires comme empreints de supériorité, en boutades perfides :

— Eh, mon cher, la voilà la « salubrité » ! Votre smog, je vous le laisse, grand bien vous fasse !

Propos aussitôt rectifié par un :

— Ce que j'en dis, c'est pour blaguer...

Trop tard : j'avais compris que lui aussi, l'homme lige, s'en moquait complètement, de l'Organisation et des théories de l'ingénieur Cordà.

Un samedi après-midi, je rencontrai Avandero tout harnaché pour la montagne, coiffé d'une casquette avec une visière en bec de merle, qui se dirigeait vers un pullman déjà pris d'assaut par une cohue de skieurs. Il me salua, de son petit air supérieur :

— Tu restes en ville ?

— Moi, oui. A quoi sert de s'en aller ? Pas plus tard que demain soir, tu te retrouveras dans la mélasse.

Il fronça les sourcils sous sa casquette à bec d'oiseau.

— Et une ville, à quoi ça sert, si on n'en sort pas le samedi et le dimanche ?

Là-dessus, il recommença à se démener autour du pullman : il suggérait un nouveau système pour fixer les skis sur l'impériale.

La ville, aux yeux d'Avandero, comme aux yeux de centaines de milliers d'autres qui s'y adonnaient tout au long de la semaine à de mornes occupations sous la seule condition de pouvoir s'en échapper le dimanche, la ville était un monde perdu, une machine à produire les moyens d'en sortir pendant quelques heures. Pour Avandero, passé les mois du ski, commençaient ceux des parties de campagne, de la pêche à la truite, de la plage et des excursions en montagne, de l'appareil photographique. L'histoire de sa vie — que, à force de fréquenter, je me pris à reconstituer année après année — se réduisait à celle de ses moyens de transport : un Vélosolex, puis un scooter, ensuite une moto, à présent une petite voiture et, pour jalonner les années à venir, un programme d'automobiles toujours plus confortables et rapides.

Le nouveau numéro de *Salubrité* devait partir à la composition, mais l'ingénieur Cordà n'en avait pas encore vu les épreuves. Je l'attendis en vain à l'OSAUCI. Vers le soir, il téléphona pour me demander de passer à son bureau de la Wafd : je devais lui apporter là-bas les épreuves. Il envoyait sa voiture et son chauffeur me chercher.

La Wafd : une de ces entreprises dont Cordà était administrateur. L'énorme automobile au fond de laquelle je me tenais rencogné, le paquet d'épreuves sur mes genoux, me fit traverser les quartiers d'une banlieue inconnue, longea un mur aveugle, franchit, saluée par des gardiens, un imposant portail et me déposa juste au pied de l'escalier de la direction.

L'ingénieur Cordà se tenait assis dans son bureau, entouré d'un groupe de collaborateurs, en train d'examiner des devis ou des plans de production qui garnissaient d'immenses feuilles et débordaient de la table.

— Excusez-moi, dottore, me dit-il, je suis à vous dans une minute.

Je regardais par-dessus son épaule : la paroi était une plaque de verre d'un seul tenant et, à travers cette immense baie, la vue plongeait sur toute l'usine. Dans cette fin de jour brumeuse, émergeaient quelques rares ombres ; au premier plan, se profilait la carcasse d'un élévateur à chaîne métallique charriant, à ce qu'il me sembla, d'énormes seaux de limaille de fonte. On voyait la rangée des godets de fer grimper avec de continuels hochements et une ondulation légère où semblait se défaire imperceptiblement la masse de métal ; j'avais l'impression que de là s'élevait un épais voile qui venait se déposer jusque sur la verrière du bureau de l'ingénieur.

Cordà donna l'ordre d'allumer l'électricité : brusquement, contre la nuit, la vitre parut recouverte d'un minuscule émeri, fait sans nul doute de toutes ces poussières de fonte et scintillant comme une galaxie. L'échafaudage d'ombres, au-dehors, se disloqua, tandis que surgissaient dans le fond, plus distinctes, les colonnes des cheminées, chacune empanachée de vapeurs rougeoyantes ; sur ces flamboiements ressortait par contraste une aile noire comme de l'encre qui envahissait le ciel entier et dans laquelle montait un tourbillon de points incandescents.

Cordà, à présent, examinait les épreuves de *Salubrité ;* rentré en un instant dans cet autre champ que la présidence de l'OSAUCI offrait à son esprit et à son enthousiasme, il commentait, avec moi et avec les dirigeants de la Wafd, les articles du bulletin. Et moi qui maintes fois devant lui, dans les bureaux de l'Organisation, avais cédé à mon agressivité naturelle de sous-ordre, porté à prendre, dans mon for intérieur, le parti du smog, à me croire l'agent secret du smog infiltré au cœur même de l'état-major ennemi, je mesurais combien ce jeu que je jouais tenait de la gageure : le grand maître du smog, c'était l'ingénieur Cordà ; c'était lui qui, inlassablement, le soufflait sur la ville ; l'OSAUCI n'était qu'une officine du smog, née du besoin de laisser à qui œuvrait pour le smog l'illusion que son existence ne lui était pas toute vouée, en même temps que du désir d'exalter son omnipotence.

Cordà jugea le numéro à son goût et tint à me raccompagner jusque chez moi en voiture. C'était un soir de brume à couper au couteau. Le chauffeur roulait très doucement car, sorti du halo des rares lampadaires, on n'y voyait goutte. Le président, emporté par un de ses accès d'optimisme, traçait obstinément les plans de la cité future, avec espaces verts, constructions entourées de plates-bandes et de pièces d'eau, installations de fusées destinées à nettoyer le ciel de la fumée des cheminées d'usines. Il pointait le doigt vers la vitre, comme si au-delà, dans tout ce noir, les choses qu'il imaginait existaient déjà bel et bien. Et je restais à l'écouter discourir, pris entre l'effroi et l'admiration à voir qu'en lui l'habile homme d'affaires et le visionnaire faisaient si bon ménage.

A un endroit, je crus reconnaître les lieux.

— Arrêtez, arrêtez ici, je suis chez moi, dis-je au chauffeur.

Je pris congé, remerciai, descendis. Quand l'auto eut redémarré, je me rendis compte de ma bévue. Je me trouvais dans un quartier inconnu et je ne voyais rien de rien.

Au restaurant, je continuais à prendre mes repas en solitaire derrière l'écran de mon journal. Or, je finis par m'apercevoir qu'un second client se comportait de la même façon. Parfois, faute d'autre place, nous échouions à la même table : nous étions l'un en face de l'autre, avec nos journaux déployés. Nous lisions des quotidiens différents : le mien était celui de tout le monde, le plus gros tirage de la ville ; je n'avais aucune raison de me faire remarquer en ne lisant pas le journal que lisaient les autres et, surtout, en lisant un journal comme celui de mon voisin, aux opinions avancées. De la politique, des partis, je me suis toujours tenu à l'écart ; mais là, au restaurant, il y avait des soirs où mon commensal, lorsque je posais mon journal, me disait : « Vous permettez ? » en faisant le geste de le prendre ; en échange, il me proposait le sien : « Si vous voulez le lire... »

Je donnais donc un coup d'œil à ce journal, qui était un peu, pour ainsi dire, l'envers du mien, pas seulement parce qu'il soutenait des idées opposées, mais parce qu'il s'occupait de choses qui, pour l'autre, n'existaient pas : des ouvriers licenciés, un ajusteur qui avait laissé une main dans un engrenage (dans ces cas-là, on publiait la photographie), le barème des prestations familiales, etc. Autant l'autre journal s'ingéniait à tirer l'œil par la présentation de ses articles, à retenir le lecteur par des anecdotes divertissantes — sur le divorce d'une pin-up par exemple —, autant celui-ci était rédigé en une langue monotone, incolore, avec des titres qui, toujours, faisaient ressortir l'aspect négatif des événements. Jusqu'à l'impression qui était terne, tassée, uniforme. Et voilà que je me dis : « Tiens, il me plaît, ce journal. »

Je tâchai de communiquer ce sentiment à mon voisin de table, en m'abstenant, bien entendu, de commenter aucune information, aucune opinion précises (lui avait déjà entrepris de me demander ce que je pensais d'une nouvelle venue d'Asie) ; j'essayai en même temps d'atténuer ce que mon jugement avait de négatif : mon vis-à-vis ne semblait pas homme à accepter facilement les critiques et il ne me souriait guère de m'embarquer dans une discussion. Lui, pendant tout ce temps, avait l'air de suivre le fil de ses réflexions et, du coup, l'appréciation que je donnais sur son journal devait lui paraître oiseuse ou hors de propos.

— Vous savez, dit-il, ce n'est pas encore un journal fait comme il devrait l'être. Il n'est pas ce que je voudrais qu'il soit.

L'homme, jeune, pas grand mais bien proportionné, brun, frisé, coiffé avec beaucoup de soin, avait gardé un visage de gamin, pâle avec du rose aux pommettes, des traits fins et réguliers, de longs cils noirs, un air grave, suffisant presque. Il était vêtu avec un soin étudié.

— C'est encore plein de propos vagues : il y a un tel manque de précision, poursuivit-il, en particulier pour tout ce qui concerne *nos* problèmes. C'est un journal qui ressemble encore trop aux autres. Le journal tel que je le vois devrait être fait essentiellement par ses lecteurs. Il devrait chercher à fournir des informations scientifiquement contrôlées sur tout ce qui se passe dans le monde de la production.

— Vous avez un emploi technique dans une usine ? demandai-je.

— Je suis ouvrier spécialisé.

Nous liâmes connaissance. Il s'appelait Omar Basaluzzi. Lorsqu'il apprit que je travaillais à l'OSAUCI, il fut vivement intéressé et me demanda des chiffres qui lui serviraient pour un compte rendu qu'il devait faire. Je lui signalai deux ou trois publications (à la portée de tout le monde, du reste ; je ne trahissais nullement les secrets du bureau et, à toutes fins utiles, je le lui fis observer avec un petit sourire) ; lui tira de sa poche un calepin et prit note avec application, comme s'il rédigeait une fiche bibliographique.

— Je m'occupe de recherche statistique ; c'est un domaine où notre organisation est restée à la traîne.

Là-dessus, nous enfilâmes nos manteaux pour sortir. Basaluzzi portait une gabardine sport, de coupe élégante, et un petit béret imperméable.

— ... Oui, à la traîne, reprit-il, et, selon moi, il s'agit d'un secteur fondamental.

— Et votre travail vous laisse du loisir pour vous occuper de ces études ?

— Vous savez (quand il répondait, il semblait toujours le prendre d'un peu haut, sur un ton vaguement pontifiant), tout ça est affaire de méthode. A l'usine, je fais une journée de huit heures et il ne se passe de soir où je n'aie quelque réunion, même le dimanche. Mais il faut apprendre à organiser son travail. J'ai constitué des groupes d'études parmi les jeunes de l'entreprise...

— Et il y a là beaucoup... de garçons comme vous ?

— Très peu. De moins en moins. L'un après l'autre, ils nous mettent à la porte. Un de ces jours, vous verrez ici (il montrait le journal) ma photographie, sous ce titre : « Un nouveau licenciement de représailles. »

Nous marchions dans la nuit froide ; j'étais tout tassé dans mon pardessus, le col relevé ; Basaluzzi avançait avec calme, la nuque droite, et de courtes bouffées d'haleine s'échappaient de ses lèvres finement dessinées ; de temps à autre, il retirait une main de sa poche pour ponctuer quelque endroit de son propos et alors il s'arrêtait net, comme s'il n'eût pas été possible de faire un pas avant que le point n'eût été rigoureusement énoncé.

Je n'écoutais qu'à demi les choses qu'il disait ; l'idée m'était venue qu'un garçon comme Omar Basaluzzi ne cherchait pas à échapper à cette grisaille enfumée où nous étions plongés, mais s'efforçait de la transformer en valeur morale, en règle de vie.

— Le smog..., lançai-je soudain.

— Le smog ? Oui, je sais que Cordà voudrait passer pour l'industriel à la page... Assainir l'atmosphère... Allez en parler à ses salariés ! L'atmosphère, ça n'est certainement pas lui qui l'assainira... C'est une question de structure sociale... Si nous réussissons à la changer, alors nous résoudrons aussi le problème du smog. Nous, pas eux.

Il m'invita à l'accompagner à une réunion de représentants syndicaux des différentes entreprises de la ville. Je m'assis au fond d'une salle enfumée. Basaluzzi prit place au bureau, en compagnie d'autres personnes toutes plus âgées que lui. La salle n'était pas chauffée, chacun avait gardé son pardessus et son chapeau.

L'un après l'autre, ceux qui devaient prendre la parole se levaient et venaient se placer, debout, près de la table ; leur façon de parler au public ne variait guère : un ton neutre, dépouillé, avec, pour entrer en matière ou lier entre eux les arguments, les formules qui, sans nul doute, appartenaient à une convention bien établie, car tous les empruntaient. A certains frémissements de l'auditoire, je me rendais compte qu'on venait de lancer une remarque polémique ; mais c'étaient des polémiques à mots couverts, après qu'eut été approuvé tout ce qui s'était dit auparavant. Nombre d'orateurs, à ce qu'il me sembla, s'en prenaient à Basaluzzi ; le jeune homme, assis un peu de travers au bureau, avait extrait de sa poche une blague à tabac en cuir gaufré et une courte pipe anglaise : il la bourra avec de calmes mouvements de ses petites mains et se mit à fumer par bouffées vigilantes, paupières mi-closes, un coude appuyé sur la table et la joue enfoncée dans la paume de la main.

La salle était devenue une vraie tabagie. Quelqu'un suggéra d'ouvrir une lucarne tout en haut. Un souffle de vent glacé renouvela l'air, mais bientôt commença d'entrer le brouillard, si bien que, d'une extrémité à l'autre de la salle, c'est à peine si on se voyait. De ma place, je scrutais ce rassemblement d'échines immobiles dans le froid avec, par-ci, par-là, un col de manteau relevé, et la rangée des silhouettes emmitouflées au bureau, et celui qui parlait, debout, pataud comme un ours — tous enveloppés, imprégnés de cette brume, jusque dans leurs paroles et leur obstination.

Claudia revint, en février. Nous déjeunâmes dans un restaurant de luxe près du fleuve, au fond d'un parc. A travers les vitres, nous contemplions la rive et les arbres qui composaient dans la grisaille du jour un lavis d'une élégance désuète.

Nous n'arrivions pas à nous entendre. Le thème de notre discussion : la beauté.

— Les hommes ont perdu le sentiment de la beauté, affirmait Claudia.

— La beauté est à réinventer sans cesse, répliquais-je.

— La beauté sera toujours la beauté, c'est quelque chose d'éternel.

— La beauté naît toujours d'une rupture.

— Oui, et les Grecs !

— Quoi, les Grecs ?

— C'est de la civilisation, la beauté !

— D'où tu conclus...

Nous aurions pu continuer ainsi jusqu'au lendemain.

— Ce parc, là, ce fleuve...

(« Ce parc, ce fleuve, voulais-je dire, ne peuvent qu'être des survivances et nous consoler du reste ; une beauté ancienne ne peut rien contre la laideur nouvelle. »)

— Cette anguille...

Au centre de la salle à manger, il y avait une caisse de verre, un aquarium, à l'intérieur duquel nageaient de grasses anguilles.

— Regarde !

Des clients s'avançaient, des gens comme il faut, toute une famille de riches gourmets : le père, la mère, une grande fille, un adolescent. Auprès d'eux se tenait le maître d'hôtel, en queue-de-pie et plastron blanc, bedonnant, énorme ; il empoigna par le manche une nasse miniature, pareille aux filets dont se servent les enfants pour les papillons. La famille observait les anguilles, sérieuse, attentive ; la dame leva la main, indiqua une anguille. Le maître d'hôtel plongea sa nasse dans l'aquarium, captura le poisson d'un mouvement vif et le souleva hors de l'eau. L'anguille se tordait, frétillait dans le filet. Le maître d'hôtel s'éloigna en direction des cuisines, brandissant devant lui, à la façon d'une lance, la nasse avec le poisson agonisant. La famille le suivit un instant des yeux, puis s'installa à table, attendant que l'anguille s'en revienne cuite à point.

— La cruauté...

— La société...

— La cruauté de tout...

Au lieu d'appeler un taxi, nous partîmes à pied. Les prairies, le fût des arbres baignaient dans la nappe dense, humide, qui s'élevait du fleuve ; ici, au moins, c'était un phénomène naturel. Claudia marchait, repliée dans son vison au col tombant, dans son manchon, sous son colback. Nous étions les deux silhouettes d'amoureux qui parachèvent le tableau.

— La beauté...

— Ta beauté...

— A quoi sert-elle en fin de compte ?...

— La beauté est éternelle, fis-je.

— Tiens ! Tu dis ce que je disais tout à l'heure.

— Non : le contraire...

— Avec toi, il n'y a jamais moyen de discuter.

Elle s'écarta, comme pour s'en aller de son côté, vers l'avenue. Une écharpe de brume glissa au ras de l'herbe : la silhouette emmitouflée marchait sans paraître toucher le sol.

Le soir, comme je raccompagnais Claudia à son hôtel, nous trouvâmes le hall bondé de messieurs en smoking et de dames en décolleté. C'était le temps du carnaval ; on donnait dans les salons une grande soirée de bienfaisance.

— Quelle chance ! Tu restes avec moi ? Je vais enfiler une robe du soir !

Les soirées de gala, ce n'est pas mon genre. J'étais mal à mon aise.

— Mais nous n'avons pas d'invitation... Et j'ai un costume marron...

— Je n'ai pas besoin d'invitation, moi... Et, toi, tu es mon cavalier...

Elle courut se préparer. Je ne savais où me mettre. Il y avait une ribambelle de jeunes filles étrennant leur première robe de bal, qui se mettaient un brin de poudre avant de pénétrer dans le salon et échangeaient des chuchotis passionnés. Je me tenais dans une encoignure, tâchant de me persuader que j'étais un commis venu livrer un paquet.

L'ascenseur s'ouvrit. Claudia en sortit, portant une jupe bouffante, un collier de perles sur sa gorge rose, un loup orné de brillants. Je ne pouvais plus jouer les commissionnaires. Je me plaçai à son côté.

Nous entrâmes. Tous les regards étaient posés sur elle. Je dénichai un bout de cotillon à me coller sur la figure, une sorte de masque avec un nez bouffon. Nous nous mîmes à danser. Lorsque Claudia pirouettait, les autres couples faisaient place pour mieux voir ; moi qui danse à faire pitié, j'aurais voulu que nous restions perdus dans la foule, et c'était à une manière de cache-cache que nous jouions. Claudia trouva que j'avais une mine funèbre, que je ne savais pas m'amuser.

Au retour d'une danse, nous passâmes pour regagner notre table auprès d'un groupe de messieurs debout.

— Oh !

Je me trouvai nez à nez avec l'ingénieur Cordà. Il était en frac et portait un petit bonnet de cotillon orange au sommet du crâne. Je fus obligé de m'arrêter pour le saluer.

— Mais c'est bien vous, dottore ! Je me disais aussi...

En me parlant, c'était Claudia qu'il regardait, et je savais fort bien ce que sa phrase voulait dire : qu'il ne se serait jamais attendu à me trouver en compagnie d'une femme comme celle-ci, moi, le moi de toujours, avec l'éternel veston que je portais au bureau.

Je dus faire les présentations ; Cordà baisa la main de Claudia, à qui il présenta à tour de rôle les messieurs d'un certain âge qui étaient avec lui ; Claudia, toujours distraite et dédaigneuse, ne se donnait pas la peine d'écouter (et moi, pendant de temps, à me dire : « Diable ! Rien que ça ! », car c'étaient de grands noms de l'industrie). Ensuite, Cordà me présenta :

— Le dottore travaille à la rédaction de notre périodique. Vous connaissez, *Salubrité,* ce bulletin que je dirige, n'est-ce pas ?...

En présence de Claudia, ces messieurs étaient un peu intimidés et débitaient des âneries. Ma propre timidité diminua d'autant.

J'avais l'intuition qu'il n'allait pas tarder à se passer quelque chose, que Cordà mourait d'envie d'inviter Claudia à danser. Je marmonnai : « Parfait, c'est entendu, on se retrouve tout à l'heure... », je fis de grands gestes de salut et entraînai de nouveau Claudia vers la piste de danse. Elle protestait :

— Mais, dis donc, celle-là, tu ne sais pas la danser, tu ne vois pas ce que c'est ?

Ce que je voyais parfaitement, c'était que, d'une certaine manière, et sans qu'eux-mêmes s'en rendissent bien compte, je leur avais gâché leur soirée avec mon apparition aux côtés de Claudia ; c'était à peu près la seule satisfaction que je trouvais dans toute l'affaire. « Cha... Cha... Cha... », fredonnais-je, en faisant mine de danser un pas que j'ignorais complètement, tenant juste Claudia par le bout des doigts, de manière qu'elle pût évoluer à son aise.

On était en plein carnaval ; n'avais-je pas le droit de me donner un peu de bon temps ? Les trompettes beuglaient, entortillant leurs longues franges flottantes, les confettis criblaient à poignées, comme miettes de plâtras, les jaquettes et les épaules nues, glissaient dans les décolletés et les plastrons, et, des lustres jusqu'au parquet où elles s'aggloméraient en enchevêtrements flasques foulés par le piétinement des danseurs, se tendaient les étoiles filantes, tels des faisceaux de fibres desséchées, ou bien des fils ballant d'un mur à l'autre parmi les décombres d'un cataclysme général.

— Vous pouvez accepter le monde comme il est, avec sa laideur, parce que vous savez bien qu'un jour il vous faudra le démolir, dis-je à Omar Basaluzzi.

Je parlais un peu pour le provoquer ; sans ça, où eût été l'amusement ?

— Une seconde, répondit Omar en reposant la tasse de café qu'il allait porter à ses lèvres, nous ne sommes pas de ces gens qui disent : Plus ça va mal, mieux ça va. Nous sommes pour des conditions meilleures... Ni réformisme ni extrémisme, nous autres...

Nous suivions le fil de pensées différentes. Depuis ma promenade dans le parc avec Claudia, j'étais en quête d'une image du monde nouvelle, qui pût prêter un sens à la grisaille où nous vivions et compenser toute cette beauté perdue...

— Un nouveau visage du monde...

L'ouvrier fit glisser la fermeture Éclair d'un porte-documents de cuir noir et sortit une revue illustrée.

— Vous voyez ?

Une foule asiatique, coiffée de toques de fourrure et chaussée de sabots, s'en allait béatement à la pêche, le long d'une rivière. Sur un second cliché, la même foule se rendait à l'école : un maître indiquait sur un drap tendu les lettres d'un alphabet mystérieux. Une autre illustration montrait une fête où chacun s'était fait une tête de dragon ; au centre, parmi tous les dragons, s'avançait un tracteur ; au-dessus, un portrait. A la fin, on voyait encore deux de ces hommes, toujours avec leur petite toque de fourrure, qui faisaient fonctionner un tour.

— Vous voyez ? Le voilà, dit Basaluzzi, l'autre visage du monde.

Je le regardai.

— Mais, vous, vous ne portez pas de bonnet de fourrure, vous ne pêchez pas l'esturgeon, vous ne jouez pas au dragon...

— Et après ?

— Après, vous n'aurez jamais rien de commun avec ces gens-là, si ce n'est ceci (je montrai le tour), que vous avez déjà.

— Vous vous trompez, ce sera ici comme là-bas, car c'est la conscience qui changera, chez nous aussi bien que chez eux ; nous serons neufs à l'intérieur, avant de l'être au-dehors...

Tout en parlant, Basaluzzi continuait à feuilleter son illustré. Sur une autre page, il y avait des photographies de hauts fourneaux et d'ouvriers aux grosses lunettes relevées sur des visages pleins de fierté.

— Bien sûr, à ce moment-là, les problèmes ne manqueront pas, il ne faut pas croire que d'un jour à l'autre..., dit-il. Pendant un bout de temps, ce sera dur : la production... Mais on aura fait un sacré pas... Des choses comme on en voit maintenant, par exemple, on n'en verra plus...

Et il se remit à parler des sujets dont il parlait sans relâche, des problèmes qui, jour après jour, lui tenaient à cœur.

Je sentais bien que, pour lui, que ce moment vînt ou ne vînt pas, cela importait moins qu'on n'aurait pu le croire ; ce qui comptait par-dessus tout, c'était la conduite de sa vie, qui devait rester immuable.

— Des embêtements, il y en aura, c'est entendu... Ce ne sera pas le paradis... Du reste, nous ne sommes pas des saints...

Les saints changeraient-ils de vie s'ils apprenaient que le paradis n'existe pas ?

— J'ai été licencié la semaine dernière, fit Omar Basaluzzi.

— Et à présent ?

— J'ai des activités syndicales. Il se peut qu'à l'automne un poste de responsable soit disponible.

Il devait se rendre à la Wafd où, le matin même, avait commencé une agitation revendicative assez dure.

— Vous venez avec moi ?

— Eh là ! Ce n'est vraiment pas un endroit où je puisse me faire voir, vous savez pourquoi.

— Moi non plus, je ne tiens pas à ce qu'on m'y voie. Je compromettrais les camarades. Nous nous installerons dans un café tout à côté.

Je l'accompagnai. A travers les vitres du bistrot, on voyait les ouvriers des équipes franchir les grilles successives en tenant à la main le guidon de leur vélo ou s'entasser dans le tram, le visage déjà gagné par le sommeil. Certains, sans doute prévenus, entraient au café et tout de suite s'approchaient d'Omar ; il se forma ainsi un petit groupe à l'écart, où l'on discutait ferme.

Je ne comprenais rien à leurs débats et me mis à chercher quelle pouvait bien être la différence entre le visage de ces hommes innombrables qui s'éparpillaient au-delà des grilles, sans penser à rien d'autre qu'à leur famille, à leur dimanche, et le visage de ceux qui venaient trouver Omar, les acharnés, les durs. Je ne découvris nulle marque qui les distinguât : c'étaient les mêmes figures vieilles, ou mûries trop vite, marquées par une existence identique ; la différence était au-dedans.

J'étudiai alors autour de moi les visages et les propos pour voir si je distinguais entre ceux qui mettaient, à la base de tout, la conviction qu' « un jour viendrait... » et les autres, ceux, comme Omar, pour qui le fait que ce jour vienne ou ne vienne pas ne changeait rien. Et je m'aperçus qu'il n'y avait pas moyen de distinguer, peut-être parce qu'ils appartenaient tous à la seconde catégorie, même ceux, rares, qui par impatience ou bagout pouvaient sembler de la première.

A la fin, ne sachant plus quoi regarder, je tournai les yeux vers le ciel. C'était une journée de printemps timide et, par-delà les maisons du faubourg, le ciel était bleu, lumineux, limpide ; cependant, à le mieux examiner, j'y décelai une ombre, une traînée, comme on en voit sur les vieux clichés jaunis, comme ces traces que l'on discerne à la lentille spectroscopique. Même la belle saison ne pouvait nettoyer le ciel.

Basaluzzi avait chaussé une paire de lunettes noires à grosse monture d'écaille et, au milieu de ce groupe d'hommes, il continuait, minutieux, compétent, content de lui, à parler du nez.

Je publiai dans *Salubrité* une information empruntée à un journal étranger sur la pollution de l'atmosphère par les radiations atomiques. Le récit était imprimé en petits caractères : lorsqu'il parcourut les épreuves, l'ingénieur Cordà n'y prêta pas attention. Mais, la revue une fois sortie, il la lut et m'envoya chercher :

— Seigneur ! Il ne faudrait jamais cesser de contrôler, cent yeux n'y suffiraient pas ! s'écria-t-il. Qu'est-ce qui vous a pris de publier cette information-là ? Ce ne sont pas des choses dont notre organisation s'occupe ! Il ne manquerait plus que ça ! Et sans m'en dire un mot ! Un sujet aussi délicat ! A présent, on va raconter que nous faisons de la propagande !

J'émis quelques phrases de justification :

— Voyez-vous, comme il s'agissait de pollution, excusez-moi, je m'étais dit...

J'avais déjà pris congé, lorsque Cordà me rappela :

— Écoutez, dottore, sincèrement, le danger de la radioactivité, vous y croyez ? Enfin, je veux dire, vous croyez qu'il soit déjà grave ?...

J'avais réuni un certain nombre d'indications fournies par un congrès de spécialistes que je lui communiquai. Cordà était là à m'écouter, hochant la tête, préoccupé.

— Dans quelle terrible époque nous vivons ! dit-il en se redressant tout d'un coup, et le voilà redevenu le Cordà que je connaissais. Mais c'est le risque qu'il nous faut courir, mon cher, et sans regarder en arrière, car l'enjeu est de taille, oui, de quelle taille !

Quelques minutes il resta la tête baissée.

— Nous, dans notre secteur, sans vouloir grossir les choses, nous remplissons notre rôle, nous apportons notre contribution, nous faisons face.

— Assurément. J'en suis convaincu, monsieur l'ingénieur.

Nous nous regardâmes, un peu gênés tous deux et

hypocrites. Le smog semblait à présent tout rabougri, juste un petit bout de nuage, un cirrus, en comparaison du champignon atomique qui le surplombait.

Je quittai l'ingénieur après quelques autres phrases bien senties, bien générales, et j'en étais cette fois encore à me demander si son véritable combat, il le livrait pour ou contre le nuage.

A partir de ce jour, je me gardai de faire allusion dans les titres aux explosions atomiques ou à la radioactivité ; seulement, à chaque numéro, dans les colonnes réservées aux informations techniques, je m'ingéniais à glisser quelque renseignement sur ce sujet ; et même dans certains articles, au beau milieu des pourcentages de mazout ou d'oxyde de carbone en suspension dans l'air des villes, ou bien au cours d'un exposé sur leurs conséquences physiologiques, j'insérais des chiffres et des exemples analogues, relatifs aux zones atomisées. Ni Cordà ni personne d'autre ne me fit la moindre remarque, et cela, bien loin de me combler d'aise, me confirma dans le soupçon que *Salubrité* n'avait en vérité aucun lecteur.

Je possédais une chemise où je conservais ma documentation sur les radiations nucléaires. Car, à force de parcourir les journaux d'un œil exercé à cueillir au vol l'article ou l'information utilisables, je découvrais à tout instant quelque chose sur la question. Sans compter le service de presse auquel notre organisation était abonnée et qui sous la rubrique « Pollution atmosphérique » nous adressait de plus en plus souvent des coupures consacrées à la bombe atomique, tandis que, pour le smog, les entrefilets se faisaient toujours plus rares.

C'est ainsi que, jour après jour, me tombaient sous les yeux des statistiques d'épouvantables maladies, des histoires de pêcheurs surpris au large par les nuages porteurs de mort, de cobayes nés avec deux têtes au terme d'expériences à l'uranium. Je levais mon regard vers la fenêtre. On était à la mi-juin ; pourtant l'été ne se décidait pas à recommencer ; le temps demeurait lourd, les journées comme écrasées sous des nappes de brume opaque ; en plein midi, la ville était plongée dans une lumière d'apocalypse, les passants ressemblaient à des ombres photographiées sur le sol, d'où le corps se serait détaché.

La marche coutumière des saisons paraissait changée : d'épais cyclones couraient au-dessus de l'Europe, ce commencement d'été avait des jours chargés d'électricité, puis venaient d'entières semaines de pluie, des vagues de chaleur soudaines, suivies de brusques retours du froid, comme en mars. Les journaux écartaient l'hypothèse que, dans ces dérangements atmosphériques, la bombe pût avoir la moindre part ; seuls quelques savants isolés semblaient vouloir le soutenir (encore eût-il fallu vérifier s'ils étaient dignes de créance), et puis aussi, bien sûr, la voix anonyme du petit peuple, toujours prêt, comme on sait, à faire un méli-mélo des événements les plus hétéroclites.

Moi, par exemple, cela me tapait sur les nerfs d'entendre Mlle Margariti parler à tort et à travers d'atomes pour me prévenir que, ce matin encore, il ne faudrait pas oublier mon parapluie. Pourtant, quand je repoussais les persiennes, quand je voyais cette cour blafarde qui, dans le demi-jour trompeur, prenait l'aspect d'un filet de taches et de stries, j'avais un mouvement de recul, comme si quelque décharge de particules invisibles allait, à ce moment précis, s'abattre des hauteurs du ciel.

Ce poids de craintes inavouées tournait peu à peu à la superstition et grevait les traditionnels bavardages sur le temps, que naguère chacun tenait pour la chose la plus futile. Le temps, maintenant, on évitait d'en parler, ou alors, sur le point de remarquer qu'il pleuvait, que ça paraissait s'éclaircir, on était pris d'une sorte de gêne, comme si on voulait passer sous silence une vague responsabilité personnelle. Mon collègue Avandero, qui vivait tout au long de la semaine dans les apprêts de son excursion dominicale, affectait à l'égard du temps une attitude faussement négligente qui me semblait, à moi, le comble de l'hypocrisie, de la servilité.

Je préparai un numéro de *Salubrité* dans lequel il ne se trouvait pas un article qui ne fît allusion à la radioactivité. Or, cette fois-là encore, je n'eus pas de reproches.

Pourtant, j'avais tort de croire que la revue n'était pas lue ; pour ce qui est de la lire, on la lisait, mais il s'était créé désormais sur ces sujets une espèce d'accoutumance, et j'aurais pu annoncer la fin du monde pour très bientôt sans provoquer aucune réaction.

Les illustrés lançaient eux aussi des nouvelles à faire frémir ; en fait, le public ne prêtait foi qu'aux filles dont le sourire resplendissait en couleurs à la une. Un de ces hebdomadaires sortit une semaine avec, en couverture, une photo de Claudia en maillot de bain, dans une démonstration de ski nautique. Je l'épinglai au mur de ma chambre meublée.

Chaque matin, chaque après-midi, je continuais à me rendre dans le quartier aux tranquilles avenues où était installé notre bureau, et il m'arrivait de me souvenir de ce jour d'automne où j'y étais venu pour la première fois, en un temps où la moindre chose se muait, à mes yeux, en signe, où rien ne me semblait assez gris, assez morne. Même à présent, que cherchait mon regard, sinon des signes ? Je n'ai jamais su voir que cela. Mais des signes de quoi ? Chacun renvoyait à un autre et ainsi de suite, à l'infini.

Il m'arriva, plus d'une fois, de croiser dans ce quartier une charrette tirée par un mulet, une carriole à deux roues, chargée de sacs, qui suivait une contre-allée. Ou bien je la voyais, en passant, arrêtée devant un portail : le mulet baissait la tête entre les brancards ; au sommet de la pile de sacs blancs, juchait une petite fille.

Je remarquai bientôt que cette charrette n'était pas seule à circuler dans les parages, qu'il y en avait quantité de semblables. A quel moment précis je m'en aperçus, je ne pourrais le dire ; on voit une foule de choses sans y prendre garde ; et ces choses qu'on voit font un effet, sans qu'on s'en doute ; et puis, un beau jour, on se met à les relier entre elles : alors, tout, brusquement, prend un sens. La vue de ces voitures, sans que je m'en rendisse bien compte, avait pour effet de me rasséréner : une rencontre aussi insolite que celle d'une carriole à l'allure campagnarde au milieu d'une ville livrée aux automobiles, c'est assez pour nous rappeler que le monde n'est pas tout sur le même modèle.

Mon attention était désormais en éveil : une petite fille aux longues nattes était installée à la cime d'une montagne de sacs blancs, occupée à lire un illustré ; sortait du portail un homme trapu chargé d'une paire de sacs qu'il lançait sur la charrette, il tournait la manivelle du frein, criait : « Hue donc ! » au bourricot, et les voilà partis, la fillette toujours juchée en haut, le nez dans son livre. Devant un autre portail, ils faisaient halte, l'homme déchargeait un ou deux sacs et les emportait dans la maison.

Non loin, dans la contre-allée opposée, s'avançait une autre charrette ; un petit vieux tenait les rênes, une femme grimpait et descendait dans les immeubles avec de gros baluchons sur la tête.

Je ne tardai pas à observer que, les jours où je rencontrais ces carrioles, je me sentais plus allègre, plus optimiste ; et que c'était toujours le lundi. J'appris de la sorte que lundi est le jour où les blanchisseurs parcourent la ville, rapportant les paquets de linge lavé et prenant livraison du linge sale.

Maintenant que j'étais au courant, le va-et-vient des buandiers ne risquait plus de m'échapper : apercevais-je une voiture, le matin, quand je me rendais au bureau, je me disais : « Tiens, c'est lundi ! » et, aussitôt après, j'en voyais surgir une deuxième qui roulait sur une autre avenue, escortée d'un petit chien qui jappait, et puis une troisième, déjà loin, dont je ne distinguais que l'arrière, avec le monticule de sacs blancs rayés de jaune.

Pour revenir du bureau, je pris un jour le tram, qui empruntait, lui, des rues pleines de monde, assourdissantes ; or là aussi, à un carrefour, voilà que la circulation se trouva bloquée, parce que tournait pesamment la carriole haut perchée d'un blanchisseur. Je glissai un regard dans la rue adjacente : arrêté contre le trottoir, j'aperçus l'habituel bourricot et les ballots de linge qu'un homme en chapeau de paille s'occupait à décharger.

Je fis, ce jour-là, pour retourner chez moi, un circuit bien plus long qu'à l'accoutumée et, en chemin, je n'arrêtai pas de croiser des voitures de buandiers. Dans toute la ville, ce charroi mettait comme un air de fête : chacun était bien aise d'envoyer au loin ses effets marqués par la fumée et de redécouvrir la fraîche caresse du lin blanc, même si c'était pour peu de temps.

Le lundi suivant, il me prit l'envie de suivre les blanchisseurs pour voir où ils s'en retournaient, une fois livrés leurs paquets et ramassé le linge sale. Je marchai à l'aventure, tantôt derrière une charrette, tantôt derrière une autre, jusqu'au moment où je compris qu'il y avait une direction que tous finissaient par prendre, des rues où ils finissaient toujours par s'engager ; quand ils se rencontraient, ou rejoignaient la file, ils se hélaient avec de grands gestes placides, lançaient une plaisanterie. Je continuai, pendant un bon bout de chemin, à les accompagner, à m'égarer ; à la fin je n'en pouvais plus. Mais avant de les quitter, j'avais appris qu'il existait un village des buandiers : ils habitaient tous le même faubourg, Barca Bertulla.

Un après-midi, je poussai jusque là-bas. Je traversai le fleuve ; passé le pont, c'était quasi la campagne, les routes où filaient les camions étaient encore flanquées de maisons, mais tout de suite après s'étendaient les prairies. Pas la moindre laverie à l'horizon. Quelque guinguette poussait sa tonnelle feuillue jusqu'au bord de biefs barrés d'écluses. J'avançai, faufilant mes regards à travers chaque palissade de ferme, dans chaque chemin creux. Peu à peu, je m'étais éloigné des habitations ; des files de peupliers couraient à côté de la route, suivant les rives des canaux. Là-bas au fond, après les peupliers, je vis une prairie toute gréée de blanches voiles : du linge était là à sécher.

Je pris un sentier. Devant moi, de vastes prairies traversées de fils tendus à hauteur d'homme ; à ces fils, pendus l'un à côté de l'autre, mis là pour sécher, les habits de toute la ville, l'étoffe encore molle de lessive, informe, avec partout les mêmes plis sous le grand soleil, et alentour, dans chaque prairie, à perte de vue, la même blancheur des alignements de linge propre. Quelques prairies nues mais sillonnées, elles aussi, de fils parallèles, comme des vignes dépouillées de leurs sarments.

Comme je passais à travers ces prés blancs, sous le linge étendu, un éclat de rire me fit brusquement me retourner. Au bord d'un bief, en amont de l'écluse, se trouvait un lavoir : bien au-dessus de moi, je vis se pencher les bonnes faces rougeaudes des lavandières aux manches retroussées, aux vêtements multicolores. Et ça caquetait, et ça riait, les plus jeunes avaient leurs seins qui bougeaient sous l'étoffe du corsage, les vieilles, bien en chair, portaient des foulards noués autour de la tête, et toutes poussaient et ramenaient leurs bras rondelets sous la nappe de mousse et frottaient le linge entortillé, avec un mouvement pointu des coudes. Près d'elles, les hommes, coiffés de leurs chapeaux de paille, vidaient les panières en petits amas séparés ou mettaient eux aussi la main à la pâte, empoignant les cubes de savon de Marseille ou tapant à grands coups de battoir.

Moi, à présent que j'avais vu, je n'avais plus qu'à m'en retourner : à quoi bon faire la causette, me mêler de ce qui ne me regardait pas ? Sur le bord de la grand-route poussait une herbe maigre ; je prenais bien soin de marcher à cet endroit-là, pour ne pas couvrir mes souliers de poussière et me tenir à distance de tous les camions qui circulaient. Au milieu des prés, des haies, des peupliers, je continuais à guetter au passage les lavoirs et, sur les murs de quelques maisons basses, les inscriptions

LAVERIE À VAPEUR
COOPÉRATIVE DES BUANDIERS DE BARCA BERTULLA

et les champs que les femmes traversaient avec leurs corbeilles, comme pour la vendange, détachant le linge séché des fils de fer, et la campagne qui sous le grand soleil faufilait sa verdure parmi toute cette blancheur, et puis l'eau qui courait, courait, gonflée de petites bulles bleutées. C'était peu de chose, sans doute ; mais, moi qui ne demandais rien d'autre que des images à conserver au fond des yeux, je n'avais pas besoin de plus.

Table

PREMIÈRE PARTIE

Les amours difficiles

DEUXIÈME PARTIE

La vie difficile

Du même auteur

AUX ÉDITIONS DU SEUIL

Le Baron perché, *1960*
coll. « Points Roman », n° 10

Le Chevalier inexistant, *1962*
coll. « Points Roman », n° 131

Aventures, *1964*
nouvelles

La Journée d'un scrutateur, *1966*
coll. « Points Roman », n° 417

Cosmicomics, *1968*
coll. « Points Roman », n° 320

Temps zéro, *1970*
coll. « Points Roman », n° 429

Les Villes invisibles, *1974*
coll. « Points Roman », n° 162

Le Château des destins croisés, *1976*
coll. « Points Roman », n° 183

Si par une nuit d'hiver un voyageur, *1981*
coll. « Points Roman », n° 81

La Machine littérature, *1984*
essais

Palomar, *1985*
coll. « Points Roman », n° 253

Collection de sable, *1986*
coll. « Points Roman », n° 418

Sous le soleil jaguar, *1990*

La Spéculation immobilière, *1991*

CHEZ BOURGOIS

Le Sentier des nids d'araignées
coll. « 10/18 », 1981

Marcovaldo
coll. « 10/18 », 1981

Le corbeau vient le dernier
coll. « 10/18 », 1981

CHEZ GALLIMARD

Leçons américaines, *1989*

AU LIVRE DE POCHE

Le Vicomte pourfendu, *1982*

IMPRIMERIE BUSSIÈRE À SAINT-AMAND (CHER)
DÉPÔT LÉGAL : JUIN 1991. N° 12763 (1200)

Collection Points

SÉRIE ROMAN

R1. Le Tambour, *par Günter Grass*
R2. Le Dernier des Justes, *par André Schwarz-Bart*
R3. Le Guépard, *par Giuseppe Tomasi di Lampedusa*
R4. La Côte sauvage, *par Jean-René Huguenin*
R5. Acid Test, *par Tom Wolfe*
R6. Je vivrai l'amour des autres, *par Jean Cayrol*
R7. Les Cahiers de Malte Laurids Brigge
par Rainer Maria Rilke
R8. Moha le fou, Moha le sage, *par Tahar Ben Jelloun*
R9. L'Horloger du Cherche-Midi, *par Luc Estang*
R10. Le Baron perché, *par Italo Calvino*
R11. Les Bienheureux de La Désolation, *par Hervé Bazin*
R12. Salut Galarneau !, *par Jacques Godbout*
R13. Cela s'appelle l'aurore, *par Emmanuel Roblès*
R14. Les Désarrois de l'élève Törless, *par Robert Musil*
R15. Pluie et Vent sur Télumée Miracle
par Simone Schwarz-Bart
R16. La Traque, *par Herbert Lieberman*
R17. L'Imprécateur, *par René-Victor Pilhes*
R18. Cent Ans de solitude, *par Gabriel Garcia Marquez*
R19. Moi d'abord, *par Katherine Pancol*
R20. Un jour, *par Maurice Genevoix*
R21. Un pas d'homme, *par Marie Susini*
R22. La Grimace, *par Heinrich Böll*
R23. L'Age du tendre, *par Marie Chaix*
R24. Une tempête, *par Aimé Césaire*
R25. Moustiques, *par William Faulkner*
R26. La Fantaisie du voyageur, *par François-Régis Bastide*
R27. Le Turbot, *par Günter Grass*
R28. Le Parc, *par Philippe Sollers*
R29. Ti Jean L'horizon, *par Simone Schwarz-Bart*
R30. Affaires étrangères, *par Jean-Marc Roberts*
R31. Nedjma, *par Kateb Yacine*
R32. Le Vertige, *par Evguénia Guinzbourg*
R33. La Motte rouge, *par Maurice Genevoix*
R34. Les Buddenbrook, *par Thomas Mann*
R35. Grand Reportage, *par Michèle Manceaux*
R36. Isaac le mystérieux (Le ver et le solitaire)
par Jerome Charyn
R37. Le Passage, *par Jean Reverzy*
R38. Chesapeake, *par James A. Michener*
R39. Le Testament d'un poète juif assassiné
par Elie Wiesel
R40. Candido, *par Leonardo Sciascia*

R41. Le Voyage à Paimpol, *par Dorothée Letessier*
R42. L'Honneur perdu de Katharina Blum
par Heinrich Böll
R43. Le Pays sous l'écorce, *par Jacques Lacarrière*
R44. Le Monde selon Garp, *par John Irving*
R45. Les Trois Jours du cavalier, *par Nicole Ciravégna*
R46. Nécropolis, *par Herbert Lieberman*
R47. Fort Saganne, *par Louis Gardel*
R48. La Ligne 12, *par Raymond Jean*
R49. Les Années de chien, *par Günter Grass*
R50. La Réclusion solitaire, *par Tahar Ben Jelloun*
R51. Senilità, *par Italo Svevo*
R52. Trente Mille Jours, *par Maurice Genevoix*
R53. Cabinet Portrait, *par Jean-Luc Benoziglio*
R54. Saison violente, *par Emmanuel Roblès*
R55. Une comédie française, *par Éric Orsenna*
R56. Le Pain nu, *par Mohamed Choukri*
R57. Sarah et le Lieutenant français, *par John Fowles*
R58. Le Dernier Viking, *par Patrick Grainville*
R59. La Mort de la phalène, *par Virginia Woolf*
R60. L'Homme sans qualités, tome 1, *par Robert Musil*
R61. L'Homme sans qualités, tome 2, *par Robert Musil*
R62. L'Enfant de la mer de Chine, *par Didier Decoin*
R63. Le Professeur et la Sirène
par Giuseppe Tomasi di Lampedusa
R64. Le Grand Hiver, *par Ismaïl Kadaré*
R65. Le Cœur du voyage, *par Pierre Moustiers*
R66. Le Tunnel, *par Ernesto Sabato*
R67. Kamouraska, *par Anne Hébert*
R68. Machenka, *par Vladimir Nabokov*
R69. Le Fils du pauvre, *par Mouloud Feraoun*
R70. Cités à la dérive, *par Stratis Tsirkas*
R71. Place des Angoisses, *par Jean Reverzy*
R72. Le Dernier Chasseur, *par Charles Fox*
R73. Pourquoi pas Venise, *par Michèle Manceaux*
R74. Portrait de groupe avec dame, *par Heinrich Böll*
R75. Lunes de fiel, *par Pascal Bruckner*
R76. Le Canard de bois (Les Fils de la Liberté, I)
par Louis Caron
R77. Jubilee, *par Margaret Walker*
R78. Le Médecin de Cordoue, *par Herbert Le Porrier*
R79. Givre et Sang, *par John Cowper Powys*
R80. La Barbare, *par Katherine Pancol*
R81. Si par une nuit d'hiver un voyageur
par Italo Calvino
R82. Gerardo Laïn, *par Michel del Castillo*
R83. Un amour infini, *par Scott Spencer*
R84. Une enquête au pays, *par Driss Chraïbi*

R85. Le Diable sans porte (tome 1 : Ah, mes aïeux !)
par Claude Duneton
R86. La Prière de l'absent, *par Tahar Ben Jelloun*
R87. Venise en hiver, *par Emmanuel Roblès*
R88. La Nuit du Décret, *par Michel del Castillo*
R89. Alejandra, *par Ernesto Sabato*
R90. Plein Soleil, *par Marie Susini*
R91. Les Enfants de fortune, *par Jean-Marc Roberts*
R92. Protection encombrante, *par Heinrich Böll*
R93. Lettre d'excuse, *par Raphaële Billetdoux*
R94. Le Voyage indiscret, *par Katherine Mansfield*
R95. La Noire, *par Jean Cayrol*
R96. L'Obsédé (L'Amateur), *par John Fowles*
R97. Siloé, *par Paul Gadenne*
R98. Portrait de l'artiste en jeune chien, *par Dylan Thomas*
R99. L'Autre, *par Julien Green*
R100. Histoires pragoises, *par Rainer Maria Rilke*
R101. Bélibaste, *par Henri Gougaud*
R102. Le Ciel de la Kolyma (Le Vertige, II)
par Evguénia Guinzbourg
R103. La Mulâtresse Solitude, *par André Schwarz-Bart*
R104. L'Homme du Nil, *par Stratis Tsirkas*
R105. La Rhubarbe, *par René-Victor Pilhes*
R106. Gibier de potence, *par Kurt Vonnegut*
R107. Memory Lane
par Patrick Modiano, dessins de Pierre Le-Tan
R108. L'Affreux Pastis de la rue des Merles
par Carlo Emilio Gadda
R109. La Fontaine obscure, *par Raymond Jean*
R110. L'Hôtel New Hampshire, *par John Irving*
R111. Les Immémoriaux, *par Victor Segalen*
R112. Cœur de lièvre, *par John Updike*
R113. Le Temps d'un royaume, *par Rose Vincent*
R114. Poisson-chat, *par Jerome Charyn*
R115. Abraham de Brooklyn, *par Didier Decoin*
R116. Trois Femmes, *suivi de* Noces, *par Robert Musil*
R117. Les Enfants du sabbat, *par Anne Hébert*
R118. La Palmeraie, *par François-Régis Bastide*
R119. Maria Republica, *par Agustin Gomez-Arcos*
R120. La Joie, *par Georges Bernanos*
R121. Incognito, *par Petru Dumitriu*
R122. Les Forteresses noires, *par Patrick Grainville*
R123. L'Ange des ténèbres, *par Ernesto Sabato*
R124. La Fiera, *par Marie Susini*
R125. La Marche de Radetzky, *par Joseph Roth*
R126. Le vent souffle où il veut, *par Paul-André Lesort*
R127. Si j'étais vous…, *par Julien Green*
R128. Le Mendiant de Jérusalem, *par Elie Wiesel*

R129. Mortelle, *par Christopher Frank*
R130. La France m'épuise, *par Jean-Louis Curtis*
R131. Le Chevalier inexistant, *par Italo Calvino*
R132. Le Dialogue des Carmélites, *par Georges Bernanos*
R133. L'Étrusque, *par Mika Waltari*
R134. La Rencontre des hommes, *par Benigno Cacérès*
R135. Le Petit Monde de Don Camillo
par Giovanni Guareschi
R136. Le Masque de Dimitrios, *par Eric Ambler*
R137. L'Ami de Vincent, *par Jean-Marc Roberts*
R138. Un homme au singulier, *par Christopher Isherwood*
R139. La Maison du désir, *par France Huser*
R140. Moi et ma cheminée, *par Herman Melville*
R141. Les Fous de Bassan, *par Anne Hébert*
R142. Les Stigmates, *par Luc Estang*
R143. Le Chat et la Souris, *par Günter Grass*
R144. Loïca, *par Dorothée Letessier*
R145. Paradiso, *par José Lezama Lima*
R146. Passage de Milan, *par Michel Butor*
R147. Anonymus, *par Michèle Manceaux*
R148. La Femme du dimanche
par Carlo Fruttero et Franco Lucentini
R149. L'Amour monstre, *par Louis Pauwels*
R150. L'Arbre à soleils, *par Henri Gougaud*
R151. Traité du zen et de l'entretien des motocyclettes
par Robert M. Pirsig
R152. L'Enfant du cinquième Nord, *par Pierre Billon*
R153. N'envoyez plus de roses, *par Eric Ambler*
R154. Les Trois Vies de Babe Ozouf, *par Didier Decoin*
R155. Le Vert Paradis, *par André Brincourt*
R156. Varouna, *par Julien Green*
R157. L'Incendie de Los Angeles, *par Nathanaël West*
R158. Les Belles de Tunis, *par Nine Moati*
R159. Vertes Demeures, *par Henry Hudson*
R160. Les Grandes Vacances, *par Francis Ambrière*
R161. Ceux de 14, *par Maurice Genevoix*
R162. Les Villes invisibles, *par Italo Calvino*
R163. L'Agent secret, *par Graham Greene*
R164. La Lézarde, *par Edouard Glissant*
R165. Le Grand Escroc, *par Herman Melville*
R166. Lettre à un ami perdu, *par Patrick Besson*
R167. Evaristo Carriego, *par Jorge Luis Borges*
R168. La Guitare, *par Michel del Castillo*
R169. Épitaphe pour un espion, *par Eric Ambler*
R170. Fin de saison au Palazzo Pedrotti, *par Frédéric Vitoux*
R171. Jeunes Années. Autobiographie 1, *par Julien Green*
R172. Jeunes Années. Autobiographie 2, *par Julien Green*
R173. Les Égarés, *par Frédérick Tristan*

R174. Une affaire de famille, *par Christian Giudicelli*
R175. Le Testament amoureux, *par Rezvani*
R176. C'était cela notre amour, *par Marie Susini*
R177. Souvenirs du triangle d'or, *par Alain Robbe-Grillet*
R178. Les Lauriers du lac de Constance, *par Marie Chaix*
R179. Plan B, *par Chester Himes*
R180. Le Sommeil agité, *par Jean-Marc Roberts*
R181. Roman Roi, *par Renaud Camus*
R182. Vingt Ans et des poussières
par Didier van Cauwelaert
R183. Le Château des destins croisés, *par Italo Calvino*
R184. Le Vent de la nuit, *par Michel del Castillo*
R185. Une curieuse solitude, *par Philippe Sollers*
R186. Les Trafiquants d'armes, *par Eric Ambler*
R187. Un printemps froid, *par Danièle Sallenave*
R188. Mickey l'Ange, *par Geneviève Dormann*
R189. Histoire de la mer, *par Jean Cayrol*
R190. Senso, *par Camillo Boito*
R191. Sous le soleil de Satan, *par Georges Bernanos*
R192. Niembsch ou l'immobilité, *par Peter Härtling*
R193. Prends garde à la douceur des choses
par Raphaële Billetdoux
R194. L'Agneau carnivore, *par Agustin Gomez-Arcos*
R195. L'Imposture, *par Georges Bernanos*
R196. Ararat, *par D. M. Thomas*
R197. La Croisière de l'angoisse, *par Eric Ambler*
R198. Léviathan, *par Julien Green*
R199. Sarnia, *par Gerald Basil Edwards*
R200. Le Colleur d'affiches, *par Michel del Castillo*
R201. Un mariage poids moyen, *par John Irving*
R202. John l'Enfer, *par Didier Decoin*
R203. Les Chambres de bois, *par Anne Hébert*
R204. Mémoires d'un jeune homme rangé
par Tristan Bernard
R205. Le Sourire du Chat, *par François Maspero*
R206. L'Inquisiteur, *par Henri Gougaud*
R207. La Nuit américaine, *par Christopher Frank*
R208. Jeunesse dans une ville normande
par Jacques-Pierre Amette
R209. Fantôme d'une puce, *par Michel Braudeau*
R210. L'Avenir radieux, *par Alexandre Zinoviev*
R211. Constance D., *par Christian Combaz*
R212. Épaves, *par Julien Green*
R213. La Leçon du maître, *par Henry James*
R214. Récit des temps perdus, *par Aris Fakinos*
R215. La Fosse aux chiens, *par John Cowper Powys*
R216. Les Portes de la forêt, *par Elie Wiesel*
R217. L'Affaire Deltchev, *par Eric Ambler*

R218. Les amandiers sont morts de leurs blessures
par Tahar Ben Jelloun
R219. L'Admiroir, *par Anny Duperey*
R220. Les Grands Cimetières sous la lune
par Georges Bernanos
R221. La Créature, *par Étienne Barilier*
R222. Un Anglais sous les tropiques, *par William Boyd*
R223. La Gloire de Dina, *par Michel del Castillo*
R224. Poisson d'amour, *par Didier van Cauwelaert*
R225. Les Yeux fermés, *par Marie Susini*
R226. Cobra, *par Severo Sarduy*
R227. Cavalerie rouge, *par Isaac Babel*
R228. Tous les soleils, *par Bertrand Visage*
R229. Pétersbourg, *par Andréi Biély*
R230. Récits d'un jeune médecin, *par Mikhaïl Boulgakov*
R231. La Maison des prophètes, *par Nicolas Saudray*
R232. Trois Heures du matin à New York
par Herbert Lieberman
R233. La Mère du printemps, *par Driss Chraïbi*
R234. Adrienne Mesurat, *par Julien Green*
R235. Jusqu'à la mort, *par Amos Oz*
R236. Les Envoûtés, *par Witold Gombrowicz*
R237. Frontière des ténèbres, *par Eric Ambler*
R238. Les Deux Sacrements, *par Heinrich Böll*
R239. Cherchant qui dévorer, *par Luc Estang*
R240. Le Tournant, *par Klaus Mann*
R241. Aurélia, *par France Huser*
R242. Le Sixième Hiver
par Douglas Orgill et John Gribbin
R243. Naissance d'un spectre, *par Frédérick Tristan*
R244. Lorelei, *par Maurice Genevoix*
R245. Le Bois de la nuit, *par Djuna Barnes*
R246. La Caverne céleste, *par Patrick Grainville*
R247. L'Alliance, tome 1, *par James A. Michener*
R248. L'Alliance, tome 2, *par James A. Michener*
R249. Juliette, chemin des Cerisiers, *par Marie Chaix*
R250. Le Baiser de la femme-araignée, *par Manuel Puig*
R251. Le Vésuve, *par Emmanuel Roblès*
R252. Comme neige au soleil, *par William Boyd*
R253. Palomar, *par Italo Calvino*
R254. Le Visionnaire, *par Julien Green*
R255. La Revanche, *par Henry James*
R256. Les Années-lumière, *par Rezvani*
R257. La Crypte des capucins, *par Joseph Roth*
R258. La Femme publique, *par Dominique Garnier*
R259. Maggie Cassidy, *par Jack Kerouac*
R260. Mélancolie Nord, *par Michel Rio*
R261. Énergie du désespoir, *par Eric Ambler*

R262. L'Aube, *par Elie Wiesel*
R263. Le Paradis des orages, *par Patrick Grainville*
R264. L'Ouverture des bras de l'homme
par Raphaële Billetdoux
R265. Méchant, *par Jean-Marc Roberts*
R266. Un policeman, *par Didier Decoin*
R267. Les Corps étrangers, *par Jean Cayrol*
R268. Naissance d'une passion, *par Michel Braudeau*
R269. Dara, *par Patrick Besson*
R270. Parias, *par Pascal Bruckner*
R271. Le Soleil et la Roue, *par Rose Vincent*
R272. Le Malfaiteur, *par Julien Green*
R273. Scarlett si possible, *par Katherine Pancol*
R274. Journal d'une fille de Harlem, *par Julius Horwitz*
R275. Le Nez de Mazarin, *par Anny Duperey*
R276. La Chasse à la licorne, *par Emmanuel Roblès*
R277. Red Fox, *par Anthony Hyde*
R278. Minuit, *par Julien Green*
R279. L'Enfer, *par René Belletto*
R280. Et si on parlait d'amour, *par Claire Gallois*
R281. Pologne, *par James A. Michener*
R282. Notre homme, *par Louis Gardel*
R283. La Nuit du solstice, *par Herbert Lieberman*
R284. Place de Sienne, côté ombre
par Carlo Fruttero et Franco Lucentini
R285. Meurtre au comité central
par Manuel Vásquez Montalbán
R286. L'Isolé soleil, *par Daniel Maximin*
R287. Samedi soir, dimanche matin, *par Alan Sillitoe*
R288. Petit Louis, dit XIV, *par Claude Duneton*
R289. Le Perchoir du perroquet, *par Michel Rio*
R290. L'Enfant pain, *par Agustin Gomez-Arcos*
R291. Les Années Lula, *par Rezvani*
R292. Michael K, sa vie, son temps, *par J. M. Coetzee*
R293. La Connaissance de la douleur
par Carlo Emilio Gadda
R294. Complot à Genève, *par Eric Ambler*
R295. Serena, *par Giovanni Arpino*
R296. L'Enfant de sable, *par Tahar Ben Jelloun*
R297. Le Premier Regard, *par Marie Susini*
R298. Regardez-moi, *par Anita Brookner*
R299. La Vie fantôme, *par Danièle Sallenave*
R300. L'Enchanteur, *par Vladimir Nabokov*
R301. L'Ile atlantique, *par Tony Duvert*
R302. Le Grand Cahier, *par Agota Kristof*
R303. Le Manège espagnol, *par Michel del Castillo*
R304. Le Berceau du chat, *par Kurt Vonnegut*
R305. Une histoire américaine, *par Jacques Godbout*

R306. Les Fontaines du grand abîme, *par Luc Estang*
R307. Le Mauvais Lieu, *par Julien Green*
R308. Aventures dans le commerce des peaux en Alaska *par John Hawkes*
R309. La Vie et demie, *par Sony Labou Tansi*
R310. Jeune Fille en silence, *par Raphaële Billetdoux*
R311. La Maison près du marais, *par Herbert Lieberman*
R312. Godelureaux, *par Eric Ollivier*
R313. La Chambre ouverte, *par France Huser*
R314. L'Œuvre de Dieu, la part du Diable, *par John Irving*
R315. Les Silences ou la vie d'une femme, *par Marie Chaix*
R316. Les Vacances du fantôme, *par Didier van Cauwelaert*
R317. Le Levantin, *par Eric Ambler*
R318. Beno s'en va-t-en guerre, *par Jean-Luc Benoziglio*
R319. Miss Lonelyhearts, *par Nathanaël West*
R320. Cosmicomics, *par Italo Calvino*
R321. Un été à Jérusalem, *par Chochana Boukhobza*
R322. Liaisons étrangères, *par Alison Lurie*
R323. L'Amazone, *par Michel Braudeau*
R324. Le Mystère de la crypte ensorcelée *par Eduardo Mendoza*
R325. Le Cri, *par Chochana Boukhobza*
R326. Femmes devant un paysage fluvial, *par Heinrich Böll*
R327. La Grotte, *par Georges Buis*
R328. Bar des flots noirs, *par Olivier Rolin*
R329. Le Stade de Wimbledon, *par Daniele Del Giudice*
R330. Le Bruit du temps, *par Ossip E. Mandelstam*
R331. La Diane rousse, *par Patrick Grainville*
R332. Les Éblouissements, *par Pierre Mertens*
R333. Talgo, *par Vassilis Alexakis*
R334. La Vie trop brève d'Edwin Mullhouse *par Steven Millhauser*
R335. Les Enfants pillards, *par Jean Cayrol*
R336. Les Mystères de Buenos Aires, *par Manuel Puig*
R337. Le Démon de l'oubli, *par Michel del Castillo*
R338. Christophe Colomb, *par Stephen Marlowe*
R339. Le Chevalier et la Reine, *par Christopher Frank*
R340. Autobiographie de tout le monde *par Gertrude Stein*
R341. Archipel, *par Michel Rio*
R342. Texas, tome 1, *par James A. Michener*
R343. Texas, tome 2, *par James A. Michener*
R344. Loyola's blues, *par Erik Orsenna*
R345. L'Arbre aux trésors, légendes, *par Henri Gougaud*
R346. Les Enfants des morts, *par Henrich Böll*
R347. Les Cent Premières Années de Niño Cochise *par A. Kinney Griffith et Niño Cochise*
R348. Vente à la criée du lot 49, par *Thomas Pynchon*

R349. Confessions d'un enfant gâté
par Jacques-Pierre Amette
R350. Boulevard des trahisons, *par Thomas Sanchez*
R351. L'Incendie, *par Mohammed Dib*
R352. Le Centaure, *par John Updike*
R353. Une fille cousue de fil blanc, *par Claire Gallois*
R354. L'Adieu aux champs, *par Rose Vincent*
R355. La Ratte, *par Günter Grass*
R356. Le Monde hallucinant, *par Reinaldo Arenas*
R357. L'Anniversaire, *par Mouloud Feraoun*
R358. Le Premier Jardin, *par Anne Hébert*
R359. L'Amant sans domicile fixe
par Carlo Fruttero et Franco Lucentini
R360. L'Atelier du peintre, *par Patrick Grainville*
R361. Le Train vert, *par Herbert Lieberman*
R362. Autopsie d'une étoile, *par Didier Decoin*
R363. Un joli coup de lune, *par Chester Himes*
R364. La Nuit sacrée, *par Tahar Ben Jelloun*
R365. Le Chasseur, *par Carlo Cassola*
R366. Mon père américain, *par Jean-Marc Roberts*
R367. Remise de peine, *par Patrick Modiano*
R368. Le Rêve du singe fou, *par Christopher Frank*
R369. Angelica, *par Bertrand Visage*
R370. Le Grand Homme, *par Claude Delarue*
R371. La Vie comme à Lausanne, *par Erik Orsenna*
R372. Une amie d'Angleterre, *par Anita Brookner*
R373. Norma ou l'exil infini, *par Emmanuel Roblès*
R374. Les Jungles pensives, *par Michel Rio*
R375. Les Plumes du pigeon, *par John Updike*
R376. L'Héritage Schirmer, *par Eric Ambler*
R377. Les Flamboyants, *par Patrick Grainville*
R378. L'Objet perdu de l'amour, *par Michel Braudeau*
R379. Le Boucher, *par Alina Reyes*
R380. Le Labyrinthe aux olives, *par Eduardo Mendoza*
R381. Les Pays lointains, *par Julien Green*
R382. L'Épopée du buveur d'eau, *par John Irving*
R383. L'Écrivain public, *par Tahar Ben Jelloun*
R384. Les Nouvelles Confessions, *par William Boyd*
R385. Les Lèvres nues, *par France Huser*
R386. La Famille de Pascal Duarte, *par Camilo José Cela*
R387. Une enfance à l'eau bénite, *par Denise Bombardier*
R388. La Preuve, *par Agota Kristof*
R389. Tarabas, *par Joseph Roth*
R390. Replay, *par Ken Grimwood*
R391. Rabbit Boss, *par Thomas Sanchez*
R392. Aden Arabie, *par Paul Nizan*
R393. La Ferme, *par John Updike*
R394. L'Obscène Oiseau de la nuit, *par José Donoso*

R395. Un printemps d'Italie, *par Emmanuel Roblès*
R396. L'Année des méduses, *par Christopher Frank*
R397. Miss Missouri, *par Michel Boujut*
R398. Le Figuier, *par François Maspero*
R399. La Solitude du coureur de fond, *par Alan Sillitoe*
R400. L'Exposition coloniale, *par Erik Orsenna*
R401. La Ville des prodiges, *par Eduardo Mendoza*
R402. La Croyance des voleurs, *par Michel Chaillou*
R403. Rock Springs, *par Richard Ford*
R404. L'Orange amère, *par Didier van Cauwelaert*
R405. Tara, *par Michel del Castillo*
R406. L'Homme à la vie inexplicable, *par Henri Gougaud*
R407. Le Beau Rôle, *par Louis Gardel*
R408. Le Messie de Stockholm, *par Cynthia Ozick*
R409. Les Exagérés, *par Jean- François Vilar*
R410. L'Objet du scandale, *par Robertson Davies*
R411. Berlin mercredi, *par François Weyergans*
R412. L'Inondation, *par Evguéni Zamiatine*
R413. Rentrez chez vous Bogner !, *par Heinrich Böll*
R414. Les Herbes amères, *par Chochana Boukhobza*
R415. Le Pianiste, *par Manuel Vázquez Montalbán*
R416. Une mort secrète, *par Richard Ford*
R417. La Journée d'un scrutateur, *par Italo Calvino*
R418. Collection de sable, *par Italo Calvino*
R419. Les Soleils des indépendances, *par Ahmadou Kourouma*
R420. Lacenaire (un film de Francis Girod), *par Georges Conchon*
R421. Œuvres pré-posthumes, *par Robert Musil*
R422. Merlin, *par Michel Rio*
R423. Charité, *par Éric Jourdan*
R424. Le Visiteur, *par György Konrad*
R425. Monsieur Adrien, *par Franz-Olivier Giesbert*
R426. Palinure de Mexico, *par Fernando Del Paso*
R427. L'Amour du prochain, *par Hugo Claus*
R428. L'Oublié, *par Elie Wiesel*
R429. Temps zéro, *par Italo Calvino*
R430. Les Comptoirs du Sud, *par Philippe Doumenc*
R431. Le Jeu des décapitations, *par Jose Lezama Lima*
R432. Tableaux d'une ex, *par Jean-Luc Benoziglio*
R433. Les Effrois de la glace et des ténèbres, *par Christoph Ransmayr*
R434. Paris-Athènes, *par Vassilis Alexakis*
R435. La Porte de Brandebourg, *par Anita Brookner*
R436. Le Jardin à la dérive, *par Ida Fink*
R437. Malina, *par Ingeborg Bachmann*
R438. Moi, laminaire, *par Aimé Césaire*
R439. Histoire d'un idiot racontée par lui-même
par Félix de Azúa
R440. La Résurrection des morts, *par Scott Spencer*
R441. La Caverne, *par Eugène Zamiatine*

R442. Le Manticore, *par Robertson Davies*
R443. Perdre, *par Pierre Mertens*
R444. La Rébellion, *par Joseph Roth*
R445. D'amour P. Q., *par Jacques Godbout*
R446. Un oiseau brûlé vif, *par Agustin Gomez-Arcos*
R447. Le Blues de Buddy Bolden, *par Michael Ondaatje*
R448. Étrange séduction (Un bonheur de rencontre) *par Ian McEwan*
R449. La Diable, *par Fay Weldon*
R450. L'Envie, *par Iouri Olecha*
R451. La Maison du Mesnil, *par Maurice Genevoix*
R452. La Joyeuse Bande d'Atzavara *par Manuel Vázquez Montalban*
R453. Le Photographe et ses modèles, *par John Hawkes*
R454. Rendez-vous sur la terre, *par Bertrand Visage*
R455. Les Aventures singulières du soldat Ivan Tchonkine *par Vladimir Voïnovitch*
R456. Départements et Territoires d'outre-mort *par Henri Gougaud*
R457. Vendredi des douleurs, *par Miguel Angel Asturias*
R458. L'Avortement, *par Richard Brautigan*
R459. Histoire du ciel, *par Jean Cayrol*
R460. Une prière pour Owen, *par John Irving*
R461. L'Orgie, la Neige, *par Patrick Grainville*
R462. Le Tueur et son ombre, *par Herbert Lieberman*
R463. Les Grosses Rêveuses, *par Paul Fournel*
R464. Un week-end dans le Michigan, *par Richard Ford*
R465. Les Marches du palais, *par David Shahar*
R466. Les hommes cruels ne courent pas les rues *par Katherine Pancol*
R467. La Vie exagérée de Martin Romana *par Alfredo Bryce-Echenique*
R468. Les Étoiles du Sud, *par Julien Green*
R469. Aventures, *par Italo Calvino*

Collection Points

SÉRIE POINT-VIRGULE

V1. Manuel de savoir-vivre à l'usage des rustres et des malpolis, *par Pierre Desproges*
V2. Petit Fictionnaire illustré, *par Alain Finkielkraut*
V3. Quand j'avais cinq ans, je m'ai tué *par Howard Buten*
V4. Lettres à sa fille (1877-1902), *par Calamity Jane*
V5. Café Panique, *par Roland Topor*
V6. Le Jardin de ciment, *par Ian McEwan*
V7. L'Age-déraison, *par Daniel Rondeau*
V8. Juliette a-t-elle un grand Cui ?, *par Hélène Ray*
V9. T'es pas mort !, *par Antonio Skarmeta*
V10. Petite Fille rouge avec un couteau *par Myrielle Marc*
V11. Manuel à l'usage des enfants qui ont des parents difficiles, *par Jeanne Van den Brouck*
V12. Le A nouveau est arrivé *par Pierre Ziegelmeyer et Jean-Benoît Thirion*
V13. Comment faire l'enfant (17 leçons pour ne pas grandir) *par Delia Ephron*
V14. Zig-Zag, *par Alain Cahen*
V15. Plumards, de cheval, *par Groucho Marx*
V16. Bleu, je veux, *par Gisèle Bienne*
V17. Moi et les Autres, *par Albert Jacquard*
V18. Au vrai chic anatomique, *par Frédéric Pagès*
V19. Le Petit Pater illustré, *par Jacques Pater*
V20. Cherche souris pour garder chat, *par Hélène Ray*
V21. Un enfant dans la guerre, *par Saïd Ferdi*
V22. La Danse du coucou, *par Aidan Chambers*
V23. Mémoires d'un amant lamentable, *par Groucho Marx*
V24. Le Cœur sous le rouleau compresseur *par Howard Buten*
V25. Le Cinéma américain. Les années cinquante *par Olivier-René Veillon*
V26. Voilà un baiser, *par Anne Perry-Bouquet*
V27. Le Cycliste de San Cristobal *par Antonio Skarmeta*
V28. Tchao l'enfance, craignos l'amour, *par Delia Ephron*
V29. Mémoires capitales, *par Groucho Marx*
V30. Dieu, Shakespeare et moi, *par Woody Allen*
V31. Dictionnaire superflu à l'usage de l'élite et des bien nantis, *par Pierre Desproges*
V32. Je t'aime, je te tue, *par Morgan Sportès*
V33. Rock-vinyl (Pour une discothèque du rock) *par Jean-Marie Leduc*

V34. Le Manuel du parfait petit masochiste
par Dan Greenburg
V35. L'Oiseau Canadèche, *par Jim Dodge*
V36. Des sous et des hommes, *par Jean-Marie Albertini*
V37. De l'univers à nous, *par Robert Clarke*
V38. Pour en finir une bonne fois pour toutes
avec la culture, *par Woody Allen*
V39. Le Gone du Chaâba, *par Azouz Begag*
V40. Le Cinéma américain. Les années trente
par Olivier-René Veillon
V41. Mistral gagnant, chansons et dessins, *par Renaud*
V42. Les Aventures d'Adrian Mole, 15 ans
par Sue Townsend
V43. Le Palais des claques, *par Pascal Bruckner*
V44. La Cuisine cannibale, *par Roland Topor*
V45. Le Livre d'Étoile, *par Gil Ben Aych*
V46. Les Dingues du nonsense
par Robert Benayoun
V47. Le Grand Cerf-volant, *par Gilles Vigneault*
V48. Comment choisir son psychanalyste
par Oreste Saint-Drôme
V49. Slapstick, *par Buster Keaton*
V50. Chroniques de la haine ordinaire
par Pierre Desproges
V51. Cinq Milliards d'Hommes dans un vaisseau
par Albert Jacquard
V52. Rien à voir avec une autre histoire
par Griselda Gambaro
V53. Comment faire son alyah en vingt leçons
par Moshé Gaash
V54. A rebrousse-poil
par Roland Topor et Henri Xhonneux
V55. Vive la sociale !, *par Gérard Mordillat*
V56. Ma gueule d'atmosphère
par Alain Gillot-Pétré
V57. Le Mystère Tex Avery, *par Robert Benayoun*
V58. Destins tordus, *par Woody Allen*
V59. Comment se débarrasser de son psychanalyste
par Oreste Saint-Drôme
V60. Boum !, *par Charles Trenet*
V61. Catalogue des idées reçues sur la langue
par Marina Yaguello
V62. Mémoires d'un vieux con, *par Roland Topor*
V63. Le Cinéma américain. Les années quatre-vingt
par Olivier-René Veillon
V64. Le Temps des noyaux, *par Renaud*
V65. Une ardente patience, *par Antonio Skarmeta*
V66. A quoi pense Walter ?, *par Gérard Mordillat*

V67. Les Enfants, oui ! L'Eau ferrugineuse, non !
par Anne Debarède
V68. Dictionnaire du français branché, *par Pierre Merle*
V69. Béni ou le paradis privé, *par Azouz Begag*
V70. Idiomatics français-anglais, *par Initial Groupe*
V71. Idiomatics français-allemand, *par Initial Groupe*
V72. Idiomatics français-espagnol, *par Initial Groupe*
V73. Abécédaire de l'ambiguïté, *par Albert Jacquard*
V74. Je suis une étoile, *par Inge Auerbacher*
V75. Le Roman de Renaud, *par Thierry Séchan*
V76. Bonjour Monsieur Lewis, *par Robert Benayoun*
V77. Monsieur Butterfly, *par Howard Buten*
V78. Des femmes qui tombent, *par Pierre Desproges*
V79. Le Blues de l'argot, *par Pierre Merle*
V80. Idiomatics français-italien, *par Initial Groupe*
V81. Idiomatics français-portugais, *par Initial Groupe*
V82. Les Folies-Belgères, *par Jean-Pierre Verheggen*
V83. Vous permettez que je vous appelle Raymond ?
par Antoine de Caunes et Albert Algoud
V84. Histoire de lettres, *par Marina Yaguello*
V85. Tout ce que vous avez toujours voulu savoir sur le sexe sans jamais oser le demander, *par Woody Allen*
V86. Écarts d'identité
par Azouz Begag et Abdellatif Chaouite
V87. Pas mal pour un lundi !
par Antoine de Caunes et Albert Algoud
V88. Au pays des faux amis
par Charles Szlakmann et Samuel Cranston
V89. Le Ronfleur apprivoisé, *par Oreste Saint-Drôme*
V90. Je ne vais pas bien, mais il faut que j'y aille
par Maurice Roche
V91. Qui n'a pas vu Dieu n'a rien vu
par Maurice Roche
V92. Dictionnaire du français parlé
par Charles Bernet et Pierre Rézeau
V93. Mots d'Europe (Textes d'Arthur Rimbaud)
présentés par Agnès Rosenstiehl
V94. Idiomatics français-néerlandais
par Initial Groupe
V95. Le monde est rond, *par Gertrude Stein*
V96. Poèmes et Chansons, *par Georges Brassens*
V97. Paroles d'esclaves, *par James Mellon*
V98. Les Poules pensives, *par Luigi Malerba*
V99. Ugly, *par Daniel Mermet*
V100. Papa et maman sont morts, *par Gilles Paris*
V101. Les écrivains sont dans leur assiette
par Salim Jay
V102. Que sais-je ? Rien, *par Karl Zéro*

Collection Points

SÉRIE PETIT POINT

PP1. C'est quoi l'intelligence, *par Albert Jacquard*
PP2. Moi, je viens d'où ?, *par Albert Jacquard*
PP3. Cris d'Europe, *par Pierre Gay et Agnès Rosenstiehl*
PP4. Les Enfants d'Izieu, *par Rolande Causse*
PP5. La Nuit des fantômes, *par Julien Green*
PP6. Les Leçons du nourrisson savant
par David Beauchard et Jeanne Van den Brouck
PP7. Les Voleurs d'écritures
par Azouz Begag et Catherine Louis
PP8. Le Nourrisson savant et ses parents
par David Beauchard et Jeanne Van den Brouck
PP9. Alice au pays des lettres, *par Roland Topor*
PP10. T'ar ta gueule à la récré !, *par Marina Yaguello*
PP11. Le Couvent de sœur Isabelle, *par Régine Desforges*
PP12. Le Bébé, *par Madeleine Bens (École de Freinet)*
PP13. Le Yaourt mode d'emploi, *par Pierre Merle et Hovive*
PP14. C'est quoi l'architecture ?
par Michel Ragon (dessins de Desclozeaux)

Collection Points

SÉRIE ESSAIS

DERNIERS TITRES PARUS

35. Le Degré zéro de l'écriture
suivi de Nouveaux Essais critiques, *par Roland Barthes*
36. Libérer l'avenir, *par Ivan Illich*
37. Structure et Fonction dans la société primitive
par A. R. Radcliffe-Brown
38. Les Droits de l'écrivain, *par Alexandre Soljenitsyne*
39. Le Retour du tragique, *par Jean-Marie Domenach*
41. La Concurrence capitaliste
par Jean Cartell et Pierre-Yves Cossé (épuisé)
42. Mise en scène d'Othello, *par Constantin Stanislavski*
43. Le Hasard et la Nécessité, *par Jacques Monod*
44. Le Structuralisme en linguistique, *par Oswald Ducrot*
45. Le Structuralisme : Poétique, *par Tzvetan Todorov*
46. Le Structuralisme en anthropologie, *par Dan Sperber*
47. Le Structuralisme en psychanalyse, *par Moustapha Safouan*
48. Le Structuralisme : Philosophie, *par François Wahl*
49. Le Cas Dominique, *par Françoise Dolto*
51. Trois Essais sur le comportement animal et humain
par Konrad Lorenz
52. Le Droit à la ville, *suivi de* Espace et Politique
par Henri Lefebvre
53. Poèmes, *par Léopold Sédar Senghor*
54. Les Élégies de Duino, *suivi de* Les Sonnets à Orphée
par Rainer Maria Rilke (édition bilingue)
55. Pour la sociologie, *par Alain Touraine*
56. Traité du caractère, *par Emmanuel Mounier*
57. L'Enfant, sa « maladie » et les autres, *par Maud Mannoni*
58. Langage et Connaissance, *par Adam Schaff*
59. Une saison au Congo, *par Aimé Césaire*
61. Psychanalyser, *par Serge Leclaire*
63. Mort de la famille, *par David Cooper*
64. A quoi sert la Bourse ?, *par Jean-Claude Leconte* (épuisé)
65. La Convivialité, *par Ivan Illich*
66. L'Idéologie structuraliste, *par Henri Lefebvre*
67. La Vérité des prix, *par Hubert Lévy-Lambert* (épuisé)
68. Pour Gramsci, *par Maria-Antonietta Macciocchi*
69. Psychanalyse et Pédiatrie, *par Françoise Dolto*
70. S/Z, *par Roland Barthes*
71. Poésie et Profondeur, *par Jean-Pierre Richard*
72. Le Sauvage et l'Ordinateur, *par Jean-Marie Domenach*
73. Introduction à la littérature fantastique
par Tzvetan Todorov

74. Figures I, *par Gérard Genette*
75. Dix Grandes Notions de la sociologie, *par Jean Cazeneuve*
76. Mary Barnes, un voyage à travers la folie
par Mary Barnes et Joseph Berke
77. L'Homme et la Mort, *par Edgar Morin*
78. Poétique du récit, *par Roland Barthes*
Wayne Booth, Wolfgang Kayser et Philippe Hamon
79. Les Libérateurs de l'amour, *par Alexandrian*
80. Le Macroscope, *par Joël de Rosnay*
81. Délivrance, *par Maurice Clavel et Philippe Sollers*
82. Système de la peinture, *par Marcelin Pleynet*
83. Pour comprendre les média, *par M. McLuhan*
84. L'Invasion pharmaceutique
par Jean-Pierre Dupuy et Serge Karsenty
85. Huit Questions de poétique, *par Roman Jakobson*
86. Lectures du désir, *par Raymond Jean*
87. Le Traître, *par André Gorz*
88. Psychiatrie et Antipsychiatrie, *par David Cooper*
89. La Dimension cachée, *par Edward T. Hall*
90. Les Vivants et la Mort, *par Jean Ziegler*
91. L'Unité de l'homme, *par le Centre Royaumont*
1. Le primate et l'homme
par E. Morin et M. Piattelli-Palmarini
92. L'Unité de l'homme, *par le Centre Royaumont*
2. Le cerveau humain
par E. Morin et M. Piattelli-Palmarini
93. L'Unité de l'homme, *par Centre Royaumont*
3. Pour une anthropologie fondamentale
par E. Morin et M. Piattelli-Palmarini
94. Pensées, *par Blaise Pascal*
95. L'Exil intérieur, *par Roland Jaccard*
96. Semeiotiké, recherches pour une sémanalyse
par Julia Kristeva
97. Sur Racine, *par Roland Barthes*
98. Structures syntaxiques, *par Noam Chomsky*
99. Le Psychiatre, son « fou » et la psychanalyse
par Maud Mannoni
100. L'Écriture et la Différence, *par Jacques Derrida*
101. Le Pouvoir africain, *par Jean Ziegler*
102. Une logique de la communication
par P. Watzlawick, J. Helmick Beavin, Don D. Jackson
103. Sémantique de la poésie, *par T. Todorov, W. Empson*
J. Cohen, G. Hartman, F. Rigolot
104. De la France, *par Maria-Antonietta Macciocchi*
105. Small is beautiful, *par E. F. Schumacher*
106. Figures II, *par Gérard Genette*
107. L'Œuvre ouverte, *par Umberto Eco*
108. L'Urbanisme, *par Françoise Choay*

109. Le Paradigme perdu, *par Edgar Morin*
110. Dictionnaire encyclopédique des sciences du langage *par Oswald Ducrot et Tzvetan Todorov*
111. L'Évangile au risque de la psychanalyse (tome 1) *par Françoise Dolto*
112. Un enfant dans l'asile, *par Jean Sandretto*
113. Recherche de Proust, *ouvrage collectif*
114. La Question homosexuelle, *par Marc Oraison*
115. De la psychose paranoïaque dans ses rapports avec la personnalité, *par Jacques Lacan*
116. Sade, Fourier, Loyola, *par Roland Barthes*
117. Une société sans école, *par Ivan Illich*
118. Mauvaises Pensées d'un travailleur social *par Jean-Marie Geng*
119. Albert Camus, *par Herbert R. Lottman*
120. Poétique de la prose, *par Tzvetan Todorov*
121. Théorie d'ensemble, *par Tel Quel*
122. Némésis médicale, *par Ivan Illich*
123. La Méthode
1. La nature de la nature, *par Edgar Morin*
124. Le Désir et la Perversion, *ouvrage collectif*
125. Le Langage, cet inconnu, *par Julia Kristeva*
126. On tue un enfant, *par Serge Leclaire*
127. Essais critiques, *par Roland Barthes*
128. Le Je-ne-sais-quoi et le Presque-rien
1. La manière et l'occasion, *par Vladimir Jankélévitch*
129. L'Analyse structurale du récit, Communications 8 *ouvrage collectif*
130. Changements, Paradoxes et Psychothérapie *par P. Watzlawick, J. Weakland et R. Fisch*
131. Onze Études sur la poésie moderne, *par Jean-Pierre Richard*
132. L'Enfant arriéré et sa mère, *par Maud Mannoni*
133. La Prairie perdue (Le Roman américain), *par Jacques Cabau*
134. Le Je-ne-sais-quoi et le Presque-rien
2. La méconnaissance, *par Vladimir Jankélévitch*
135. Le Plaisir du texte, *par Roland Barthes*
136. La Nouvelle Communication, *ouvrage collectif*
137. Le Vif du sujet, *par Edgar Morin*
138. Théories du langage, Théories de l'apprentissage *par le Centre Royaumont*
139. Baudelaire, la Femme et Dieu, *par Pierre Emmanuel*
140. Autisme et Psychose de l'enfant, *par Frances Tustin*
141. Le Harem et les Cousins, *par Germaine Tillion*
142. Littérature et Réalité, *ouvrage collectif*
143. La Rumeur d'Orléans, *par Edgar Morin*
144. Partage des femmes, *par Eugénie Lemoine-Luccioni*
145. L'Évangile au risque de la psychanalyse (tome 2) *par Françoise Dolto*

146. Rhétorique générale, *par le Groupe μ*
147. Système de la mode, *par Roland Barthes*
148. Démasquer le réel, *par Serge Leclaire*
149. Le Juif imaginaire, *par Alain Finkielkraut*
150. Travail de Flaubert, *ouvrage collectif*
151. Journal de Californie, *par Edgar Morin*
152. Pouvoirs de l'horreur, *par Julia Kristeva*
153. Introduction à la philosophie de l'histoire de Hegel *par Jean Hyppolite*
154. La Foi au risque de la psychanalyse *par Françoise Dolto et Gérard Sévérin*
155. Un lieu pour vivre, *par Maud Mannoni*
156. Scandale de la vérité, *suivi de* Nous autres Français *par Georges Bernanos*
157. Enquête sur les idées contemporaines *par Jean-Marie Domenach*
158. L'Affaire Jésus, *par Henri Guillemin*
159. Paroles d'étranger, *par Élie Wiesel*
160. Le Langage silencieux, *par Edward T. Hall*
161. La Rive gauche, *par Herbert R. Lottman*
162. La Réalité de la réalité, *par Paul Watzlawick*
163. Les Chemins de la vie, *par Joël de Rosnay*
164. Dandies, *par Roger Kempf*
165. Histoire personnelle de la France, *par François George*
166. La Puissance et la Fragilité, *par Jean Hamburger*
167. Le Traité du sablier, *par Ernst Jünger*
168. Pensée de Rousseau, *ouvrage collectif*
169. La Violence du calme, *par Viviane Forrester*
170. Pour sortir du XXe siècle, *par Edgar Morin*
171. La Communication, Hermès I, *par Michel Serres*
172. Sexualités occidentales, Communications 35 *ouvrage collectif*
173. Lettre aux Anglais, *par Georges Bernanos*
174. La Révolution du langage poétique, *par Julia Kristeva*
175. La Méthode
2. La vie de la vie, *par Edgar Morin*
176. Théories du symbole, *par Tzvetan Todorov*
177. Mémoires d'un névropathe, *par Daniel Paul Schreber*
178. Les Indes, *par Édouard Glissant*
179. Clefs pour l'Imaginaire ou l'Autre Scène *par Octave Mannoni*
180. La Sociologie des organisations, *par Philippe Bernoux*
181. Théorie des genres, *ouvrage collectif*
182. Le Je-ne-sais-quoi et le Presque-rien
3. La volonté de vouloir, *par Vladimir Jankélévitch*
183. Le Traité du rebelle, *par Ernst Jünger*
184. Un homme en trop, *par Claude Lefort*
185. Théâtres, *par Bernard Dort*

186. Le Langage du changement, *par Paul Watzlawick*
187. Lettre ouverte à Freud, *par Lou Andreas-Salomé*
188. La Notion de littérature, *par Tzvetan Todorov*
189. Choix de poèmes, *par Jean-Claude Renard*
190. Le Langage et son double, *par Julien Green*
191. Au-delà de la culture, *par Edward T. Hall*
192. Au jeu du désir, *par Françoise Dolto*
193. Le Cerveau planétaire, *par Joël de Rosnay*
194. Suite anglaise, *par Julien Green*
195. Michelet, *par Roland Barthes*
196. Hugo, *par Henri Guillemin*
197. Zola, *par Marc Bernard*
198. Apollinaire, *par Pascal Pia*
199. Paris, *par Julien Green*
200. Voltaire, *par René Pomeau*
201. Montesquieu, *par Jean Starobinski*
202. Anthologie de la peur, *par Éric Jourdan*
203. Le Paradoxe de la morale, *par Vladimir Jankélévitch*
204. Saint-Exupéry, *par Luc Estang*
205. Leçon, *par Roland Barthes*
206. François Mauriac
1. Le sondeur d'abîmes (1885-1933), *par Jean Lacouture*
207. François Mauriac
2. Un citoyen du siècle (1933-1970), *par Jean Lacouture*
208. Proust et le Monde sensible, *par Jean-Pierre Richard*
209. Nus, Féroces et Anthropophages, *par Hans Staden*
210. Œuvre poétique, *par Léopold Sédar Senghor*
211. Les Sociologies contemporaines, *par Pierre Ansart*
212. Le Nouveau Roman, *par Jean Ricardou*
213. Le Monde d'Ulysse, *par Moses I. Finley*
214. Les Enfants d'Athéna, *par Nicole Loraux*
215. La Grèce ancienne (tome 1)
par Jean-Pierre Vernant et Pierre Vidal-Naquet
216. Rhétorique de la poésie, *par le Groupe μ*
217. Le Séminaire. Livre XI, *par Jacques Lacan*
218. Don Juan ou Pavlov
par Claude Bonnange et Chantal Thomas
219. L'Aventure sémiologique, *par Roland Barthes*
220. Séminaire de psychanalyse d'enfants (tome 1)
par Françoise Dolto
221. Séminaire de psychanalyse d'enfants (tome 2)
par Françoise Dolto
222. Séminaire de psychanalyse d'enfants
(tome 3, Inconscient et destins)
par Françoise Dolto
223. État modeste, État moderne, *par Michel Crozier*
224. Vide et Plein, *par François Cheng*
225. Le Père : acte de naissance, *par Bernard This*